袁晓晶 ◎ 编著

大众儒学经典 家训家礼

曾国藩家书

读本

中国人民大学出版社
·北京·

编委会

丛书顾问（按年龄排序）

成中英　王殿卿　牟钟鉴　刘示范　李存山
张　践　林安梧　王中江　黄玉顺　颜炳罡
干春松

丛书编委

主　编　赵法生

副主编　韩　星　陈杰思

编　委（按姓氏笔画排序）

纪华传　杨朗天　时　亮　罗容海　柳河东
袁晓晶　郭淑新　梁　枢　焦绪霞　解光宇

总　序

回归大众是当代儒学的天命

赵法生

进入21世纪以来，一股全国性的大众儒学热潮从各地涌起，成为当代中国最值得关注的文化事件。这波儒学热的兴起自然不是无本之木，它既是儒学被人为压抑摧折一个多世纪后的强力反弹，又反映了转型社会对于道德底线失守的焦灼，更是古老的儒家传统在国家现代转型的历史背景下，重新探寻自己的社会定位以图返本开新的努力。因此，无论着眼于历史还是现实，大众儒学的兴起都具有重要意义。

一、大众儒学的历史渊源

从社会学存在的角度分析，传统中国的儒学存在形态包括朝廷儒学、士大夫儒学和民间儒学三部分。朝廷儒学具有较强的政治色彩，主要是政治儒学；士大夫儒学重在阐释儒家道统；民间儒学面向社会大众，重在化民成俗，是教化大众的儒学。民间儒学的政治色彩较淡，也不太关注理论体系的建构，它关心的是人伦日用和生活践履。如果说作为一个学派的儒家的诞生是儒教国家建构的逻辑起点，儒学普及化和大众化的完成则是儒教中国形成的现实标志。在历史上，朝廷儒学、士大夫儒学和民间儒学既相互影响，又彼此有别，构成了彼此间复杂的张力关系。

在传统中国，儒学的大众化与民间化有一个长期的历史发展过程。《礼记·学记》说："古之教者，家有塾，党有庠，术有序，国有学。"孔颖达认为："周礼：百里之内，二十五家为闾，同共一巷。巷首有门，门边有塾。"已经有学者指出，将普及化的塾庠制度推到三代的说法，多半是为了突出儒家教学制度的悠久性，并不完全符合历史事实。三代之时，学在官府，"六经"皆为王官典藏秘籍，王官之学是学在君侯与学在世卿，教育与大众无缘。西周礼乐虽然文质彬彬，极一时之盛，却同样"礼不下庶人"。

儒学走向大众的历史转折点是孔子在民间开创私学。在王官之学衰微的历史背景下，孔子开始民间讲学，首次将原先被禁锢于庙堂之上、作为王官贵族特权的六艺之学传播到民间。孔子的民间讲学无疑是大众儒学的历史起点，它在儒学发展史上具有三方面的重要意义。

首先，孔子的私学拆除了贵族与平民之间的教育壁垒，开创了大众儒学的先声。孔门教育以有教无类著称，来到孔门受教的，有世卿官贵、富商巨贾、贩夫走卒、无业游民等，以至于时人感叹："夫子之门何其杂也！"孔子之前的王官之学属于贵族之学，诗书礼乐高雅非凡，却是"此曲只应天上有，人间哪得几回闻"。它们出现伊始就被封锁在贵族的深宅大院之中，无由进入寻常百姓家，社会也因此而划分为有教养的贵族和没有教养的群氓两部分，前者为"君子"而后者为"小人"。然而，随着一位圣贤的到来，这一文化的壁垒被打破了。儒学本来是属于贵族的，但是，现在它开始走向平民，并在民间社会找到了更为深厚的土壤。从此，"君子"与"小人"从以是否拥有官爵来区分，变成以是否具有德行来区分。在朝衮衮诸公可以是"小人"，贫寒如颜回者也可以称"君子"。儒学深入民间使得过去的"野人"（周代与"国人"相对）也具备了高雅的贵族气质。孔子是中华文明史上最重要的一位拆墙者，他拆掉了那道古老的墙，将礼乐文明的清流引入民间的沃土。

其次，孔子的私学在官学之外培育了一个致力于传道授业的师儒阶层，该阶层成为儒学走向大众的主导力量。孔子去世后，子夏设教于西河，曾子设教于武城，其他门徒也在各地继续推广儒学。汉代以后逐渐形成了覆盖全社会的儒家教化体系，使儒学成为全民性的人生指南与信仰，此举对于中华文明的意义，堪与基督教之形成对于西洋文明的意义相媲美。

最后，孔子不仅将文化的火种传播到民间，而且通过创立儒家学派，革新了王官之学的精神，为它注入了新的灵魂。礼乐文明内涵丰富，孔子特别注重者有二：一是仁，二是礼。如果说周公之时礼乐制度已经大备，那么仁学的开创无疑是孔子对于中国文化的重大贡献。孔子强调仁，意在启发人人本具的仁爱之心，从而将西周礼乐文明落实到心性层面，仁爱的实践又始于孝悌谨信，乃人人可知、可悟、可学、可行的人伦之道，由此行忠恕絜矩之道，推己及人，达于天下。我们看孔子在《论语》中教人，不讲高深道理，所谈都是日常生活中为人处世之道，随机点化，循循善诱，启发觉悟，再辅之以礼乐熏陶，使人在日生日成的修习中改变气质，涵养品德，成为君子。这样一种教育方式，由于从最基本的孝悌之道开始，合乎人心，贴近生活，便成功地将贵族的王官之学平民化、大众化。此为中国文化自周代以来的一大转折，它将高雅的贵族文化普及到民间大众，开创了中国文化的儒家化时代，孟子说"人皆可以为尧舜"，荀子说"涂之人可以为禹"，便是从心性角度对于儒学普遍性与大众性的最好说明。因此，孔子开创儒学，实现了礼乐文明的精神自觉，不仅开创了中华文化的师儒时代，同时也开辟了儒家文化的大众化时代。

儒家学派的创立，完成了由道在王官向道在师儒的转化，将君师合一的文化格局演进为君师为二，但这仅仅是一个伟大文化进程的开端，这一进程的最终目标是道在大众。如果说汉唐是儒学主体地位的形成时期，宋代则是儒学继续向民间扩展，并形成一系列大众教化体系的关键时期。大众儒学体系到宋代臻于完备，科举制度的发展催生了大量民间私塾，使得"古之教者，家有塾，党有庠，术有序，国有学"说法接近现实。据统计，到1935年年底，晚清政府下达取缔私塾的诏书三十多年后，全国依然有私塾101 027所，由此可以想见当年私塾盛极一时的情景。朱熹在司马光《书仪》的基础上完成《朱子家礼》，为家礼的推广普及奠定了基础；北宋蓝田吕氏乡约的创立，开创了以儒家道德为基础组织乡村自治的治理模式，使得儒家组织基层社会的功能更加制度化。明代泰州学派的民间讲会，标志着儒学民间化的继续深入。此后，明清两代都在推广和发展乡约制度，以至于近代梁漱溟的乡村建设试验的主旨，依然是"本古人乡约之意来组织乡村"。

大众儒学的另一重要方面是儒学与民间信仰的结合，逐渐形成了民间社会具有儒家色彩的信仰体系。无论是祖神崇拜还是土地神、关帝、山神、河神等英雄和自然神崇拜，都是制度化的民间信仰，用以解决乡民对于超验世界的追求，可以视为大传统向民间小传统渗透的案例。

基本教义的普及化与大众化是任何一个文明都要完成的工作，但路径并不相同。与基督教和佛教等制度化宗教不同，儒家采取的私塾、乡约等多种教化形式，的确显示了儒家教化的弥散性，但其最终目的同样是儒学义理的大众化，而且这些看上去颇为弥散的教化形式同样是富有成效的，因为它们是源自民间的，也是富有生机与活力的。以乡学、乡约、家礼、家谱、家教和乡土信仰为主干的大众儒学，遍布于传统中国的基层社会，那些在大传统看来不起眼的私塾先生、乡绅和民间宗教的组织者，甚至那些不识字的乡村老大爷和老太太，由于在数千年间深受儒家礼乐文明的熏陶，也在不知不觉中成为生活中的"儒教徒"，躬行并传播着儒家的人生观，以至于在传统文化的传播体系已经式微的今天，我们依然可以在乡间那些年逾古稀的老人身上，看到诚朴、敦厚、礼让的君子风范，真可谓"礼失而求诸野"了。

二、大众儒学的近代挫折

近代以降，知识界在救亡与启蒙的双重压力下，对于儒学的批判日渐严厉，经过一次次激烈反传统运动的打压摧残，到"文化大革命"期间，不仅儒家思想被彻底否定，儒家在社会上的传播体系也被连根拔起。近代思想界全面否定儒学，基于如下一个基本认知：儒家思想与民主科学不能两立，进而把儒家的人伦道德与自由、平等和人权完全对立起来，必欲打倒前者来建立后者。这其中包含着不小的误解。自由、平等是政治权利，它与儒法互补后产生的三纲之说的确矛盾，但与儒家的基本人伦如父子有亲、夫妇有别、长幼有序、朋友有信以及礼、义、廉、耻等道德规范并不必然矛盾。比如，我和我爷爷同为中华人民共和国的公民，从政治权利上讲是平等的，但在家族辈分上又是不平等的。如果说我给我爷爷鞠个躬就侵犯我的人权了，这实在是笑话，是不同社会界域的错乱和混淆，这种错乱和混淆对于中国近代思想产生了深远影响。

其实，儒家的历史观并没有"文化大革命"中所批判的那样保守。它区分历史文化中的变与常：常是历史中不变的根基，犹如静水流深；变是历史中可变的成分，比如具体典章制度。仁、义、礼、智、信"五常"，可以说是儒家的核心价值观，也就是儒家的常道。在儒家看来，五常是历史中永恒不变的，但五常之根本，又在于一个"仁"字，其他四德都是仁的展开，五常八德不外是仁的实现。另外，仁也是儒家文化汇通民主、自由、平等思想的有效媒介，民本是孔子仁学的重要原则之一，民本固然不是民主，但是，绝不能说它背离民主，与民主不能相容，民主的实现在很大程度上可以确保民本目标的实现。古人说仁通四海、义通天下，仁正是中华文明守常达变、融通中外的思想原点。

可是，近代思想界对于儒学的批评，没有区分儒家义理中的变道与常道，也没有区分儒学在不同社会层面之间的差异。那种以偏概全的全面批判，否定了儒家思想中所包含的普适性的道德规范，却忽视了本来应该重点反思清理的对象，其结果对于儒学和中华文化都是灾难性的。就儒学的三种不同社会存在形态而言，汉以后的朝廷儒学与君主专制的联系最为密切，的确与民主法治无法兼容，应该彻底否定，至于士大夫儒学就要复杂得多。汉以后的士大夫儒学，既有与君主专制相妥协的一面，又有试图用儒家道统制约和范导君权的一面，二者呈现出颇为复杂的关系，不仅汉代儒者董仲舒如此，历代真儒者也大多如此。另外，尽管部分儒家士大夫已经被体制化而丧失了君子的人生理想，但是，仍有相当一部分士大夫坚持儒家的道统与人格操守，构成了鲁迅所说的中国的脊梁。近代以来对于士大夫精神的否定和士大夫阶层的整体消亡，使得民族文化的脊梁遭受毁灭性打击。至于民间儒学，则主要是道德礼俗和民间信仰。传统民间社会具有悠久的自治传统，民间儒学也是三个构成部分中沾染法家式的专制气息最少的部分，它是民间社会自组织的精神动力，也是维护民间正常文化生态和社会生态的关键要素。它们就像是广袤大地上的草丛与灌木，尽管生来就缺乏高大上的外观，却是礼、义、廉、耻这些基本人伦底线的真正捍卫者。如果将它们也作为"反动"的东西彻底铲除，随之而来的只能是基层社会难以避免的文化荒漠化。

不幸的是，这正是近代以来中国文化遭遇的现实情境。本来应该进行的对于传统文化的理性反思，被"打倒孔家店"这样一句情绪化的口号所替代，进而演化为十年"文化大革命"中对于传统文化扒祖坟式的全面破坏。在"文化大革命"结束之后转向市场经济时，由于没有了基本伦理道德规范的支撑，没有了君子人格和士大夫阶层对于道义的坚守，没有了民间儒家教化体系的引导和护持，加以社会法制不健全，市场法则便犹如脱缰的野马，肆无忌惮地闯入了一切社会领域，金钱至上也成为在不同领域畅行无阻的至上法则。现代转型尚未完工，道德底线已然崩解，基本人伦价值的瓦解和人生规范的丧失，将生活变成人与人的战争，使社会陷入了无义战的"春秋困境"，社会上的每一个人都在咀嚼着这一苦果。这也使得社会文化领域里的真正建设成为不可能，因为文化的地基出现了严重问题。

三、大众儒学的未来发展

对于近代以来儒学悲剧性命运成因的分析，同时也就为儒学在当代的复兴启示了可能的方向。辛亥革命推翻了两千年的帝制，使得朝廷儒学失去了存在的基础，而士大夫阶层在剧烈的社会变革中集体消亡，也使得士大夫儒学不可避免地发生转变。三者之中，唯一继续存在的主体是社会大众。传统儒家士大夫既要得君行道，又要觉民行道。但是，由于君主制的废除，政教分离已经成为现代社会普遍承认的原则，得君行道的历史空间已经丧失，而觉民行道则成了儒学复兴的主战场。因此，大众儒学已经无可避免地成了新时期儒学复兴的重心，士大夫儒学与大众儒学在新的历史形势下重新组合，是当代儒学复兴运动的必然要求。站在两千五百多年的儒学史上眺望当代，我们可以预见，大众儒学的时代已经到来了。大众儒学在精神上是贵族化的，在形式上又是大众化的，是高雅贵族精神与普通民众生活相贯通的产物；大众儒学既是历史的，又是当代的，是经典的光华在当代社会的重现；大众儒学既是对儒家道统的继承，又是对儒家思想与传播体系的再创造，且以中和的精神和包容的态度汲取全球化时代各大文明的营养。今天的大众儒学是古老儒家返本开新的产物，也是儒学复兴在当代中国的新命运！

近期的儒学复兴波及了家庭、村庄、社区、企业、学校、机关，甚至监狱等大多数社会组织，具有广泛的大众性和突出的民间性，其主要推动力量首先来自民间。以私塾、书院为例，清廷于1903年下诏废除私塾、书院，但始料未及的是，进入21世纪以来，社会上又兴起了私塾、书院热，到2014年，全国各地的私塾、书院已有数千家，绝大多数属于民办，基本上都是2000年以后成立的。儒学在民间的发展一直伴随着争议，孟母堂的理念受到教育部门的质疑,汤池小镇模式最终被叫停,《弟子规》的推广遭受质疑和批评,围绕长安街孔子像产生了激烈争论,都表明了社会对于儒学的价值判断存在着巨大分歧。大众儒学在激烈的争议声中毅然前行,表明儒家基本义理其实是人伦日用的内在要求,在民间具有巨大的生命力。当前民间儒学复兴的声势固然不错,但是,儒家教育在中国内地毕竟中断了百年之久,它在深化与发展的道路上依然有待于克服一系列困难,目前有以下三方面的工作是当务之急。

其一,培育以传道授业为使命的新型儒家士大夫阶层。历史上的士大夫儒学有两个职能,儒学义理的探讨和儒家教化的推广。近代以来,由于教育制度的改革,儒学变成大学里的一门哲学课程,这也是近代中国重建学术体系的结果。目前,职业化的高校学者队伍承担起了前一种职能,后一种职能的担负者则至今阙如,而这一职能对于儒学的灵根再植却是至关重要的。"人能弘道,非道弘人。"因此,儒学的当代复兴呼唤着新型儒家士大夫阶层的重现。他们虽然不再具备传统社会作为士农工商四民之首的地位,却是熟悉儒家义理并以在民间传道授业为职志的职业化传道者,替代传统民间社会私塾先生、乡绅和民间信仰组织者,成为大众儒学复兴的骨干力量。他们的使命是重建儒学的社会教化之"体",恢复儒学与生活的联系,终结近代以来儒学的游魂化状态。因此,这一职业化传道队伍的塑造,注定会成为儒学复兴的关键环节。目前,在社区、乡村和私塾已经涌现了一些专业化的儒学传道者。他们多以儒学志愿者的身份出现，在区域分布上以广东、福建、北京、山东等省市为多；但是，这一队伍的数量和专业水平都远远不能适应现实需求，经济收入也缺乏固定的来源。如何尽快形成职业化传道者群体仍然是大众儒学的首要问题。

其二，重构大众儒学的组织载体。在经数千年发育起来的民间儒学组织解体之后，民间儒学的发展面临着体系重构的任务，其中儒学体系的制度化是关键。鉴于形成传统儒家教化弥散型体系的社会形态已经消失，儒学组织必须由弥散型转向制度型，它们将依靠职业化的儒家传道者去组建，又是后者传道授业的道场。目前，存在的大众儒学组织大致包括学校类和非学校类两种。学校类儒学组织即私塾和书院，主要为民办组织，依靠学生学费维持生存。非学校类儒学组织主要是近年来在乡村和社区出现的儒学传播组织，其中有代表性的是儒学讲堂。山东的乡村儒学讲堂已经分布于十几个县，分别由学者、民间志愿者和地方政府建立，有的已经形成固定化、常态化的教学体系。福建霞浦的儒家道坛则将儒家教化和民间信仰有机结合起来，资金依靠当地民众捐献，每个道坛都有专职志愿者维持，民间组织化程度较山东乡村儒学讲堂更高。在私塾、书院与儒学讲堂之外，还有一种更加广泛的大众儒学传播形式，即在各地出现的国学公益讲堂，时间从一天到一周不等，多是民间人士以现身说法的方式交流学习心得，也有人专门讲授孝道、《弟子规》或者幸福人生讲座，杂以佛道教或者其他民间信仰。这些国学公益讲堂的主办者、授课者多为民间志愿者,能以生活化和通俗化的形式讲解传统文化,具有较强吸引力,有的听众规模达到数千人。国学公益讲堂的缺点是一次性讲座,无法通过持久的活动巩固教化成果,有的民间志愿者讲师的国学素养有待提高,也有的走向了怪力乱神一途。但是,它在扩大传统文化的社会影响方面不容忽视,也在客观上为制度化儒学组织载体的建构创造了条件。

其三,编辑出版符合时代需要的大众儒学经典。除了传道队伍和组织体系外,大众儒学的另一个要件是教材。历史上的儒学经典数量众多,有些内容已经不适应时代需要,有些内容则过于专业深奥。如何选取合适的经典文本,加以诠释解读,以适应大众对于儒学的迫切需求,已经成为大众儒学发展的当务之急。首先是文本的选择,因为并不是所有的儒学经典都符合大众儒学的要求;其次是经典内容的解读辨析,要找出那些已经完全与时代脱节的部分加以说明,避免泥沙俱下的局面。面对巨大的市场需求,一些仓促出版的儒学通俗读物品质不高,难以满足读者需要。因此,本丛书编委会借鉴清代儒学十三经的体例,决定编辑"大众儒学经典"。清儒编纂的儒学十三经以专业儒生为对象,"大众儒学经典"则是儒学史上第一套由学者编纂解读、面向普罗大众的系列儒学普及教材。为此,我们组织国内一批既有深厚学养,又有丰富一线儒学弘扬实践经验的中青年学者,精选合适的儒学典籍,编注"大众儒学经典"读本。本丛书以现代的视野、大众的角度、践行的立场,深入浅出地向大众讲解儒家修身做人的义理，堪称专业学者为社会大众注解的一套简明、系统、实用的儒学经典丛书，这样一套丛书可谓应运而生，在中国儒学史上尚属首次！

从内容看，着眼于儒学修身做人的学修次第，"大众儒学经典"包括蒙学基础、家训家礼、劝善经典和四书五经通解四个板块。蒙学基础用以童蒙养正，家训家礼培养良好家教家风，劝善经典激发人的为善之心，四书五经通解则是对儒家义理的系统阐述，囊括了从蒙训、礼仪、心性到信仰的不同方面，四个板块构成一个有机整体，大致反映了儒家教化不同阶段与层面的需求，体现了大众儒学的社会性、实用性和阶梯性。其中的劝善经典，本丛书选择了《了凡四训》等，它们具有儒释道合一的特征，是儒家思想与民间信仰相融会的产物，体现了大众儒学自身的特色，对于社会教化具有良好的效果。针对近代以来女德教育严重滞后的现实，本丛书特意选入了《女四书》，并从古今之辨的角度加以辨析，以满足读者需要。从体例上，每部经典包括原文、注释、译文、解读等部分，以达到忠于原著、贯通古今和深入浅出的编写目的。

需要说明的是，由于受时代的局限，上述传统经典中同样存在不少不适应当代的内容。比如，女德文本和蒙学经典中那些强调三从四德、夫为妻纲等单方面服从的思想内容，并不符合原始儒家的思想，是汉代以后儒学受到法家浸染的产物。对于经典中那些不适合于当代的部分，本丛书采取历史主义的态度，保留原貌，但在解读部分予以辨析，提请读者明鉴。

最后，本丛书是编著者集体合作的结晶，得到了各位儒学前辈大家的关心指导，还得到了中国人民大学出版社潘宇女士、翟江虹女士和刘静先生的大力支持，在此一并表示谢忱！

序　言

如何挽救我们时代的人心风俗

在《清史稿》中，史家评断说"国藩事功本于学问"，诚哉斯言。事实上，曾国藩的学问，主要得自于唐鉴的教诲。1841年七月曾国藩在日记中记述了他向唐鉴问学的经过，首先所问，便是修身之要与读书之法。唐鉴的回答也简单直接，告诉曾国藩要以《朱子全集》为宗，并提醒要熟读而不能只是浏览。在强调了学问需要义理、考据、辞章结合，并以义理为宗旨后，又提示了史籍和典章对于经邦济世的重要性。

唐鉴尤其推许了倭仁用功笃实、克己自省之法，认为"检摄于外，只有'整齐严肃'四字；持守于内，只有'主一无适'四字"。曾国藩听后，昭然若发蒙也。我们知道，曾国藩虽然仕途还算顺利，但他对于沉闷而难以施展济世之才的京城官场日趋厌倦，所以，与唐鉴的问学还有与倭仁等人的交往，使他逐步形成了守之终身的人生定盘针。即定省身日课十二条：一主敬，二静坐，三早起，四读书不二，五读史，六谨言，七养气，八保身，九日知所亡，十月无忘所能，十一作字，十二夜不出门［参见道光二十二年（1842）十二月在京日记］。

儒家之学说，要言不烦，总以修身为本，逐步扩展至齐家治国平天下，而曾国藩的学问，恰是以朱子之学为基础，做成了诸葛亮、王守仁般的事功。这当然是《清史稿》的说法，但其实，曾国藩所遇的时代困境要远远大于诸葛亮和王守仁的时期。

曾国藩的困境不仅是老大的帝国的迟暮，而且还有如何面对外来文明冲击的数千年之大变局，或许在平定太平天国起义时，他可以通过激发纲常伦理来应对洪秀全以"拜上帝会"为组织的借助可疑的基督教教义来进行的暴力动员。他所发出的讨伐檄文是如此地激荡起湖南士人和百姓的文化信仰，赋予了湘军以极大的战斗力。

> 自唐虞三代以来，历世圣人扶持名教，敦叙人伦，君臣、父子、上下、尊卑，秩然如冠履之不可倒置。粤匪窃外夷之绪，崇天主之教。自其伪君伪相，下逮兵卒贱役，皆以兄弟称之，谓惟天可称父，此外凡民之父皆兄弟也，凡民之母皆姊妹也。农不能自耕以纳赋，而谓田皆天王之田；商不能自买以取息，而谓货皆天王之货；士不能诵孔子之经，而别有所谓耶稣之说、《新约》之书，举中国数千年礼义人伦诗书典则，一旦扫地荡尽。此岂独我大清之变，乃开辟以来名教之奇变，我孔子孟子之所痛哭于九原，凡读书识字者，又乌可袖手安坐，不思一为之所也。（《讨粤匪檄》）

曾国藩具有应对时局挑战的勇气，因此，他积极推进洋务运动。不过，这个要应对的西方，不再是借助"上帝"的名义的起义者，而是挟军事和经济实力为利器的整套制度和文明系统，因此，曾国藩虽然没有像相传中的胡林翼那样，看见逆流而上的火轮吐血坠马，但亦饱受心理煎熬，甚至付出了声名跌落的教训。当曾国藩遇到天津教案的时候，在处置之前他已经意识到对天津教案的处置，将成为他数十年事功积累的终点。

曾国藩去世已经一百多年了，中国经历了帝制的结束、共和的建立，在 21 世纪的时候，我们几乎也看到了经济增长所带来的文化自觉和文化自信，不过，我们是否依然还相信修身为齐家治国平天下的基础？文化传统的继承和创造的困境并没有因为经济的腾飞而缓解，甚至国力的增强在某种程度上导致了我们对于发展模式和文明价值认知上的分裂。因此，静下心来，先看看曾国藩在戎马生涯中写给自己的兄弟及其他家人的书信，是否能为我们找到观察未来方向的立足点呢？

《曾国藩家书》自 20 世纪末开始，再度成为坊间的常销书，我想大约是在中国社会急剧的变化中，人们寻求价值根基努力的一种表现。在这样的一个财富迅速增长、社会关系频繁变化的时代，国人忽然发现如何持续地保持财富的增长，如何让自己的子孙后代不被过度娇生惯养而失去在社会上的竞争力非常重要。许多家长都选择《曾国藩家书》作为自己的修身读本或者教育孩子的重要素材。所以市场上出现了许多《曾国藩家书》的版本。

《曾国藩家书》内容丰富复杂，有些文句深奥难懂，所以我们在筹划"大众儒学经典"的时候，就考虑如何选择一些重要的主题和重要的信件使之适合更大的人群阅读和受益，因此，委托在上海大学任教的袁晓晶博士进行重新编辑。

在这个选本中，袁晓晶将主题确定为六个方面，包括修身、劝学、孝悌、处世、为政和治军。这既考虑了曾国藩为学的基础，即以朱子理学为基础的立身行事之道，也考虑到他的个人特征，比如为政和治军，这是曾国藩知行合一的重要体现，而他在治军和为政中总结的经验教训，足以成为教育他的家人修身处世的重要依据。对于每一封信，书信后面都有背景介绍、解读和人生价值的提炼，因此，是十分适合大众阅读的。

家书虽然是私人的作品，然而在十分注重家族观念和家族伦理的传统中国，家书也可以成为普适性的道德规训。其他如家训和家风等体现中国传统伦理的作品，也与家书一起构成传统中国价值观流传的重要载体，一直延续到现代。我年轻的时候，就曾被《傅雷家书》中所体现的教育思想所感动。

干春松
于北京大学儒学研究院
2016 年 7 月 2 日

前　言

曾国藩（1811—1872），湖南湘乡（今湖南娄底市双峰县）人。原名子城，字伯涵，号涤生。祖父曾玉屏，普通耕读之人；父亲曾麟书，是秀才塾师。曾国藩二十八岁考取进士，三十岁授翰林院检讨，三十七岁任礼部侍郎。咸丰三年（1853），曾国藩在为母亲江氏守孝期间，临危受命组建湘军，抗击太平天国。历时十三年，为清廷平定了太平天国起义，追缴捻军。此后数年，办理洋务、回任两江，在军事、洋务、文化、政治等方面均功绩显赫，成为清代中兴名臣，与左宗棠、李鸿章、张之洞并称"晚清四大名臣"。同治十一年（1872）去世，谥号文正。

曾国藩是清世由文人而入武侯的第一人，虽身处乱世，却中正庄严、克己复礼，严格以理学精神修养自身，劝谕家人。自道光二十年（1840）入京任官至同治十年（1871）三十一年间，笔耕不辍，无论顺境、逆境，都坚持与家人通信，写下家书洋洋洒洒四十余万字。《曾国藩家书》以儒家理学精神为根底，充分体现了儒学的道德追求与现实抱负，堪称儒者安身立命之范本。

1872年，曾国藩因病逝世。三年后，光绪帝亲下诏书，命其门人李瀚章、李鸿章等三十余位儒生编撰其生前著述。光绪五年（1879），传忠书局刊刻出版《曾文正公家书》。该版本由李瀚章编辑、李鸿章校对，二人不仅是曾国藩的得意门生，同时也是历经晚清政治风云历练的重臣，对《家书》的编排、裁断颇有深度。2011年中国致公出版社再次整理出版了传忠书局的《曾国藩家书》，全书以原书编年体例为准，另加了目录；由繁体竖排转化为简体横排，并重新句读。本书以传忠书局刊刻的《曾文正公家书》为底本，参考中国致公出版社2011年简体《曾国藩家书》和我国台湾黎明文化事业有限公司繁体版本，精选其中的重要篇章，重新编辑分类，以修身、劝学、孝悌、处世、为政、治军为大类，根据文中主旨另拟标题，在基本解释的基础之上，对文中核心意义加以延伸和阐述，以方便当代的读者更好地理解曾国藩在清代政治风云变幻之下，所写家书的意义和价值。湘军中后期，曾国藩的家书多集中在军事上，而其核心思想在早期已多有阐明。故选编家书的年代主要集中在曾国藩京官时期和湘军早期。鉴于编著者才疏学浅，文中疏漏，还请各位方家不吝赐教。

编著者
2016年1月

目　录

修身卷 / 〇〇一
劝学卷 / 〇八一
孝悌卷 / 一五一
处世卷 / 二一一
为政卷 / 二七一
治军卷 / 三二五

修身卷

题解

　　修身，是儒家文化中对君子行为最基本的要求。《大学》曰："自天子以至于庶人，壹是皆以修身为本。"无论是贵为天子，还是普通百姓，一世都应坚持以涵养自身道德、品行为本。修身，不仅要在行为上做到"战战兢兢，如履薄冰"，时刻以规范约束自己，更要从心理上做到"正心诚意"。在《大学》中就有"欲修其身者，先正其心；欲正其心者，先诚其意；欲诚其意者，先致其知。致知在格物"之说。儒学中的修身与修心是紧密联系在一起的整体。修心又与佛家所说的打坐、禅定不同，儒学的修心与修身一样，都是要在与外物的互动中完成的。只有与世界、人群有了紧密的交往，才可能在认识外界事物、处理人际关系的过程中，不断完善和强大自己的内心，修正自己的行为。曾子说："吾日三省吾身，为人谋而不忠乎？与朋友交而不信乎？传不习乎？""与人谋"、"与朋友交"是与人的交往；"传而习"是与事、物的交往。儒家的修身之道，正是在一个人与世间万物的交往过程中，塑造自身道德修养、规范个体行为的"入世"之道。

　　曾国藩以"立功、立德、立言"而享誉清代，成为一代名臣。在他的家书中，可以看到不少自省、督促他人的修身之道，通过这些家书，更能体会到曾国藩服膺理学、以修身为本的做人之道。

第一篇　反身而诚

道光二十一年辛丑岁
九月十五日① (1841)

原文

男国藩跪禀父母亲大人万福金安：

八月十四接家信三件，内系得父亲信一，叔父信一，丹阁叔信一。十八日男发家信第十二号，不知已收到否？

男等在京，身体平安，甲三母子如常。惟九弟迫思南归，不解何故。自九月初间即言欲归，男始闻骇异，再四就询，终不明言。不知男何处不友，遂尔开罪于弟，使弟不愿同居。男劝其明白陈辞，万不可蕴藏于心，稍生猜疑。如男有不是，弟宜正容责之，婉言导之，使男改过自赎。再三劝谕，弟终无一言。如男全无过愆，弟愿归侍定省，亦宜写信先告知父亲。待回信到时，家中谕令南归，然后择伴束装，尚未为晚。男因弟归志已决，百计阻留，劝其多住四十天。而弟仍不愿，欲与彭山屺同归。彭会试罢屈，拟九月底南旋，现在尚少途费，待渠家寄银来京。男目下已告匮，九弟若归，途费甚难措办。

英夷在浙江滋扰日甚。河南水灾，豫楚一路，饥民甚多，

---

① 若无特别说明，书中所涉及的日期均为农历日期。

行旅大有戒心。胡咏芝前辈扶榇南归，行李家眷，雇一大船，颇挟重资。闻昨已被抢劫，言之可惨。九弟年少无知，又无大帮作伴，又无健仆，又无途费充裕，又值道上不甚恬谧①之际，兼此数者，男所以大不放心，万万不令弟归。即家中闻之，亦万万放心不下。男现在苦留九弟在此。弟若婉从，则读书如故，半月内男又有禀呈；弟若执拗不从，则男当责以大义，必不令其独行。

自从闰三月以来，弟未尝片语违忤，男亦从未加以词色，兄弟极为湛乐。兹忽欲归，男寝馈难安，展转思维，不解何故。男万难辞咎。父亲寄谕来京，先责男教书不尽职、待弟不友爱之罪，后责弟少年无知之罪，弟当翻然改寤。男教训不先，鞠爱不切，不胜战栗待罪之至。伏望父母亲俯赐惩责，俾知悛悔遵守，断不敢怙过饰非，致兄弟仍稍有嫌隙。男谨禀告家中，望无使外人闻知，疑男兄弟不睦。盖九弟不过坚执，实无丝毫怨男也。

男谨禀

解读

曾国荃在家中所有子女中排行第九，故称"九弟"。他出生于道光四年（1824），小曾国藩十三岁。国荃十六岁随父上京，后住在曾国藩宅邸，与哥哥一家同住。此时的曾国藩恰值而立之年，又初为京官，家境并不富裕，但对于九弟的照顾则是体

---

① 恬：安静，坦然。谧：安宁，平静。恬谧：恬淡安谧。

贴入微。然而，曾国荃在入京一段时间后，还是思乡情切，想回到湖南。这封信便是曾国藩向父亲陈情此事。

在这封信中，我们可以看到曾国藩作为家中长男，对自己有着非常严格的要求。如果从兄弟友爱的角度来看，曾国藩对于九弟的生活起居、前程学业是极为关心的。然而，即便兄弟相处似平常，而九弟迫切归家的想法，依然让曾国藩内心感到不安。这种不安，就是一种自省的萌芽，当得知九弟要离开的决定时，首先想到的不是去推卸责任或懊恼，而是考虑自己是否有不对之处。在信的一开始，曾国藩即向父亲表达了自己这方面的困惑与担忧，并禀明自己不断向九弟询问，甚至提出让弟弟对自己"正容责之，婉言导之"的要求。这不仅是兄长对于弟弟的爱护，更是兄长自身人格修养的体现。

在儒家看来，修身的第一要务在于能发明自己的本心。孟子说："人之所不学而能者，其良能也；所不虑而知者，其良知也。孩提之童无不知爱其亲者，及其长也，无不知敬其兄也。亲亲，仁也；敬长，义也。无他，达之天下也。"即便没有学过什么知识，人也具备做善良之事的能力；即便没有经过复杂的思考，也可以对善与不善的事情做出基本的判断。就好像小孩子，虽然天真烂漫，毫无任何成人世界的处世经验，可是他也知道要亲爱自己的父母。到年长一点，便知道要尊敬自己的兄长。亲亲，这就是仁；敬长，这就是义。这不是什么复杂的道理，这正是天底下最根本的人道所在。正因如此，儒家有着"反身而诚"的修身功夫。反身而诚，就是反思自身，去发现自己的本心。曾子说，自己每天都要反省一天的行为是否恰当。在待人接物时，是否怀着一颗真诚之心。在与人协同做事时，是否忠诚踏实。每天学到的东西，是否有认真实践。"三省吾身"就是要从内心深处反省自己的日常行为，以达到心与行的统一。

曾国藩客居北京，事业和生活都处在刚刚起步的阶段。但是作为兄长，对于弟弟赴京学习、日常起居却给予了加倍的关怀。奈何国荃一心要回乡，这时曾国藩的做法体现出儒家君子在修己上的功夫。他没有责备国荃，而是努力去与国荃沟通，在沟通不够顺畅的时候，则反身自省。

修身之始，在于能够自我反省，其境界则是达到"人不知而不愠"的豁达。而在这封信中，所体现出来的正是儒家君子修身的第一步："反身而诚"。

第二篇　保身为要

道光二十二年壬寅岁
正月十八日（1842）

原文

男国藩跪禀父母亲大人万福金安：

新正初七日，男发第一号家信，并鹿脯①一方，托俞岱青先生交彭山屺转寄，不知到否？去年腊月十九发家信，内共信十余封，想已到矣。初七日信，系男荃代书。

---

① 鹿脯：鹿肉干。《礼记·内则》中就记录有鹿脯，但限于君主所食，是一种相对贵重的食物。

初八早，男兄弟率合寓上下焚香祝寿。下半日荃弟患病，发热畏寒，遍身骨节痛，胁气疼痛。次早请小珊诊，系时疫症。连日服药，现已大愈。小珊云凡南人体素阴虚①者，入京多患此症。从前彭棣楼夫妇皆患此症，罗苏溪、劳辛阶、郑小珊、周华甫亦曾有此病。男庚子年之病，亦是此症。其治法不外滋阴祛邪，二者兼顾。九弟此次之病，又兼肝家有郁，胃家有滞，故病势来得甚陡，自初八至十三，胁气疼痛，呻吟之声震屋瓦，男等日夜惶惧，初九即请吴竹如医治。连日共请四医，总以竹如为主，小珊为辅。十四日胁痛已止，肝火亦平。十五日已能食粥，日减日退。现在微有邪热在胃。小珊云再过数日，邪热祛尽，即可服补剂，本月尽当可复体还元。

男自己亥年进京，庚子年自身大病，辛丑年孙儿病，今年九弟病，仰托祖父母、父母福荫，皆保万全，何幸如之！因此思丁酉春祖父之病，男不获在家伏侍，至今尚觉心悸。九弟意欲于病起复体后归家，男不敢复留。待他全好时，当借途费，择良伴，令其南归。大约在三月起行。

英逆去秋在浙滋扰，冬间无甚动作。若今春不来天津，或来而我师全胜，使彼片帆不返，则社稷苍生之福也。黄河决口，去岁动工，用银五百余万，业已告竣。腊底又复决口。湖北崇阳民变，现在调兵剿办，当易平息。

余容续禀。

男谨呈

---

① 阴虚：中医专业术语。中医认为人体内的所有器官、组织都有阴阳二表，阴虚者指阴液不足，不能滋润，不能制阳，从而产生一系列发热、盗汗等症状。此处言南人体素阴虚，即南方人体质中阴液较为虚弱。

解读

　　这封信中，曾国藩向父母禀报了九弟国荃在京生病之事。作为一名深受理学思想熏陶的士大夫，生病虽属平常之事，但是身体上所发出的病痛信号，却是一种未能很好修身的体现。在这封信中，我们可以看到儒家对于"修身"有着两个重要的指向。前一封信中，曾国藩讲"修身"，主要是从道德修养的角度而言，"反身而诚"，这是作为道德的自我的"修身"功夫。但是，儒家并非泛泛地讲道德修为，在这封信中，我们可以感受儒家对于身体本身，也有着极具人文色彩的关爱，对生命表达了一种养护、珍惜的态度。

　　首先，身体是大自然的馈赠，是天命的载体。身体的疾忧与自然的变幻有很大的关系。《周易》中将人的身体视为阴阳二气氤氲而生，所以，一旦身体出现问题，定是与周遭的环境间有了隔阂。现代人生活在都市，离自然越来越远，习惯了药物对疾病的控制，却忽略了身体自身有着一套与天地自然相合的系统。其实，很多时候，身体发出的信号，只是在说明，它与周遭的环境正在磨合之中。在信的第二段中，曾国藩讲到九弟国荃生病的情况时，便向父母说明了医生的诊断，九弟的症状恐怕是北上之后气候不适、水土不服才会出现的状况，父母不必特别挂心。

　　其次，身体还是父母的馈赠，是父母之爱的承载。《论语》中有一个故事讲的是孟武伯问孝，孔子对此的回答是"父母唯其疾之忧"。汉代的马融将"其"理解为指代"子女"，这句话的意思是儿女不要做乖张之举，使父母在健康之外无须再为子女担心，这便是尽孝了。所以，从尽孝这一点上而言，"身体发肤，受之父母，不敢毁伤，孝之始也"。身体，是子女对父母最初的继承，是父母给予子女的生命礼物，因此必须要很好地爱惜它，才算是孝的发端。在信的第三段，曾国藩回忆了自己自入京以来，家人频有生病，也让他感到需要在外更好地照顾自己，以免父母牵挂。这种对自身的爱惜，就是对父母的疼惜。

由此，可以看出传统儒家对于"身"有着很深厚的理解。从家庭伦理的角度而言，"保身"是对于孝道的坚持。从更接近"道"的角度而言，"保身"则是天人合一观的表现。《易传·系辞上》中，谈到"乾道成男，坤道成女，乾知大始，坤作成物"。男女之道便是乾坤之道、阴阳之合，人的身体便是乾坤之道流行变化的产物。从这个角度而言，身体是"道"的实现，人道与天道实则是合一的。这种天人合一的观念，早在《易》中就已出现了。到了汉代，董仲舒提出"人副天数"一说，认为"人"实际上是"天"的投射，人的身体是仿效天的形态而形成的。"人副天数"将人与天更为紧密地联系在了一起，所以天的灾异也意味着人间的祸乱兴衰。这种接近神秘主义的说法，也成为谶纬之说在汉代兴起的一个原因。但是无论如何，在天人关系中，我们可以看到"身体"在中国古人眼中，绝非生物学意义上的躯干那么简单。"身体"是"道"的一种呈现，因此"保身"意味着对道的尊重，对生命的尊重。"修身"不只需要从道德上锤炼自身，在"身体"上也应注重阴阳调和、神清气爽，以"保身"为重。

最后，曾国藩在感慨入京后家人的健康时，亦对祖父母、父母表达了感激之情，这是中国文化中极具特色的"祖德"观念。中国人在对待祖德与福报这件事上，与其他民族非常不同。印度的宗教认为人活着即是"苦"，因此想要求个解脱，个人与自己的祖先除了种姓上的联系外，便是独立的。一个人的所为，只是为了求个解脱。基督教则认为，人在此生的生命，是为了到了末日审判，最终由上帝挑选是否可以进入天堂。唯独中国文化不一样，一个人的福报，除了个人所为，很多都是"祖宗庇护"。祖先因为做了很多善事，才能为一个家族积德，在世长辈的所作所为，也直接关系到子孙的福报。在传统信仰中，中国人的行为一定是与家族相关的。二十四节气中的"清明"，民间信仰中的"中元节"等，都与祭祀、扫墓有关，这其中就有向祖先表达感恩"祖德"庇护的原因。所以，曾国藩在此会将身体的康复归结于祖父母、父母的庇护，这也是感念亲恩的一种表现。

总而言之，"保身"不仅体现出一种对生命之大本的敬重，也体现出君子对孝道的践行。所以，"保身"不是单纯地渴望身体健康，它更是"修身"的一个维度，是君子实现天人合德的重要途径。

第三篇　格物功夫

道光二十二年壬寅岁
十月二十六日（1842）

原文

诸位贤弟足下：

十月二十一日接九弟在长沙所发信，内途中日记六页，外药子一包。二十二接九月初二日家信，欣悉以慰。

自九弟出京后，余无日不忧虑，诚恐道路变故多端，难以臆揣。及读来书，果不出吾所料。千辛万苦，始得到家。幸哉幸哉！郑伴之不足恃，余早已知之矣。郁滋堂如此之好，余实不胜感激。在长沙时，曾未道及彭山屺，何也？又为祖母买皮袄，极好极好，可以补吾之过矣。

观四弟来信甚详，其发奋自励之志，溢于行间。然必欲找馆出外，此何意也？不过谓家塾离家太近，容易耽搁，不如出外较清净耳。然出外从师，则无甚耽搁。若出外教书，其耽搁更甚于家塾矣。且苟能发奋自立，则家塾可读书，即旷野之地、热闹之场亦可读书，负薪牧豕①，皆可读书；苟不能发奋自立，则家塾不宜读书，即清净之乡、神仙之境皆不能读书。何必择地？何必择时？但自问立志之真不真耳！

六弟自怨数奇②，余亦深以为然。然屈于小试辄发牢骚，吾窃笑其志之小，而所忧之不大也。君子之立志也，有民胞物与之量，有内圣外王之业，而后不忝于父母之生，不愧为天地之完人。故其为忧也，以不如舜不如周公为忧也，以德不修学不讲为忧也。是故顽民梗化③则忧之，蛮夷猾夏④则忧之，小人在位贤才否闭则忧之，匹夫匹妇不被己泽则忧之，所谓悲天命而悯人穷，此君子之所忧也。若夫一身之屈伸，一家之饥饱，世

---

① 负薪牧豕：背负着柴火、喂养着猪，形容学习的环境非常艰苦。
② 自怨：自我埋怨。数：命运，运数。奇：不好。自怨数奇：指自我怨恨命运不好。
③ 梗化：顽固而不服从教化。
④ 猾夏：扰乱、侵犯华夏。

俗之荣辱得失、贵贱毁誉,君子固不暇忧及此也。六弟屈于小试,自称数奇,余窃笑其所忧之不大也。

盖人不读书则已,亦既自名曰读书人,则必从事于《大学》。《大学》之纲领有三:明德、新民、止至善,皆我分内事也。若读书不能体贴到身上去,谓此三项与我身了不相涉,则读书何用?虽使能文能诗,博雅自诩,亦只算得识字之牧猪奴①耳!岂得谓之明理有用之人也乎?朝廷以制艺取士,亦谓其能代圣贤立言,必能明圣贤之理,行圣贤之行,可以居官莅民,整躬率物也。若以明德、新民为分外事,则虽能文能诗,而于修己治人之道实茫然不讲,朝廷用此等人作官,与用牧猪奴作官何以异哉?然则既自名为读书人,则《大学》之纲领,皆己身切要之事明矣。其条目有八,自我观之,其致功之处,则仅二者而已:曰格物,曰诚意。

格物,致知之事也;诚意,力行之事也。物者何?即所谓本末之物也。身、心、意、知、家、国、天下皆物也,天地万物皆物也,日用常行之事皆物也。格者,即物而穷其理也。如事亲定省,物也;究其所以当定省之理,即格物也。事兄随行,物也;究其所以当随行之理,即格物也。吾心,物也;究其存心之理,又博究其省察涵养以存心之理,即格物也。吾身,物也;究其敬身之理,又博究其立齐坐尸以敬身之理,即格物也。每日所看之书,句句皆物也;切己体察,穷究其理即格物也。此致知之事也。所谓诚意者,即其所知而力行之,是不欺也。知一句便行一句,此力行之事也。此二者并进,下学在此,上

---

① 牧猪奴:赌徒的鄙称,这里指无道德操守之人。

达亦在此。

吾友吴竹如格物工夫颇深，一事一物，皆求其理。倭艮峰先生则诚意工夫极严，每日有日课册，一日之中一念之差、一事之失、一言一默，皆笔之于书。书皆楷字。三月则订一本。自乙未年起，今三十本矣。盖其慎独之严，虽妄念偶动，必即时克治，而著之于书。故所读之书，句句皆切身之要药。兹将艮峰先生日课抄三叶付归，与诸弟看。余自十月初一日起亦照艮峰样，每日一念一事，皆写之于册，以便触目克治，亦写楷书。冯树堂与余同日记起，亦有日课册。树堂极为虚心，爱我如兄，敬我如师，将来必有所成。余向来有无恒之弊，自此次写日课本子起，可保终身有恒矣。盖明师益友，重重夹持，能进不能退也。本欲抄余日课册付诸弟阅，因今日镜海先生来，要将本子带回去，故不及抄。十一月有折差，准抄几叶付回也。

余之益友，如倭艮峰之瑟僩，令人对之肃然；吴竹如、窦兰泉之精义，一言一事，必求至是；吴子序、邵蕙西之谈经，深思明辨；何子贞之谈字，其精妙处，无一不合，其谈诗尤最符契①。子贞深喜吾诗，故吾自十月来已作诗十八首。兹抄二叶，付回与诸弟阅。冯树堂、陈岱云之立志，汲汲不遑，亦良友也。镜海先生，吾虽未尝执贽请业，而心已师之矣。

吾每作书与诸弟，不觉其言之长，想诸弟或厌烦难看矣。然诸弟苟有长信与我，我实乐之，如获至宝，人固各有性情也。

余自十月初一日起记日课，念念欲改过自新。思从前与小珊有隙，实是一朝之忿，不近人情，即欲登门谢罪。恰好初九

---

① 符契：符合本义。

日小珊来拜寿，是夜余即至小珊家久谈。十三日与岱云合伙，请小珊吃饭。从此欢笑如初，前隙尽释矣。

金竺虔报满用知县，现住小珊家，喉痛月余，现已全好。李笔峰在汤家如故。易莲舫要出门就馆，现亦甚用功，亦学倭艮峰者也。同乡李石梧已升陕西巡抚。两大将军皆锁拿解京治罪，拟斩监候。英夷之事，业已和抚。去银二千一百万两，又各处让他码头五处。现在英夷已全退矣。两江总督牛鉴，亦锁解刑部治罪。

近事大略如此。容再续书。

兄国藩手具

解读

"修身"既要养身，又要养心，做到身心兼备方可称为"修身"。然而，怎样的方式才可以做到修身呢？在曾国藩与弟弟们的这封信中，我们便可窥到儒家修身方法的一些精髓。在这封信中，曾国藩提到了"修身"与《大学》中"格物""诚意"的关系，且在这之前谈到了君子立志与所忧的问题。

首先，立志与"所忧"的关系是一体两面的。立下怎样的志向，便会对什么样的事情担忧。曾国藩虽肯定了四弟立志读书的决心，然而对其志向的坚定性则提出了质疑。他谈到若要真的立志读书，则哪里都是清净的读书场地，言外之意，真的志向不会受到外在环境的制约，关键是看一个人是否要坚持这个志向的决心。在谈到六弟担忧自己命运坎坷时，曾国藩则表示因为一两次科举考试的失利，便担忧起自己的命运来，实在不是一个君子所忧之事。君子所忧心的事情应该是怎样才能养成君子品格，如何才能修德讲学。这是因为君子所立的志向，绝不是一个外在的功名，而是如张载在《西铭》中所谈到的那种"民吾同胞，物吾与也"的天地境界。当学者将其志向定在天地之间，专注于内圣外王之业，不愧于父母生养，无愧于做一个天地间大写的"人"时，他所担忧的事情才会有新的境界。这时人的目光是敞开的、高远的，人世间的文明开化、国家的兴衰存亡、政治的清正廉明、百姓的安居乐业才是他所担忧的事情。这些事情与君子个人的名誉、荣华无甚相关，而君子却会忧心于此，这才是一个具有高尚品格之人的境界。冯友兰说过人生有四重境界——自然境界、功利境界、道德境界、天地境界。作为君子就是要将自己从生存的、欲望的自然和功利境界中抽离出来，进入道德境界，从而最终达到天地境界。人生之志决定了人生之忧，因此，越高的志向越容易使人进入更高的境界。周敦颐曰"圣希天，贤希圣，士希贤"，学者只有立下伊尹、颜子之志后，方可进修其道，以通达更高的境界。

其次，曾国藩谈到了"修身"与"格物""诚意"的关系。《大学》自位列"四书"，程颐说它是"入德之门"。《大学》中的八条目是传统社会中读书人修身的基本纲目。在这里曾国藩特别强调了"格物"与"诚意"，从而将修身落实到了实处。《大学》虽是儒者修身的纲目，然而它并不是道德规训；它代表着一种实践的品格。修身，不是禅坐，亦不是考据；修身首先源自对于"物理"的理解。理学家认为万物皆有其理，如同月映万川，这是天理在万物上的映射。物理不仅包含事物之理，也包括"事件""事情"的理，所以朱子说"在物为理，处物为义"。正如曾国藩在此所列：人的身心、意志皆有其理；一家一国亦有其理；日常行为也有理。如何去认识了解这些理？首先要从最切近己身的事和物上入手，所以叫"格物而穷其理"，朱熹说这叫"近取诸身，百理皆具"。当我们认识了这些理，便是做到了"格物"。我们身边的物和事有哪些呢？曾国藩讲到侍奉双亲是事，为什么这样做（孝）便是此事的理；敬随兄长是事，为什么这样做（友）便是此事的理；心，是事，博学审问、慎独省察是养心之理；身是物，于行走坐立间都能保持恭敬便是养身的理；每日所读之书，句句都是物，可以做到深刻理解其意义便是读书之理。理解并做到这些物之理，便是"格物"。而格物还需要落实在"诚意"上，诚意就是不欺，不仅不欺骗他人，更重要的是不自欺。明白了道理而且能身体力行，才是真的不自欺，否则便非"诚意"。这就是曾国藩所谈的格物与诚意是修身最为关键的步骤。

从格物、诚意中，我们可以窥见儒家的修身需要长久而踏实地下功夫。怎么样才能做到？曾国藩因受到倭艮峰先生的启发，而意识到记录"日课"是极好的修身功夫。所谓日课，便是"日记"。日记的意义在于记录每日所为且进一步反省自身，如曾子所谓"三省吾身"即是这一道理。曾国藩谈到自己每日以楷书记录日记，并与友人相互督促，以此来修身。这一做法，是要从"一念一动"上做到"慎独"，是一种极为严格的修身功夫。人之情感极为复杂，很容易陷入妄念之中，因此，从念头上去下功夫，才能砥砺出坚毅的品性。曾国藩一生重修身，而他的修身正是从每日日课的念头上去下功夫。正因如此，即便刚开始做日课，曾国藩已有很大的进步，他在信尾写到与郑小珊化解误会的事，这正是他在每日日课的反省下所做的改进。儒家自孟子至王阳明，都谈到心的重要性。心，就是人的一念一思。孟子说"我善养吾浩然之气"，阳明说君子要"发明本心"，都是意识到人之心思的精微。只有从念头上下功夫，才可以将修身落至实处。

第四篇 修身《五箴》

道光二十四年甲辰岁
三月初十日（1844）

原文

六弟、九弟左右：

三月八日接到两弟二月十五所发信，信面载第二号，则知第一号信未到。比去提塘追索，渠云并未到京，恐尚在省未发也。以后信宜交提塘挂号，不宜交折差手，反致差错。

来书言自去年五月至十二月，计共发信七八次。兄到京后，家人仅检出二次：一系五月二十二日发，一系十月十六日发。其余皆不见。远信难达，往往似此。

腊月信有糊涂字样，亦情之不能禁者。盖望眼欲穿之时，疑信杂生，怨怒交至。惟骨肉之情愈挚，则望之愈殷；望之愈殷，则责之愈切。度日如年，居室如圜墙①，望好音如万金之获，闻谣言如风声鹤唳；又加以堂上之悬思，重以严寒之逼人。其不能不出怨言以相詈②者，情之至也。然为兄者观此二字，则

---

① 圜墙：牢狱。
② 詈：音lì，责骂。相詈：相互责骂。

虽曲谅其情，亦不能不责之；非责其情，责其字句之不检点耳。何芥蒂之有哉！

至于回京时有折弁①南还，则兄实不知。当到家之际，门几如市，诸务繁剧，吾弟可想而知。兄意谓家中接榜后所发一信，则万事可以放心矣，岂尚有悬挂者哉？来书辨论详明，兄今不复辨，盖彼此之心虽隔万里，而赤诚不啻目见，本无纤毫之疑，何必因二字而多费唇舌！以后来信，万万不必提起可也。

所寄银两，以四百为馈赠族戚之用。来书云："非有未经审量之处，即似稍有近名之心。"此二语推勘入微，兄不能不内省者也。又云："所识穷乏得我而为之，抑逆知家中必不为此慷慨，而姑为是言。"斯二语者，毋亦拟阿兄不伦乎？兄虽不肖，亦何至鄙且奸至于如此之甚！所以为此者，盖族戚中有断不可不一援手之人，而其余则牵连而及。

兄己亥年至外家，见大舅陶穴而居，种菜而食，为恻然②者久之。通十舅送我，谓曰："外甥做外官③，则阿舅来作烧火夫④也。"南五舅送至长沙，握手曰："明年送外甥妇来京。"余曰："京城苦，舅勿来。"舅曰："然。然吾终寻汝任所也。"言已泣下。兄念母舅皆已年高，饥寒之况可想。而十舅且死矣，及今不一援手，则大舅、五舅者又能沾我辈之余润乎？十舅虽死，兄意犹当恤其妻子；且从俗为之延僧，如所谓道场者，以

---

① 弁：音biàn。折弁：又称折差，指专门为地方大员送奏折至京城后，再顺便为京城官员往家中捎带书信之人，类似于今日的邮差。
② 恻：哀伤的样子。然：面貌。恻然：指哀伤、怜悯的样子。
③ 外官：此处指在外做官，多指行军作战时的指挥官。
④ 烧火夫：即做饭的人。

慰逝者之魂而尽吾不忍死其舅之心。我弟我弟，以为可乎？

兰姊、蕙妹家运皆舛。兄好为识微之妄谈，谓姊犹可支撑，蕙妹再过数年则不能自存活矣。同胞之爱，纵彼无觖望①，吾能不视如一家一身乎？

欧阳沧溟先生凤债甚多，其家之苦况，又有非吾家可比者。故其母丧，不能稍隆厥礼。岳母送余时，亦涕泣而道。兄赠之独丰，则犹徇世俗之见也。

楚善叔为债主逼迫，抢地无门，二伯祖母尝为余泣言之。又泣告子植曰："八儿夜来泪注，地湿围径五尺也。"而田货于我家，价既不昂，事又多磨。尝贻书于我，备陈吞声饮泣之状。此子植所亲见，兄弟尝欷歔久之。

丹阁叔与宝田表叔昔与同砚席十年，岂意今日云泥隔绝至此！知其窘迫难堪之时，必有饮恨于实命之不犹者矣。丹阁戊戌年曾以钱八千贺我。贤弟谅其景况，岂易办八千者乎？以为喜极，固可感也；以为钓饵，则亦可怜也。

任尊叔见我得官，其欢喜出于至诚，亦可思也。

竟希公一项，当甲午年抽公项三十二千为贺礼，渠两房颇不悦。祖父曰："待藩孙得官，第一件先复竟希公项。"此语言之已熟，特各堂叔不敢反唇相稽耳。同为竟希公之嗣，而菀枯悬殊若此。设造物者一旦移其菀于彼二房，而移其枯于我房，则无论六百，即六两亦安可得耶？

六弟、九弟之岳家皆寡妇孤儿，槁饿②无策。我家不拯之，则孰拯之者？我家少八两，未必遂为债户逼取；渠得八两，则

---

① 觖：音 jué，不满意。觖望：犹怨望，因不如意而失望。
② 槁饿：指穷困饥饿。

举室回春。贤弟试设身处地而知其如救水火也。

彭王姑待我甚厚，晚年家贫，见我辄泣。兹王姑已没，故赠宜仁王姑丈，亦不忍以死视王姑之意也。腾七则姑之子，与我同孩提长养。各舅祖则推祖母之爱而及也。彭舅曾祖则推祖父之爱而及也。陈本七、邓升六二先生，则因觉庵师而牵连及之者也。

其余馈赠之人，非实有不忍于心者，则皆因人而及。非敢有意讨好沽名钓誉，又安敢以己之豪爽形祖父之刻啬①，为此奸鄙之心之行也哉？

诸弟生我十年以后，见诸戚族家皆穷，而我家尚好，以为本分如此耳，而不知其初皆与我家同盛者也。兄悉见其盛时气象，而今日零落如此，则大难为情矣。凡盛衰在气象，气象盛则虽饥亦乐，气象衰则虽饱亦忧。今我家方全盛之时，而贤弟以区区数百金为极少，不足比数。设以贤弟处楚善、宽五之地，或处葛、熊二家之地，贤弟能一日以安乎？凡遇之丰啬顺舛，有数存焉，虽圣人不能自为主张。天可使吾今日处丰亨之境，即可使吾明日处楚善、宽五之境。君子之处顺境，兢兢焉常觉天之过厚于我，我当以所余补人之不足。君子之处啬境，亦兢兢焉常觉天之厚于我：非果厚也，以为较之尤啬者，而我同已厚矣。古人所谓境地须看不如我者，此之谓也。

来书有"区区千金"四字，其毋乃不知天之已厚于我兄弟乎？兄尝观《易》之道，察盈虚消息之理，而知人不可无缺陷

---

① 啬：小气。刻啬：指吝啬刻薄。

也。日中则昃①，月盈则亏，天有孤虚②，地阙东南，未有常全而不缺者。"剥"③也者，"复"④之几也，君子以为可喜也。"夬"⑤也者，"姤"⑥之渐也，君子以为可危也。是故既吉矣，则由吝以趋于凶；既凶矣，则由悔以趋于吉。君子但知有悔耳。悔者，所以守其缺而不敢求全也。小人则时时求全；全者既得，而吝与凶随之矣。众人常缺，而一人常全，天道屈伸之故，岂若是不公乎？今吾家椿萱重庆⑦，兄弟无故，京师无比美者，亦可谓至万全者矣。故兄但求缺陷，名所居曰求缺斋。盖求缺于他事，而求全于堂上。此则区区之至愿也。家中旧债不能悉清，堂上衣服不能多办，诸弟所需不能一给，亦求缺陷之义也。内人不明此意，时时欲置办衣物，兄亦时时教之。今幸未全备，待其全时，则吝与凶随之矣。此最可畏者也。贤弟夫妇诉怨于房闼⑧之间，此是缺陷，吾弟当思所以弥其缺而不可尽给其求，

---

① 昃：音 zè，指太阳偏西。日中则昃：指太阳过了正午就会开始偏西。

② 孤虚：古代方术用语。即计日时，以十天干顺次与十二地支相配为一旬，所余的两地支称为"孤"，与孤相对者为"虚"。古时常用以推算吉凶祸福及事之成败。

③ 剥：剥卦，《易》第二十三卦，意指在"剥"的形势下的各种变化，喻事物有盛必有衰。

④ 复：复卦，《易》第二十四卦，意指在"复"的形势下的各种变化，喻反复探索，改变错误。

⑤ 夬：音 guài，夬卦，《易》第四十三卦，意指以阳决阴，果断清除。

⑥ 姤：音 gòu，姤卦，《易》第四十四卦，意指事情遇阻滞，需要谨慎行事。

⑦ 椿萱：指父母晚年健康。重庆：指父母和祖父母都健在。椿萱重庆：意指家中长辈健康长寿。

⑧ 房闼：此处指寝室、闺房。

盖尽给则渐几于全矣。吾弟聪明绝人，将来见道有得，必且韪①余之言也。

至于家中欠债，则兄实有不尽知者。去年二月十六接父亲正月四日手谕，中云："年事一切，银钱敷用有余。上年所借头息钱，均已完清。家中极为顺遂，故不窘迫。"父亲所言如此，兄亦不甚了了。不知所完究系何项？未完尚有何项？兄所知者，仅江孝八外祖百两、朱岚暄五十两而已。其余如耒阳本家之帐，则兄由京寄还，不与家中相干。甲午冬借添梓坪钱五十千，尚不知作何还法，正拟此次禀问祖父。此外帐目，兄实不知。下次信来，务望详开一单，使兄得渐次筹划。如弟所云家中欠债千余金，若兄早知之，亦断不肯以四百赠人矣。如今信去已阅三月，馈赠族戚之语，不知乡党已传播否？若已传播而实不至，则祖父受吝啬之名，我加一信，亦难免二三其德之诮。此兄读两弟来书，所为踌躇而无策者也。兹特呈堂上一禀，依九弟之言书之。谓朱啸山、曾受恬处二百落空，非初意所料。其馈赠之项，听祖父、叔父裁夺。或以二百为赠，或每人减半亦可；或家中十分窘迫，即不赠亦可。戚族来者，家中即以此信示之，庶不悖于过则归己之义。贤弟观之以为何如也？

若祖父、叔父以前信为是，慨然赠之，则此禀不必付归，兄另有安信付去。恐堂上慷慨持赠，反因接吾书而尼沮。凡仁心之发，必一鼓作气，尽吾力之所能为。稍有转念，则疑心生，私心亦生。疑心生则计较多，而出纳吝矣；私心生则好恶偏，而轻重乖矣。使家中慷慨乐与，则慎无以吾书生堂上之转念也。

---

① 韪：对，常与否定词联用。

使堂上无转念，则此举也，阿兄发之，堂上成之，无论其为是为非，诸弟置之不论可耳。向使去年得云贵、广西等省苦差，并无一钱寄家，家中亦不能责我也。

九弟来书，楷法佳妙，余爱之不忍释手。起笔收笔皆藏锋，无一笔撒手乱丢，所谓有往皆复也。想与陈季牧讲究，彼此各有心得，可喜可喜。然吾所教尔者，尚有二事焉。一曰换笔。古人每笔中间必有一换，如绳索然。第一股在上，一换则第二股在上，再换则第三股在上也。笔尖之着纸者仅少许耳。此少许者，吾当作四方铁笔用。起处东方在左，西方向右，一换则东方向右矣。笔尖无所谓方也，我心中常觉其方。一换而东，再换而北，三换而西，则笔尖四面有锋，不仅一面相向矣。二曰结字有法。结字之法无穷，但求胸有成竹耳。

六弟之信，文笔拗而劲，九弟文笔婉而达，将来皆必有成。但目下不知各看何书？万不可徒看考墨卷，汩没性灵。每日习字不必多，作百字可耳。读背诵之书不必多，十叶可耳。看涉猎之书不必多，亦十叶可耳。但一部未完，不可换他部，此万万不易之道。阿兄数千里外教尔，仅此一语耳。

罗罗山兄读书明大义，极所钦仰，惜不能会面畅谈。

余近来读书无所得，酬应之繁，日不暇给，实实可厌。惟古文各体诗，自觉有进境，将来此事当有成就；恨当世无韩愈、王安石一流人与我相质证耳。贤弟亦宜趁此时学为诗、古文，无论是否，且试拈笔为之。及今不作，将来年长，愈怕丑而不为矣。每月六课，不必其定作时文也。古文、诗、赋、四六无所不作，行之有常。将来百川分流，同归于海。则通一艺即通众艺，通于艺即通于道，初不分而二之也。此论虽太高，然不能不为诸弟言之，使知大本大原，则心有定向，而不至于摇摇无着。虽当其应试之时,全无得失之见乱其意中,即其用力举业之时,亦于正业不相妨碍。诸弟试静心领略,亦可徐徐会悟也。

外附录《五箴》一首、《养身要言》一纸、《求缺斋课程》一纸,诗文不暇录,惟谅之。

兄国藩手书草

五 箴 并序,甲辰春作

少不自立,荏苒遂洎今兹。盖古人学成之年,而吾碌碌尚如斯也,不其戚矣!继是以往,人事日纷,德慧日损,下流之赴,抑又可知。夫疢疾①所以益智,逸豫所以亡身,仆以中材而履安顺,将欲刻苦而自振拔,谅哉其难之与!作《五箴》以自创云。

立志箴

煌煌先哲,彼不犹人。藐焉小子,亦父母之身。聪明福禄,予我者厚哉!弃天而佚,是及凶灾。积悔累千,其终也已。往者不可追,请从今始。荷道以躬,舆之以言。一息尚活,永矢弗谖。

居敬箴

天地定位,二五胚胎。鼎焉作配,实曰三才。俨恪斋明,以凝女命。女之不庄,伐生戕性。谁人可慢?何事可弛?弛事者无成,慢人者反尔。纵彼不反,亦长吾骄。人则下女,天罚昭昭。

主静箴

斋宿日观,天鸡一鸣。万籁俱息,但闻钟声。后有毒蛇,

---

① 疢:音chèn。疢疾:疾病,犹指忧患。

前有猛虎。神定不慑，谁敢余侮？岂伊避人，日对三军。我虑则一，彼纷不纷。驰骛半生，曾不自主。今其老矣，殆扰扰以终古。

谨言箴

巧语悦人，自扰其身。闲言送日，亦搅女神。解人不夸，夸者不解。道听途说，智笑愚骇。骇者终明，谓女实欺。笑者鄙女，虽矢犹疑。尤悔既丛，铭以自攻。铭而复蹈，嗟女既耄。

有恒箴

自吾识字，百历洎兹。二十有八载，则无一知。曩之所忻，阅时而鄙。故者既抛，新者旋徙。德业之不常，日为物牵。尔之再食，曾未闻或愆。黍黍之增，久乃盈斗。天君司命，敢告马走。

养身要言癸卯入蜀道中作

一阳初动处，万物始生时。不藏怒焉，不宿怨焉。右仁所以养肝也。

内有整齐思虑，外而敬慎威仪。泰而不骄，威而不猛。右礼所以养心也。

饮食有节，起居有常。作事有恒，容止有定。右信所以养脾也。

扩然而大公，物来而顺应。裁之吾心而安，揆之天理而顺。右义所以养肺也。

心欲其定，气欲其定，神欲其定，体欲其定。右智所以养肾也。

求缺斋课程癸卯孟夏立

读熟读书十叶。看应看书十叶。习字一百。数息百入。记过隙影（即日记）。记茶余偶谈一则。右每日课

逢三日写回信。逢八日作诗、古文一艺。右月课

熟读书：《易经》、《诗经》、《史记》、《明史》、《屈子》、《庄子》、杜诗、韩文。应看书不具载。

解读

这封信是《曾国藩家书》中一封较长的信，而其中所涉及的"家事"则更生动地描绘出一幅中国古代传统家族内部的复杂政治，以及身处其中之人的德行、修为图景。不仅如此，在这封信的末端，曾国藩附上了自己的《五箴》书、《养身要言》以及《求缺斋课程》。此时的曾国藩已过而立之年，又经历了在京升迁、出仕外省，对自己的人生、理想，对家庭的责任、牵挂都更多了一份沉淀后的思考。信后所附的内容，不仅是对他之前人生的总结，更是对他而立之年后的自勉。今日读起来，更是为很多已经"在路上"的成年人，提供了几分启迪。

我们未曾考察六弟和九弟在给曾国藩的信中谈到了什么问题，但是从信一开始的内容中来看，可以得知曾国藩在之前有要将一部分钱银馈赠给几户亲戚的举动，而家中兄弟对此举并非十分赞同。曾国藩在信中用了大段的内容，解释了自己的初衷，更体现出"不忍人之心"的意义。

孟子曾在见梁惠王的时候，提出"不忍人之心"，所谓不忍人之心，即是恻隐之心。孟子说"有不忍人之心，斯有不忍人之政"。"不忍"是人之为人的原因，有不忍人之心的人才有可能成为良善政治的实践者。曾国藩以理学修身，"不忍"之心使他能对乡族亲友始终怀抱仁爱之心，也令他对几位弟弟的言语感慨之余，更多了几分担忧。

其一，亲族之间，关系往往错综复杂，各家各户之家势也有盛有衰。传统社会中的大家族，其成员结构比今日社会中的小的社群更为复杂。家族内部，由于血亲关系的亲疏而形成了不用层级的关联，对待这些关系自然是以情为本，情缘于人之孝亲，一层层推扩出去，因此舅父、表姊，乃至兄弟之岳家都被联系在了一起。然而，论最基本的家庭单位，则又存在着各家各户间的区别。这个区别，既有情感上的亲疏之别，也有在理性上处理亲族关系时的薄厚冷暖。曾国藩念及亲族之情谊，以不忍人之心而付银馈赠；但家中兄弟则误会这样做实在会让家中祖辈陷入吝啬的尴尬境地。

其二，兄弟来信以"区区千金"责怪兄长，更让曾国藩备感痛心，从而令他特别向几位弟弟强调君子应懂得"守残抱缺"、"战战兢兢，如履薄冰"的道理。这一道理，是从君子要有敬畏、谨慎、谦虚之心的意义上来说明的。曾国藩以《周易》为表彰，通过阴阳变化、物极必反之道理，道出了"天之已厚于我兄弟乎"的道理。《周易》，乃是中华文化的源头活水，昔日文王拘于羑里，取法自然，而作《周易》。通过阴阳之变化，阐释了一变一静、一正一反的阴阳变易之理。这一变易之理揭示了世间万事万物的大化流行，都处于"未及"和"过"的变化状态之中。未及，指事物正向其目的的方向运行、发展；过，则指事物即便获得了其发展之目的，也会很快走向极端和反面。人所要求的生活的圆满，则很可能因此而走向极端。因而，曾国藩所言，人需要知道生活不可能十全十美，生活的真谛就在于缺憾。人因为有缺憾而努力去奋斗、去弥补；但是人却不要去全尽这一缺憾。因为，当所有的缺都被填满后，并不是人生的圆满，而是会由此生出更多的匮乏，如此往复，人的欲望就会如同敞开的窟窿，如何也填补不满。因此，君子要敬畏天道，要懂得天道之屈伸乃是天道的运行，有得便有失，万不可以自己的成功而鄙夷他人的失败。同时，君子需要有谨慎之心，要知自己所行，不可逾矩，不可猖狂。曾国藩给自己在京的宅邸命名为"求缺斋"，就是时刻提醒自己要谨慎自己的言行，知道家势之盛只是"势"之使然，势的变化是道的运行。得势时，尤须谨言慎行，怀感恩之心；失势时，也不必怅然苦闷，需知这是人生"缺"的常态。

在这封信的末尾，曾国藩附上了自己所写的修身箴言五篇，这是他在三十多岁时经历过官场第一个阶段的锤炼之后的一种总结，其意义也绝非只是纸上谈兵，而是有了很多生命的体察。其序言：自觉已到而立之年，却依然碌碌无为，不禁感到忧伤。若是还继续从前那样的生活，每日困于人事烦扰之中，必将有损于智慧和德性，成为下品之流。所谓忧患存而智慧生，图安乐终亡身。我本是中品之人，且一直以来比较安顺，更需要刻苦而自振奋，这又有何难？所以自创《五箴》以自省。

第一立志箴。充满智慧的先哲，不也本是普通人吗？渺小的自己，亦是有父母赋予我生命。若丧失了天命，便会遭遇凶险灾害。积累了很多悔恨，最终也只能是承受天的责罚。过去之事已不可追悔，所以需要从今天开始做起。承担道所给予的责任，身体力行地去做，只要活着一天，就绝不背弃自己的承诺。

第二居敬箴。天地间万事万物都有其位，阴阳五行孕育了世间万物。天地人鼎力配合，才形成三才。人应该严格恪守道的智慧与明达，以凝聚成自己的生命。如果为人不庄重敬慎，则是对性命的残害。哪个人敢有所怠慢？做什么事时敢有所懈怠？懈怠之人必将无所成，傲慢待人者必将反受其辱。即便不是如此，也会助长一个人骄横的个性。如成为如此下流之人，则必然遭到天的惩罚。

第三主静箴。斋住于日观，天一亮便有鸡鸣。万籁俱静时，只能听到悠远的钟声。身后有毒蛇，身前是猛虎，但如若我神凝气定，谁敢有辱于我？是它们在避人吗？犹如面前有三军对峙。我思虑归一，它们便无法扰乱我。驰骋放纵半生，均未能自主。今已老矣，难道还要终日纷乱一生吗？

第四谨言箴。用花言巧语取悦别人，最终会令自己身心受扰。闲言碎语虽可度日，却扰乱自己的精神。理解你的人并不需要夸赞，而那些夸赞的人反倒是不理解你的人。道听途说的话，让智者笑话，让愚者惊骇。弄清原委后，原本感到惊骇的人会责备你欺骗他。即便你很率真，笑话你的人仍然会怀疑你。你需记下这些悔恨，铭记要将其改正。如果只是下决心而未能改正，于是重蹈覆辙，最后只能嗟叹自己已经老了。

第五有恒箴。自我识字有人生经历以来，已有二十八年，然而却依旧是一无所知。以前所赞同的知识，再看时却感到鄙视。旧的思想已经抛弃，而新的知识却又未曾真正获得。修德之业因为外物的牵绊而未能时常坚持。偶尔再接触到，竟如从未学过那样。一粒一粒的粟米积累久了，也会装满一斗。天命即将降于己身，因此应该明白这一道理，而坚持下去。

纵观《五箴》，可以看到曾国藩对自身有着极高的要求。《大学》中讲的进德纲目"修齐治平"亦是这一道理。历代的儒生就以这样的自我约束和要求,来实践自己的君子一诺,实在令后进晚生佩服不已。

在修身《五箴》后,曾国藩还谈到了养身之要,归结起来,便是"喜怒哀乐皆中节"的中庸之道,以心养情,以情怡身。为人不藏怒,不宿怨;做事不骄傲,不凶猛;饮食有节,起居有常;心胸宽广;心神安定。

而在最后所附的《求缺斋课程》中,则可窥得曾国藩日课之目。更加说明,修身不在高远,而在切近,不在求名,而在明心。修身是儒家为人之要,更是作为人的信仰之道。这一修行,是由日常的一言一行而刻画的,不自欺,不欺天,经年累月,奋而不止,方可达到"君子"之境界。

第五篇　进德修业

道光二十四年甲辰岁
八月二十九日(1844)

原文

四位老弟左右:

昨二十七日接信,快畅之至,以信多而处处详明也。

四弟七夕诗甚佳,已详批诗后。从此多作诗亦甚好,但须有志有恒,乃有成就耳。

余于诗亦有工夫,恨当世无韩昌黎及苏、黄一辈人可与发吾狂言者。但人事太多，故不常作诗，用心思索，则无时敢忘之耳。

吾人只有进德、修业两事靠得住。进德，则孝悌仁义是也；修业，则诗文作字是也。此二者由我作主，得尺则我之尺也，得寸则我之寸也。今日进一分德，便算积了一升谷；明日修一分业，又算余了一文钱。德业并增，则家私日起。至于功名富贵，悉由命定，丝毫不能自主。昔某官有一门生为本省学政，托以两孙当面拜为门生。后其两孙岁考临场大病，科考丁艰，竟不入学。数年后两孙乃皆入，其长者仍得两榜。此可见早迟之际，时刻皆有前定。尽其在我，听其在天，万不可稍生妄想。六弟天分较诸弟更高，今年受黜，未免愤怨。然及此正可困心横虑，大加卧薪尝胆之功，切不可因愤废学。

九弟劝我治家之法，甚有道理，喜甚慰甚。自荆七遣去之后，家中亦甚整齐，问率五归家便知。《书》曰："非知之艰，行之维艰。"九弟所言之理，亦我所深知者，但不能庄严威厉，使人望若神明耳。自此后，当以九弟言书诸绅而刻刻警省。

季弟天性笃厚，诚如四弟所云"乐何如之"。求我示读书之法及进德之道，另纸开示。余不具。

国藩手草

解读

曾国藩家书中写予弟弟的信，多以劝其修德进学为主。其中对六弟、九弟多有叮咛。这封信亦不例外，所谈还是围绕着

"进德、修业"展开。

进德和修业,原出于《易·乾·文言》:"君子进德修业。忠信,所以进德也;修辞立其诚,所以居业也。"朱熹对此解释为:"忠信,主于心者,无一念不诚也。修辞,见于事者,无一言不实也。虽有忠信之心,然非修辞立诚,则无以居之。"把这段解释再推进一步,就是说人之所立须有"德性"和"事业"两项并举方可。

就"进德"而言,曾国藩认为要落到最实在的"孝悌仁义"之上。孝悌仁义由心之本而生发,是人之为人的根据,亦是可以使仁义扩充于天地之间,使万事万物并行不悖的根据。所以,修德好像是积累粟米,每日修一德,便是积累了一颗粟米。日积月累,持之以恒,必然会积累如山的谷子,也会塑造其人的品格。修德不是一件易事,所以不得有片刻的懈怠。

就"修业"而言,曾国藩认为要落实在"诗文作字"之上。今人不细究"诗文作字",以为这只是书生造作,并不能真的成就个人事业。然而,在传统社会中,科举乃取士之必经途径,更何况清代继承明制,在科举上愈加细密,科举成了很多有抱负之人成就个人事业的唯一可取之路。"诗文作字"就是朱熹说的"见于事者"在清代的一个表现。从制度理念上而言,科举制度成了下层士子向上层阶层流动的途径;然而就真实的制度实践上而言,自明代以来,愈发严苛的科举制度与取士过程,府县考试、乡试、会试一层层地展开,士人修业的理想就在一次又一次的考试中被消磨了、限制了,甚至扭曲了。相较于唐之前参与政治的士子多半有家学熏陶,宋明以来的士子出身苦寒者多,家中根本无法接触到权力阶层，亦不懂得治理之道。因此，除了"诗文作字"之外，也无他法。曾国藩不是不了解这样的困境，因此勉励天资出众的六弟科举若不中，也切不可由此丧失信心，而是应卧薪尝胆，继续发奋努力。

信末，曾国藩则感谢了九弟对治家之道的提醒，再次强调了知行之中，行更为困难。若要做到知行合一，则在日常行事中，必以九弟的劝诫为警醒，时刻提醒自己。而这也是曾国藩"进德""修业"的内容。

第六篇　以身作则

道光二十七年丁未岁
七月十八日（1847）

原文

四弟、九弟、季弟足下：

六月二十八日发第九号家信，想已收到。七月以来，京寓大小平安。癣疾①虽头面微有痕迹，而于召见已绝无妨碍。从此不治，听之可也。

---

① 癣疾：皮肤癣。曾国藩常年患有癣疾，时好时坏。有时也会因癣疾影响正常生活。但在此处，癣疾并不严重，曾国藩也能平常处之。

丁士元散馆①，是诗中"皓月"误写"浩"字，胡家玉是赋中"先生"误写"先王"。

李竹屋今年在我家教书三个月，临行送他俸金，渠坚不肯受。其人知情知义，予仅送他袖料被面等物，竟未送银。渠出京后来信三次。予有信托立夫先生为渠荐馆。昨立夫先生信来，已请竹屋在署教读矣，可喜可慰。

耦庚先生②革职，同乡莫不嗟叹。而渠屡次信来，绝不怪我，尤为可感可敬。

《岳阳楼记》③，大约明年总可寄到。家中五种遗规④，四弟须日日看之，句句学之。我所望于四弟者，惟此而已。家中蒙祖父厚德余荫，我得忝列卿贰，若使兄弟妯娌不和睦，后辈子女无法则，则骄奢淫佚，立见消败。虽贵为宰相，何足取哉？

---

① 散馆：所谓馆职，指唐代以来所形成的官职体系，宋承唐制，设置史馆、昭文馆、集贤院，统称为三馆。一般指文人所做的文职馆职。明、清时，称翰林院、詹事馆的馆职为馆。散馆指翰林院庶吉士经过一定年限后参加甄别考试，其中一甲三名授修撰、编修。庶吉士需由特派的翰林官进行教育，庶吉士学习之地称为庶常馆，学满称散馆，留充编修、检讨的称留馆。

② 耦庚先生：即贺耦庚（1785—1848），名长龄，字耦庚，号西涯，晚号耐庵，湖南善化（今长沙）人。嘉庆进士，道光时历任江苏、福建等省布政使，后官至云贵总督。曾国藩曾与贺长龄论学，谈"诚"之意及考据之弊，力主复经世之学。

③ 《岳阳楼记》：此文是北宋文学家范仲淹应好友巴陵郡太守滕子京之请，于北宋庆历六年（1046）为重修岳阳楼写的。其中的"先天下之忧而忧，后天下之乐而乐""不以物喜，不以己悲"是较为出名和引用较多的句子。

④ 五种遗规：清代陈宏谋所编纂的启蒙丛书，是清代家庭教育中常用的一套丛书。五种遗规包括《养正遗规》《教女遗规》《训俗遗规》《从政遗规》和《在官法戒录》，全书最终辑成在乾隆八年（1743）。晚清学制改革后，五种遗规仍然是启蒙类的重要书籍。

我家祖父、父亲、叔父三位大人规矩极严，榜样极好，我辈蹱而行之，极易为力。别家无好榜样者，亦须自立门户，自立规条；况我家祖父现样，岂可不遵行之而忍令堕落之乎？现在我不在家，一切望四弟作主。兄弟不和，四弟之罪也；妯娌不睦，四弟之罪也；后辈骄恣不法，四弟之罪也。我有三事奉劝四弟：一曰勤，二曰早起，三曰看《五种遗规》。四弟能信此三语，便是爱兄敬兄；若不信此三语，便是弁髦①老兄。我家将来气象之兴衰，全系乎四弟一人之身。

六弟近来气性极和平，今年以来未曾动气，自是我家好气象。惟兄弟俱懒。我以有事而懒，六弟无事而亦懒，是我不甚满意处。若二人俱勤，则气象更兴旺矣。吴、彭两寿文及小四书序、王待聘之父母家传，俱于八月付回，大约九月可到。

袁漱六②处，予意已定将长女许与他，六弟已当面与他说过几次矣，想堂上大人断无不允。予意即于近日订庚，望四弟禀告堂上。陈岱云处姻事，予意尚有迟疑。前日四弟信来，写堂上允诺欢喜之意。筠仙已经看见，比书信告岱云矣。将来亦必成局，而予意尚有一二分迟疑。岱云丁艰，余拟送奠仪，多则五十，少则四十，别有对联之类，家中不必另致情也。余不尽言。

兄国藩手草

---

① 弁：音 biàn，黑色布帽。髦：音 máo，童子眉际垂发。弁髦：古代男子行冠礼，先加缁布冠，次加皮弁，后加爵弁，三加后，即弃缁布冠不用，并剃去垂髦，理发为髻。因以"弁髦"喻弃置无用之物。引申为鄙视。

② 袁漱六：翰林院编修袁芳瑛。曾国藩的长女曾纪静与其子袁秉桢结为夫妻。

解读

人在一生中，若想要成为"理想的自己"，总免不了有一位能模仿和学习的偶像。孔子说："三人行必有我师焉，择其善者而从之，其不善者而改之。"周敦颐说："圣希天，贤希圣，士希贤。"说的都是要以他人作为自己的榜样。曾国藩在这封信中对四弟所言，就是从这一点出发，告诫四弟要做家中子弟的榜样。但是，至于怎样才能以人为榜样，提升自己，则显示了一个人待人的视角。

榜样的出现，无非你在他人的身上看到了自己所赞赏的品质。这种发现他人优点的眼光，也是极为难得的一种视角。曾国藩在第四段中感慨被革职的贺长龄就是这样一种眼光。贺长龄早年入京，已在官场沉浮多年。他为人严谨、素朴，曾国藩尝与他论学，探讨汉学之弊，共同推崇经世之学的重要性。但是，贺长龄在担任云贵总督时，未能妥善解决当地汉族与回族间的冲突，虽以兵力击退了叛众，但在道光二十六年（1846）时当地再次陷入叛乱。因此，贺长龄被革职，最终在道光二十七年（1847）乞病归，回到原籍。曾国藩在此，并没有因为长龄的被革职而加以批判，反倒对长龄大大赞赏，言语中也透露着极为遗憾的情感。

以人为榜样，不仅需要发现他人优点的眼光，同样也要有立自身为榜样的勇气。曾国藩对四弟所言，即是此意。曾国藩以祖父、父亲及叔父等家中少年者之长辈为例，告诉弟弟当知父母之耳提面命、身体力行，才是族中子弟最好的老师及榜样。儒家所言的"学"，本就是效的意思。在未有学校教育的远古年代里，学就是跟着有德性的长者做，其实就是向榜样学习。若家中父辈作为不足为榜样，那么，子弟中的长兄就应担起榜样的责任。曾国藩因不在家中，因此将一切希望都寄予在四弟的身上，望他能成为一个家中的榜样。不可有乱于兄弟的和睦；不可妨害妯娌间的关系。四弟要担当起一个家，责任之大，不可不学。所以，曾国藩又以"勤""早起""看《五种遗规》"来告诫四弟。

人生之路漫长，总要在前进的路上找到自己的老师，如孔子所言那样，从善如流。如果未能遇到优秀的榜样，则需要有挺立自身的勇气，要有以身作则敢于担当的意识。这也是修身之纲目中极为重要的一环。

第七篇　忠信笃敬

道光二十八年戊申岁
五月初十日（1848）

原文

澄侯、子植、季洪三弟左右：

澄侯①在广东前后共发信七封，至郴州、耒阳又发二信，三月十一到家以后又发二信，皆已收到。植、洪②二弟今年所发三

---

① 澄侯：即曾国藩四弟曾国潢。
② 植：子植，即曾国藩九弟曾国荃。洪：季洪，即曾国藩最小的弟弟曾国葆。

信亦俱收到。澄弟在广东处置一切甚有道理，退念园、庄生各处程仪，尤为可取。其办朱家事，亦为谋甚忠；虽无济于事，而朱家必可无怨。《论语》曰："言忠信，行笃敬，虽蛮貊①之邦行矣。"吾弟出外，一切如此，吾何虑哉！贺八爷、冯树堂、梁俪裳三处，吾当写信去谢，澄弟亦宜各寄一书。即易念园处，渠既送有程仪，弟虽未受，亦当写一谢信寄去。其信即交易宅，由渠家书汇封可也。若易宅不便，即托岱云觅寄。

洪弟考试不利，区区得失，无足介怀。补发之案有名，不去复试，甚为得体。今年院试若能得意，固为大幸；即使不遽②获售，去年家中既隽③一人，则今岁小挫，亦盈虚自然之理，不必抑郁。植弟书法甚佳，然向例未经过岁考者不合选拔，弟若去考拔，则同人必指而目之。及其不得，人不以为不合例而失，且以为写作不佳而黜。吾明知其不合例，何必受人一番指目乎？弟书问我去考与否，吾意以科考正场为断。若正场能取一等补廪，则考拔之时，已是廪生入场矣；若不能补廪，则附生考拔，殊可不必，徒招人妒忌也。

我县新官加赋我家，不必答言，任他加多少，我家依而行之。如有告官者，我家不必入场。凡大员之家，无半字涉公庭，乃为得体。为民除害之说，为所辖之属言之，非谓去本地方官也。

排山之事尚未查处，待下次折弁付回。欧阳之二十千及柳衙叔之钱，望澄弟先找一项垫出，待彭大生还来即行归款。彭

---

① 蛮貊：指四夷荒蛮、未开化之地。
② 遽：音 jù，急，仓促。
③ 隽：科举考试中比喻考中。欧阳修有言："名高场屋已得隽，世有龙门今复登。"这里指道光二十七年（1847）九弟曾国荃以府试案首入湘乡县学。

山圮之业师任千总（名占魁）现在京引见，六月即可回到省。九弟及牧云所需之笔及叔父所嘱之膏药、眼药均托任君带回。曹西垣教习报满引见，以知县用，七月动身还家。母亲及叔父之衣并阿胶等项，均托西垣带回。去年内赐衣料、袍褂皆可裁三件。后因我进闱考教习，家中叫裁缝做，渠裁之不得法，又窃去整料，遂仅裁祖父、父亲两套。本思另办好料为母亲制衣寄回，因母亲尚在制中，故未遽寄。叔父去年四十晋一，本思制衣寄祝，亦因在制，未遽寄也。兹准拟托西垣带回，大约九月可以到家，腊月服阕，即可着矣。

纪梁读书，每日百二十字，与泽儿正是一样，只要有恒，不必贪多。澄弟亦须常看《五种遗规》及《呻吟语》。洗尽浮华，朴实谙练，上承祖父，下型子弟，吾于澄弟实有厚望焉。

兄国藩手草

解读

因长兄在京，曾氏家族的子弟都想至京中学习。一方面有长兄曾国藩的照顾，另一方面亦能多得见识。最初，曾国藩九弟国荃曾随父亲入京，后来执意要返回故乡。此后，曾国潢、曾国华于道光二十六年（1846）至京学习。次年，曾国藩受到道光帝提拔，受"诰轴用宝"，国潢受长兄之托，出京返湘，护送诰轴回家交予父亲。曾国藩同时为曾国潢捐纳国子监生，了却了曾国潢对科举的执著。至此，国潢代替长兄，返回家乡，担起了曾家的重担。

曾国潢之前致力于科举，因常年不中，便听从大哥的劝导，在获得捐生之名后遂返家乡，照料家庭。曾国藩并非不了解国潢的抱负，因此在这封信中特别提到"言忠信，行笃敬"比中举更为重要。《论语·卫灵公》篇有"言忠信，行笃敬，虽蛮貊之邦，行矣。言不忠信，行不笃敬，虽州里，行乎哉？立则见其参于前也，在舆则见其倚于衡也，夫然后行"。这段话源于子张问行，即如何做事才能实现自己的抱负。孔子的回答很简单，即"言忠信，行笃敬"。忠信和笃敬在《论语》中出现多次，在曾国藩的日记、家书中也出现过多次，可见它对于君子修身的重要意义。

忠信二字若拆开来看，忠是内心的诚义及坚定，信则是对他人的守约和信用。笃敬亦可拆开来看，笃是行为的踏实与稳重，敬是对所行之事的谨慎与敬重。孔子说过"巧言令色，鲜矣仁"，意思就是说一个人的言谈越是花言巧语，就越偏离仁。言辞，是一个人内心最直接的表达，巧言者，难免对内心有修饰与伪装。只有朴质之词，才能体现出朴质之心。忠信于言，即所言真实表达了内心，没有自欺，亦不欺人。笃敬亦是如此，通过行为真实地去表达自己的想法，充满了敬意和笃定。因此，言忠信，行笃敬，便是行的办法，也是行的准则。朱熹在解释这一句时，说道子张因在意行于外，故孔子便特别反于身而言之。说白了，就是孔子在指导子张做到言行一致，时刻不离忠信、笃敬，则蛮貊亦可行也。

曾国藩在此对曾国潢在广东行事的肯定以及特别提到这一句，便是要告诫弟弟，人生最重要的并不是取得功名以实现自己的抱负，而是应在言行上反求诸己，这样才能真正实现自己的抱负。相对于孔子对子张所言，曾国藩的话也极具针对性。世间之人，皆为名利所鼓舞，期许可以成就自己的抱负。然而，名利毕竟是外加的，只有言行乃是自身切近之事，若能坚持忠信、笃敬，则一样可实现自身的价值。

在这封信的末尾，曾国藩说"洗尽浮华，朴实谙练，上承祖父，下型子弟"，这不仅是对曾国潢的期许，亦是对大多数逐梦人的醒世良言。

第八篇　保养神气

道光二十八年戊申岁
七月二十日（1848）

原文

侄国藩谨禀叔父母大人礼安：

六月十七发第九号信，七月初三发第十号信，想次第收到。十七日接家信二件，内父亲一谕、四弟一书、九弟季弟在省各一书，欧阳牧云一书，得悉一切。

祖父大人之病不得少减，日夜劳父亲、叔父辛苦服事，而侄远离膝下，竟不得效丝毫之力，终夜思维，刻不能安。江岷樵有信来，言渠已买得虎骨，七月当亲送我家，以之熬膏；可医痿痹云云。不知果送来否？

闻叔父去年起公屋，劳心劳力，备极经营。外面极堂皇，工作极坚固，费钱不过百千，而见者拟为三百千规模。焦劳太过，后至吐血，旋又以祖父复病，勤劬①弥甚。而父亲亦于奉事

---

① 劬：音qú。勤劬：辛勤劳累。

祖父之余操理家政，刻不少休。

侄窃伏思父亲、叔父二大人年寿日高，精力日迈，正宜保养神气，稍稍休息，家中琐细事务，可命四弟管理。至服事祖父，凡劳心细察之事，则父亲、叔父躬任之；凡劳力粗重之事，则另添一雇工，一人不够则雇二人（雇工不要做他事，专在祖大人身边，其人要小心秀气）。

侄近年以来精力日差，偶用心略甚，癣疾即发，夜坐略久，次日即昏倦。是以力加保养，不甚用功。以求无病无痛，上慰堂上之远怀。外间求作文、求写字者，求批改诗文者，往往历久而莫偿宿诺，是以时时抱疚，日日无心安神恬之时。前四弟在京能为我料理一切琐事，六弟则毫不能管。故四弟归去之后，侄于外间之回信、家乡应留心之事，不免疏忽废驰。侄等近日身体平安，合堂大小皆顺。六弟在京，侄苦劝其南归。一则免告回避；二则尽仰事俯蓄之职；三则六弟两年未作文，必在家中父亲、叔父严责方可用功。乡试渠不肯归，侄亦无如之何。

叔父去年四十晋一，侄谨备袍套一付。叔母今年四十大寿，侄谨备棉外套一件。皆交曹西垣带回，服阕后即可著。母亲外褂并汉禄布夹袄亦一同付回。

闻母亲近思用一丫环，此亦易办，在省城买不过三四十千；若有湖北逃荒者来乡，则更为便益。望叔父命四弟留心速买，以供母亲、叔母之使令。其价，侄即寄回。侄今年光景之窘较甚于往年，然东支西扯尚可敷衍。若明年能得外差或升侍郎。便可弥缝家中。今年季弟喜事不知不窘迫否？侄于八月接到俸银，即当寄五十金回，即去年每岁百金之说也。在京一切张罗，侄自有调停，毫不费力，堂上大人不必挂念。

侄谨禀

解读

道光二十八年（1848），曾国藩的祖父曾兴冈瘫痪卧床，一时间家中父亲、叔父、四弟皆服侍床前。曾国藩因无法回乡照顾，又想劝六弟回乡，故作家书给叔父，表明心意。

在这封信中，除了可体谅到曾国藩在京不能照顾祖父的忧虑牵挂外，亦可体察到他所提倡的"保养神气"的修身之法。祖父的突然生病，让本已不年轻的父亲和叔父更加操劳。叔父在前一年为盖房，尽心尽力，最终导致心力交悴而吐血。父亲也因为在照顾祖父之余，还需要操持家中各项事务，尤为疲劳。曾国藩也因劳累，而癣疾屡屡复发。种种景况，令他不得不将关注放于身体。

对于年长的老人而言，子女尽孝的第一步就是要让自己身体保持健康。然而，随着年龄的衰老，人体的各项机能也随之衰退，这便是曾国藩所说的"精力日迈"。在这个阶段，人尤其需要保养自己的神气。所谓神气，神即精神，气乃气血。《大戴礼记·曾子天圆》中说"阳之精气曰神"，神是人体内在的核心，它弥漫广布于周身，是人之主。而在神的变化莫测中，气是有形的阴阳二极。阴阳交感而万物生，气是构成万物形态的根本。与现代西方医学中对身体"器官"和"功能"的分析一致，神所对应的是人体之内在的功能，而气则对应着人的器官。"保养神气"一来是要养神，二来是要保气。养神，就不可从内在焦虑，任何过分焦劳之事，都会伤神。养气，就不可从外在疲惫，任何不良的生活状态都会伤害到脏器本身。神气统一，才会有好的身体。正因如此，子女若要尽孝，便不可令长辈的神气受到损伤，要细心地照顾才对。曾国藩在此让父亲和叔父不要过度操劳,而是将持家的要务交给四弟,也是因为这个原因。

正如前面多篇家书所谈的那样,修身绝不是一个纯粹泛道德化的过程,它同样注重对于生命本身的关爱。养身,是子女为父母晚年所提供的最基本的照顾,亦是子女保全自己,不令父母担忧的关键。曾国藩说,自己没有病痛,才可使远在家乡的父母不用挂怀。今天的都市人,大多远离家乡,以为奋斗才是对父母的报答,于是日夜颠倒,拼命地消耗自己的神气。殊不知,这样隐忧的身体,才是父母最担忧的事,而如此一来,又损伤了父母之神,真可谓是最大的愚蠢。

第九篇　齐家之要

道光二十九年己酉岁
四月十六日(1849)

原文

澄侯、温甫、子植、季洪足下:

四月十四日接到己酉三月初九所发第四号来信,次日又接到二月二十三日所发第三号来信,其二月初四所发第二号信则已于前次三月十八日接到矣,惟正月十六七日所发第一号信则至今未接到。京寓今年寄回之家书:正月初十发第一号(折弁),二月初八发第二号(折弁),二十六日发第三号(折弁),三月初一发第四号(乔心农太守),大约五月初可到省;十九日发第五号（折弁），四月十四日发第六号（由陈竹伯观察），大约五月底可到省。《岳阳楼记》，竹伯走时尚未到手，是以未交渠。然一两月内，不少妥便，亦必可寄到家也。

祖父大人之病，日见日甚如此，为子孙者远隔数千里外，此心何能稍置！温弟去年若未归，此时在京，亦刻不能安矣。诸弟仰观父、叔纯孝之行，能人人竭力尽劳，服事堂上，此我家第一吉祥事。我在京寓，食膏粱而衣锦绣，竟不能效半点孙子之职，妻子皆安坐享用，不能分母亲之劳，每一念及，不觉汗下。

吾细思凡天下官宦之家，多只一代享用便尽。其子孙始而骄佚，继而流荡，终而沟壑，能庆延一二代者鲜矣。商贾之家，勤俭者能延三四代；耕读之家，勤朴者能延五六代；孝友之家，则可以绵延十代八代。我今赖祖宗之积累，少年早达，深恐其以一身享用殆尽，故教诸弟及儿辈，但愿其为耕读孝友之家，不愿其为仕宦之家。诸弟读书不可不多，用功不可不勤，切不可时时为科第仕宦起见。若不能看透此层道理，则虽巍科显宦，终算不得祖父之贤肖，我家之功臣。若能看透此道理，则我钦佩之至。澄弟每以我升官得差，便谓我是肖子贤孙，殊不知此非贤肖也。如以此为贤肖，则李林甫①、卢怀慎②辈，何尝不位极人臣，焄奕③一时，讵得④谓

---

① 李林甫（683—753），唐玄宗时期任宰相十九年。为人善于权谋，后被杨国忠诬告，抄没家产，子孙流放。

② 卢怀慎（？—716），唐玄宗时期官至宰相，但常以自己学问不足而推诿政事，被讥为"伴食宰相"。王夫之评价其"清而慎"，是"开元之世，以清贞位宰相者三"中的一位。

③ 焄奕：音 tuō yì，光耀，显赫。

④ 讵得：怎能，岂能。

之贤肖哉？予自问学浅识薄，谬膺高位，然所刻刻留心者，此时虽在宦海之中，却时作上岸之计。要令罢官家居之日，己身可以淡泊，妻子可以服劳，可以对祖父兄弟，可以对宗族乡党，如是而已。诸弟见我之立心制行与我所言有不符处，望时时切实箴规。至要至要。

鹿茸一药，我去腊甚想买就寄家，曾请潄六、岷樵两人买五六天，最后买得一架，定银九十两。而请人细看，尚云无力。其有力者，必须百余金，到南中则直二百余金矣；然至少亦须四五两乃可奏效。今澄弟来书，言谭君送四五钱便有小效，则去年之不买就急寄，余之罪可胜悔哉！近日拟赶买一架付归。以父、叔之孝行推之，祖父大人应可收药力之效。叔母之病，不知宜用何药？若南中难得者，望书信来京购买。

安良会①极好。地方有盗贼，我家出力除之，正是我家此时应行之事。细毛虫之事，尚不过分，然必须到这田地方可动手。不然，则难免恃势欺压之名。既已惊动官长，故我特作书谢施梧冈，到家即封口送县可也。去年欧阳家之事，今亦作书谢伍仲常，送阳凌云，属其封口寄去可也。

澄弟寄俪裳书，无一字不合。蒋祝三信已交渠。兹有回信，家中可专人送至渠家，亦免得他父母悬望。予因身体不旺，生怕得病，万事废弛，抱疚之事甚多。本想诸弟一人来京帮我，因温、沅乡试在迩，澄又为家中必不可少之人，洪则年轻，一

---

① 安良会：清地方乡绅及民众共同发起组织的地方安全自卫组织，由当地居民自筹经费而建。目前可查得同治年间《公办安良会》抄本，其中述安良会主要职责为"正俗清盗乃可安良"。与孙中山私交甚好的司徒美登亦在少时抵达美国后成立过安良会。

人不能来京；且祖父大人未好，岂可一人再离膝下？只得俟明年再说。

希六之事，余必为之捐从九品。但恐秋间乃能上兑，乡试后南旋者乃可带照归耳。书不能详，余俟续寄。

国藩手草

解读

这封信写于曾国藩祖父生病之后，他身处京城，无法在床前照顾，深感惭愧。也由此而生出对齐家之道的感慨，于是作书给四位弟弟，阐明齐家之道。

曾国藩在信中说，每当他细思天下的官宦之家，其富足似多半只能享用一代人而已。这些家中的子孙，一开始是骄横傲慢，之后不加收敛，愈发浪荡，最终坠入沟壑。一家之繁荣，能延续一两代的少之又少。若以在社会上的显赫地位而看，处于官宦之家之下的是商贾之家。商贾之家之人，为谋得利益而勤勉奋斗，是勤劳而节俭之人，这样的家风可以保益家族的声望延续三四代。在商贾之家后，是耕读之家。耕读之家是农家子弟，虽不比前两者富裕、显赫，但是却有着勤勉、朴质的风气。这样的家庭因其勤朴也可以延续五六代。而与财富聚集和声望不同，还有一种孝友之家。这样的家庭，奉行孝悌为本的家风，人人尊老而爱友，孝亲而恭弟，有着和谐的家风。如此家族，可以延续十代、八代。

孟子曾说"君子之泽，五世而斩"。即便是君子的遗风，历经五世的消磨便难以寻觅。因而，曾国藩感慨于家族运命之无常，极为谨慎地谈到，他的家族已经因为祖宗积累的家风，在他这一代获得了少年成名的成就。而在成就的背后，也令他时刻恐慌这些富贵会只一代便享用殆尽。因此，他对弟弟们说，要反复教育家中子弟，宁肯做耕读孝友之家，也不要做仕宦之家。所以，弟弟们一定要勤勉读书、朴质为人，万不可以科举虚名为人生的目标。如果不能看透这层道理，便是如李林甫、卢怀慎那样，即便做到了当朝宰相又能如何，权倾一时，却无法挽救家道中落、家族溃散的结局。所以，每次四弟说曾国藩升官是光耀门楣时，曾国藩都会自省，自己学识并不高深，却身居要位，尤其要多加谨慎。所以他说，自己时时有"上岸"之计。家族之绵延长存，才是自己最终的归宿。

《大学》中讲君子的修齐治平之道，谈的是君子最终要胸怀天下而治。曾国藩以宋儒之教为学，不会不了解这一道理。在很多与兄弟的通信中，也曾讲过要立乎其大。然而，在其官居要职后，反倒要脱离宦海。其中，似乎透露着一位儒臣在政治现实与个人追求间纠缠的复杂关系。昔日孔子问志于弟子，有志于治国者，有志于礼乐者，亦有志于教化百姓者，这些都是与现实政治息息相关的志向。唯有曾晳回答自己要在春天的自然里，与几个童子一同，游水嬉戏，和风而歌。这看起来是最没有抱负的志向，而孔子却回答，"吾与点也"，选择了与曾晳一样的志趣。难道是孔子也未胸怀大志吗？那么孔子作为儒家之创始者，"知其不可为而为之"的勇气又该如何解释呢？《论语》中说："仁者乐山，智者乐水。"山者坚毅挺拔，水者柔软温和。一个人的德性并非只有一面，有山的刚毅，就会有水的柔弱。有自强不息的气魄，就会有厚德载物的宽厚。入世做官，是儒者经济救世的社会理想；而退而还乡，则是儒者安贫乐道的个人信仰。曾国藩虽在外为官，而其心则还是赤子之心。正因是赤子之心，所以挂念家中，在他看来，祖父兄弟、宗族乡党，才是人生最终的归宿。

另外，这封信中曾国藩提到了"安良会"。作为一种民间自发的组织，安良会反映的是古代中国社会的民间自治形式。它由当地德高望重者来组织，由乡绅、富裕家庭筹措资金，由民众团结起来，维护一地的治安，惩奸除恶。曾国藩还特别强调，最好不要惊动官长，可见，这个民间组织很大程度上是独立于政治权力的。它可以自我消化和解决一些乡里纠纷，而若是更为重大的问题，才会上报官府。这也在一定程度上，缓解了政府的压力。这种安良会，还传到了美国等华人社区，当然，它后来转变为青帮，似乎也与其最初的创制有着联系，这就不得不需要小心审视了。

第十篇　不计成败

咸丰四年甲寅岁
四月十四日（1854）

原文

澄侯、温甫、子植、季洪四位老弟左右：

十四日刘一、名四来，安五来，先后接到父大人手谕及洪弟信，具悉一切。

靖江之贼现已全数开去，窜奔下游，湘阴及洞庭皆已无贼，直至岳州以下矣。新墙一带土匪皆已扑灭，惟通城、崇阳之贼尚未剿净，时时有窥伺平江之意。湘潭之贼，在一宿河以上被烧上岸者，窜至醴陵、萍乡、万载一带。闻又新裹胁多人，不知其尽窜江西，抑仍回湖南浏、平一带。如其回来，亦易剿也。安化土匪现尚未剿尽，想日内可平定。

吾于三月十八发岳州战败请交部治罪一折，于四月初十日奉到朱批"另有旨"。又夹片奏初五邹彫被火烧伤、初七大风坏船一案，奉朱批"何事机不顺若是，另有旨"。又夹片奏探听贼情各条，奉朱批"览。其片已存留军机处矣"。又有廷寄一道、谕旨一道，兹抄录付回。十二日会同抚台、提台奏湘潭、宁乡、靖江各处胜仗败仗一折，兹抄付回。其折系左季高所为。又单衔奏靖江战败请交部从重治罪一折。又奏调各员一片。均于十二日发，六百里递去，兹抄录寄家呈父、叔大人一阅。兄不善用兵，屡失事机，实无以对圣主。幸湘潭大胜，保全桑梓①，此心犹觉稍安。现拟修整船只，添招练勇，待广西勇到、广东兵到再作出师之计。而饷项已空，无从设法。艰难之状，不知所终！人心之坏，又处处使人寒心。吾惟尽一分心作一日事，至于成败，则不能复计较矣。

魏荫亭近回馆否？澄弟须力求其来。吾家子侄半耕半读，以守先人之旧，慎无存半点官气。不许坐轿，不许唤人取水添茶等事。其拾柴收粪等事，须一一为之；插田莳禾等事，亦时时学之。庶渐渐务本而不习于淫佚矣。至要至要，千嘱万嘱。

---

① 桑梓：古人在家宅旁常种植桑树和梓树，又说桑树和梓树是由父母所种，因此表敬意。后以此来代指故乡。

解读

咸丰二年（1852），曾国藩的母亲江氏突然辞世，曾国藩南下安葬母亲。其时又值太平天国起事，十二月份，曾国藩接到咸丰皇帝诏书，令其留在南方"剿匪"。曾国藩虽有托辞，然而战事危急，终究被咸丰帝驳回。

次年，曾国藩在湖南"剿匪"，他没有治军的经验，也全然没有军事的知识，一切都只能从头做起，招募湘军、筹措军饷。然而，咸丰帝给曾国藩的不过是个虚衔，他被当地官员多方刁难，尤其与江西官僚多有龃龉。一时战事吃紧，令曾国藩愁眉不展。这封信就是在这样艰难的环境下写的。

信一开始描述了战事的胶着，曾国藩所胜寥寥，于是只好写信给北京请求治罪。虽然咸丰帝对此并未理睬，但曾国藩深感自己"不善用兵，屡失事机，实无以对圣主"。笔尖所流露的是一介忠臣的耿厚之心。然而，战事之亏还有人事的影响。"人心之坏，又处处使人心寒"，是此时曾国藩所遇到的另一个大麻烦。在两日后的长沙妙高峰，曾国藩又给四位老弟写信，坦言"余近来因肝气太燥，动与人多所不合，所以办事多不能成"。相对在京时的平和，此时的曾国藩在遭遇他仕途上的第一个挫折与困境。事业之成败，一来自于个人之能力，二来自于处事之环境，也就是人际之关系。曾国藩以京官身份赴地方，对抗太平军。没有军队，只好团练，召集湘军；没有人才，只能四方笼络，依靠幕僚；没有军饷，只能四方筹措。然而，这三方面之困境，同时出现，让曾国藩难以招架。团练之处，曾国藩父亲曾麟书已在湘乡实为统帅，其麾下有一人名唤王鑫，是抵抗太平军的重要人才。据郑峰考证①，曾国藩初练湘军，得益于王鑫的"忠勇冠群，驭众严明"的军事才能。然而，当王鑫于咸丰三年（1853）秋回湘乡募练三千湘勇时，曾国藩却表达了直接的反对。这让二人关系就此发生裂痕。然而，曾国藩本就想要练出万人精勇，为何突然又反口？归其根源，还是因为曾国藩手中没有经费。这让他创立湘军遭遇着严重的危机。与此同时，孤立他的还有湘抚骆秉章。二人之关系在后期虽有转折，但终究是两个阵营，而王鑫最后也投靠了骆，从政治角力来看，形成了湘军的两大集团。这些只是曾国藩在此时遭遇的一事而已，他后来至江西，同样遇到如此困窘。

面对官场权力、意见的角力，曾国藩最后说："吾惟尽一分心作一日事，至于成败，则不能复计较矣。"我们可以将此看做是曾国藩无奈之下的自我宽慰，但也可以将其视为一位素受理学熏陶的儒臣的修养境界。理学关注人的内在心性，关心人对于自身的持守。换言之，理学关注"诚"的实现，强调人无论在何种境遇下，要立于中正仁义，不欺人，亦不欺己。面对现实的错综复杂，难免使人沮丧，然而，有内在之信仰，便可挺立人极。所以，曾国藩在这里所说的不计成败，并非只是一种心灵鸡汤，一种阿Q精神。在这背后，一旦有了诚意，有了信念，这便是一种持守的力量。

---

① 参见郑峰：《失意与得势：咸丰三年的曾国藩与骆秉章》，载《安徽史学》，2008（2）。

第十一篇　独立于世

咸丰四年甲寅岁
六月十八日（1854）

原文

澄、温、沅、季老弟左右：

湖北青抚台于今日入省城。所带兵勇，均不准其入城，在城外二十里扎营，大约不过五六千人。其所称难民数万在后随来者，亦未可信。此间供应数日，即给与途费，令其至荆州另立省城。此实未有之变局也。

邹心田处，已有札至县撤委。前胡维峰言邹心田可劝捐，余不知其即至堂之兄也。昨接父大人手谕始知之，故即札县撤之。胡维峰近不妥当，亦必屏斥之。余去年办清泉宁征义、宁宏才一案，其卷已送回家中，请澄弟查出，即日付来为要。

湖北失守，李鹤人之父想已殉难。鹤人方寸已乱，此刻无心办事。日内尚不能起行，至七月初旬乃可长征耳。余不一一。

诸弟在家教子侄，总须有勤敬二字。无论治世乱世，凡一家之中能勤能敬，未有不兴，不勤不敬，未有不败者。至切至切。余深悔往日未能实行此二字也，千万叮嘱。澄弟向来本勤，但敬不足耳。阅历之后，应知此二字之不可须臾离也。

解读

　　曾国藩以宋儒修身为标榜，自我要求。然而，至咸丰年间，风云突起，曾国藩由京官之职一变为湘军统帅。之前几年在北京，曾国藩平步青云、一帆风顺，不隔几日便与家中通信一番，讲的仍是宋儒所谈的修身立志之法。但是，此时的大清，已被太平军扰乱了天下。曾国藩说这是"未有之变局"，湖北青抚台竟可以入荆州后再立省城，可以看出，清帝国的政治格局已遭到挑战，江山社稷正变得岌岌可危。

　　另一方面，曾国藩因身在前线，其自身的生存环境也变得日益艰难起来。那么，当生存尚且有难，修身又当如何处之呢？

　　战争的残酷性，常是因为将日常生活中最残忍、恶劣、野蛮的一面赤裸裸地展露出来。在太平日子，人或可以苟且而活；但当面对战争时，则苟且也未必能得活。

　　曾国藩说勤敬二字最为重要，而其中"敬"尤为可贵。这种体验是他在经历了很多事情后才体认到的。正如宋儒所言，持敬之功夫，就是要在任何情况下，都立得起自己的内心。修身之功夫，不在于邀誉于乡里、朋党，而是在于能持敬、慎独。战争是非常态的，而在这种极端的情形下，还要修身，就是要实践君子的独立人格。因此，乱世修身，自心独立才是内在的根基。而如何做到勤敬，曾国藩则在下一封信中，进行了阐发。

第十二篇　勤敬为法

咸丰四年甲寅岁
七月二十一日（1854）

原文

澄侯、温甫、子植、季洪四位老弟左右：

自十六日水师大败，十八日陆营获胜，吾两寄家书，想已收到。

十九、二十皆平安。二十一日陆军开仗，辰勇深入，误中贼伏。诸殿元阵亡，带新化勇之刘国庆亦阵亡，辰勇、新化勇、宝勇相继奔溃。塔军门坐马扎子镇住，独不奔回，身旁仅数十人。杨名声带宜章勇前往救援，喝令各营倒回，仍前进杀贼，始得保全。智亭又追贼数里，杀毙数十名，我军伤亡者亦仅数十人。下半天水师至陈陵矶开仗，去三板艇二十余只，二更尚未归营，不知胜负若何。下游贼势浩大，合武昌、汉口之贼尽锐上犯。水师太单，恐难得力。吾惟静镇谨守，以固军心而作士气。

初六、十四胜仗一折，十六、十八胜败互报一折，兹专人送归，呈父、叔大人一阅。

家中兄弟子侄，总宜以勤敬二字为法。一家能勤能敬，虽乱世亦有兴旺气象；一身能勤能敬，虽愚人亦有贤智风味。吾生平于此二字少工夫，今谆谆以训吾昆弟子侄，务宜刻刻遵守。

至要至要。家中若送信来，子侄辈亦可写禀来岳，并将此二字细细领会，层层写出，使我放心也。余俟续布。

水师顷已于三更回营，完好无恙。辰勇闻止伤十余人，阵亡者系一刘总千，带道标勇者，非刘国庆也。

解读

初涉战场的曾国藩，面临的是太平军攻破湖北，聚集湖南，欲攻江西的残酷局面。作为京官，其名号大过实际的权力，而当地地方官又不与其配合，可谓是战场惨烈，宦途亦曲折。在这样的环境下，如前信所言，曾国藩依然强调个人要砥砺而行，确立独立的人格。在战场上，需要有这样的将士；在生活中，更需要时时地磨炼自己的人格。

信中曾国藩提到七月在湖南的几场战役，陆军战况不佳，然有忠勇之士，如杨名声者，奋勇杀敌，勇往直前，才帮助湘军保全了部队。但此前的伤亡，依然严重。水路之战，湘军则有优势在手，但是下游的太平军声势浩大，曾国藩对水战也并不完全抱着必胜的信心。但即便如此，曾国藩依然要"静镇谨守"，以稳如泰山之势立于军中，这才可以使将士们感到心安，鼓舞士气。

而这样的表现，绝非一朝一夕可促成的。所以，他告诫族中子弟，一定要遵循勤敬二字。勤，有很多种方式，多做活、多学习、多思考，皆是勤。勤，是一种主动修己的功夫，它是运动的、生成的，只有在勤奋之过程中，才会养成身体力行、观察入微、随机应变之能力。敬，是一种最基本的态度。宋儒讲"持敬"，是讲修身需要首先含着敬意去修身，这敬意是对天命的敬，对道的敬，对人生的敬。持敬功夫体现的是人的庄严、稳重、大气、沉着的气质。"持敬"最终可以使人改变气质。

即便身处沙场，曾国藩仍不忘"勤""敬"二法，可见，这是他对修身之要的至真之言，不可不仔细体会。

第十三篇　功名难居

咸丰四年甲寅岁
九月十三日（1854）

原文

澄、温、沅、季四位老弟左右：

二十五日着胡二等送家信，报收复武汉之喜。二十七日具折奏捷。初一日，制台杨慰农需到鄂相会。是日又奏二十四夜焚襄河贼舟之捷。初七日奏三路进兵之折。其日酉刻，杨载福、彭玉麟等率水师六十余船前往下游剿贼。初九日，前次谢恩折奉朱批回鄂。初十日，彭四、刘四等来营。进攻武汉三路进剿之折，奉朱批到鄂。十一日，武汉克复之折奉朱批、廷寄、谕旨等件。兄署湖北巡抚，并赏戴花翎。兄意母丧未除，断不敢受官职。若一经受职，则二年来之苦心孤诣，似全为博取高官美职，何以对吾母于地下？何以对宗族乡党？方寸之地，何以自安？是以决计具折辞谢，想诸弟亦必以为然也。

功名之地，自古难居。兄以在籍之官，募勇造船，成此一番事业。名震一时。人之好名,谁不如我?我有美名,则人必有受不美之名者。相形之际,盖难为情。兄惟谨慎谦虚,时时省惕而已。若仗圣主之威福,能速将江面肃清,荡平此贼,兄决意奏请回籍。事奉吾父,改葬吾母,久或三年,暂或一年,亦足稍慰区区之心,但未知圣意果能俯从否?

诸弟在家,总宜教子侄守勤敬。吾在外既有权势,则家中子弟最易流于骄、流于佚①,二字皆败家之道也。万望诸弟刻刻留心,勿使后辈近于此二字。至要至要。

罗罗山于十二日拔营,智亭于十三日拔营,余十五六亦拔营东下也。余不一一。乞禀告父亲大人、叔父大人万福金安。

解读

儒家思想中,君子应是有德且能进于行的人,也就是我们常说的"学而优则仕"。隋唐以后的科举制度,为"学而优则仕"提供了制度上的保障,不少寒门士子得以脱颖而出,成为官员,实现自己的治国抱负。所以,在宋代时,道学家的理想是天子与文臣"共治天下",可见官员本身有很大的自主性。但是,随着科举制度的发展,越追求公平,就越容易制定更为繁琐的要求,越繁琐的要求就越容易使科举制度走向僵化。到了曾国藩时期的清代,科举取士的官员,早就没有了宋代儒生阶层的自主性。所以,曾国藩为官,有不少掣肘,他既要服从皇帝的命令,还要协调京官与地方官的关系,同时还要自己招兵

---

① 佚:放荡。

买马。总之，虽是有学识的人，但要真正地实现自己的政治理想却并非易事。

这封信中，曾国藩就透露了自己对于宦途的复杂情绪。虽然在湖北，湘军节节告胜。国藩受命治湘军，抗太平军，乃是在为他的母亲奔丧的时候，此时的他虽婉拒皇帝的要求，但是"圣意难违"，他仍旧需要临危受命。这是他在这一年的军旅生活中，内心深处难以磨灭的一种为难，一面是孝，一面是忠，忠孝之间，很难说他是主动选择了忠。形势的急迫，让他难以完成自己的心愿。可是，若认为他这样的选择，是为了博取美誉，他是万不能认同的。所以，在信的第一段最后说，若是为了高位的官职和很好的差事，他将怎样面对地下的母亲？怎样面对家乡的亲人？在这方寸天地，他该如何心安理得？

内心的挣扎使曾国藩对宦场充满了矛盾的态度。虽然受皇上肯定，虽然被赐予高官爵位，但是这些功名自古以来，就是难以持久的。他虽然造船、招勇，似乎成就了一番事业，名震湘乡。但是，人对于名利的喜好，谁又少于他呢？当曾国藩获得了世人的赞誉时，定有人在其同时未能获得这美名，毕竟，美名只属于一人。做得了事的人，未必人人都能成名，相比较而言，获得名望的人只能自行惭愧，感到难为情。正因如此，曾国藩必须要时时保持谨慎、谦虚，时时刻刻反省自己，时时刻刻保持着庄严肃穆的态度。难道这不就是被声名所累的生活吗？所以，曾国藩说，如果可以仰仗皇帝的威严，迅速地肃清江面上的太平军，并消灭他们，他便会下定决心回到家乡。回到家乡后，他要侍奉父亲、改葬母亲，久的话就三年，最短也要有一年，以表达自己一点点的孝心。然而，皇帝究竟会不会同意他的请求,则是无法预料的。

我们常说"忠孝不能两全",而儒家的传统中"家国"又是一体的。君子必须要齐家,之后才可治国。然而,理想的道德在实践中却会遭遇忠孝之间的撕扯。曾国藩能在功名急进的时候,保持着一颗纯孝之心,可见是一位赤诚的孝子;又能在丧母的巨大悲痛中,强忍悲伤,奉旨抗敌,又是一位忠诚的臣子。更难能可贵的是,他并不贪恋于官场的名与利,时刻能以赤子之心警醒自己,自觉地抗拒来自名声所累的生活,这才是难得的智慧。而我们也从他的困境中,看出了儒臣在宦场中的双重心境,以及对于功名难居的清醒认识。

第十四篇　珍重名声

咸丰四年甲寅岁
十一月二十三日（1855）　书于九江周次

原文

澄侯、温甫、子植、季洪四位老弟足下:

十月二十五专人送信回家。魏荫亭归,又送一函。想先后收到。十一月二十一日,范知宝来九江,接澄弟信,具悉一切。

部监各照已交朱峻明带归矣。树堂要功牌百张,又交荫亭带归。余送朱峻明途费二十金,渠本解船来,故受之。送荫亭二十金,渠竟不受,俟有便当再寄渠。江隆三表弟来营,余念母亲之侄仅渠有子,送钱四十千。渠买盐花带归,不知已到家否？荫亭归，余寄百五十金还家，以五十周济亲族，此百金恐尚不敷家用。军中银钱，余不敢妄取丝毫也。名者，造物所珍重爱惜，不轻以予人者。余德薄能鲜，而享天下之大名，虽由高曾祖父累世积德所致，而自问总觉不称，故不敢稍涉骄奢。家中自父亲、叔父奉养宜隆外，凡诸弟及吾妻吾子吾侄吾诸女侄女辈，概愿俭于自奉，不可倚势骄人。古人谓无实而享大名者，必有奇祸。吾常常以此儆惧①，故不能不详告贤弟，尤望贤弟时时教戒吾子吾侄也。

塔、罗自田家镇渡至江北后五获胜仗，九江对岸之贼遂下窜安徽境。余现泊九江河下，塔、罗渡江攻城。罗于二十一日与贼接仗，杀贼二三百，而我军亦伤亡四十余人。此在近数月内即是小有挫失，而气则未稍损也。

水师已下泊湖口，去我舟已隔六十里。二十夜，贼自江西小河内放火船百余号，实以干柴、桐油、松脂、火药，自上游乘风放下，惊我水营。两岸各千余人呐喊，放火箭、火球。其战船放炮，即随火船冲出，欲乱我阵。幸我军镇定，毫不忙乱，反用小船梭穿于火船之中，攻入贼营，烧贼船十余号，抢贼划②数十号。摇撼不动，是亦可喜之事。

余身体平安，癣疾近又大愈，胡须日长且多。军中将士俱平安。余不一一，即候近佳。并恳禀告父亲大人、叔父大人福安。

---

① 儆：使人警醒，不犯错误。儆惧：指警惕和畏惧。
② 划：指划子，即小船。

解读

今人常对历史持怀疑的态度，尤其认为儒家所言的忠信仁义，不过是史书中故意雕琢过的故事，真实的人哪能做到如此忠义、诚实？这实在是现代社会所带来的道德信任的大危机。似乎做官的没有一个不贪的，经商的没有一个不诈的。但是，当我们看到曾国藩这封信时，便可知晓，在传统社会中，道德的约束并不单纯是一种外在的约束，它更是希圣希贤的君子们内心的认可，是对自己行为与名声的敬畏。

在信中，曾国藩交代家中几位弟弟，又托人带回去百余金，其中五十金用来接济家中贫寒的亲戚，另外一百金留自己使用。但是，曾国藩也清楚，这些钱远不够家中使用。他坐镇军中，人事、财力皆由他来统管，但是曾国藩却说军中的钱银，哪怕是一分一毫，他也不敢肆意妄为地取作私用。用今天的话说，就是挪用公款。正如他当年刚刚到达北京，在京中坐馆也管过账时一样，他对于公家的钱财丝毫不敢有半点私心。为什么曾国藩可以做到如此自律、严明？说，名声这东西，是天最珍重爱惜的，也是最不轻易给予人的。信中说的造物，便是造物主，其实就是宋明儒学中所说的"天理"。我们今天一听到"存天理，灭人欲"就觉得害怕，感觉儒家实在太严酷了，这又是大大的误解。天理是什么？在宋明儒家那里，天理不仅是万事万物生成的根源，是宇宙运行的根据，同时还是自然的法则，是人间道德的依据。1963年，牟宗三在香港大学讲宋明儒学，其中谈到天理时，说：天理，动态地说，就是生生不息的宇宙的运行；静态地说，就是道德法则。日常的生活中，我们看不到

"天理",看到的只是繁华世界、灯红酒绿,但是这些并不是世界的本质。在这些变化纷繁的世界背后,这个世界得有个根底,这个根底就是"天理"。这是中国人的老话,其实就是大家都认可的价值标准。曾国藩说名声是天理赋予人的,而且还不是轻易赋予人的,也就是说名声是符合道德标准后,才能被大家认可的东西。名声这东西,其实很微妙,稍有一点差池,就会被败坏掉。曾国藩说自己的德性并不高,但是却能享受天下的美名,这是由家族前辈时代累积而成就的。但是,光是他自己,他显然总是觉得自己担不起这样的名声,所以一刻也不敢放纵自己骄奢堕落。不仅如此,在家中父亲、叔父,弟弟们,自己的妻子、孩子还有侄子、侄女们,总之一家上下,都应该节俭、自律,不可以仗着现在的家族名誉而对他人傲慢。古时候的人总说,人如果并没那么高的德性,却享有盛名,那一定会遭遇到祸患的。曾国藩便常常以此自省、畏惧,在此也要详细地跟弟弟们讲这个道理,希望家中子弟可以做到这一点。

  如此看来,声名是对君子德性的肯定,然而,若要保有声名,就一定要戒骄戒傲,谨言慎行。声名不是名利,它有积极的意义,是对人的肯定;然而,若是名实不符,则是君子最大的忌讳。

第十五篇　佚则生淫

咸丰六年丙辰岁
十月初二日（1856）

原文

字谕纪泽儿：

　　胡二等来，接尔安禀，字画尚未长进。尔今年十八岁，齿已渐长，而学业未见其益。陈岱云姻伯之子号杏生者，今年入学，学院批其诗冠通场。渠系戊戌二月所生，比尔仅长一岁，以其无父无母家渐清贫，遂尔勤苦好学，少年成名。尔幸托祖父余荫，衣食丰适，宽然无虑，遂尔酣豢①佚乐，不复以读书立身为事。古人云："劳则善心生，佚则淫心生。"孟子云："生于忧患，死于安乐。"吾虑尔之过于佚也。新妇初来，宜教之入厨作羹，勤于纺织，不宜因其为富贵子女不事操作，大、二、三诸女已能做大鞋否？三姑一嫂，每年做鞋一双寄余，各表孝敬之忱，各争针黹之工；所织之布，做成衣袜等件寄来，余亦得察闺门以内之勤惰也。余在军中不废学问，读书写字未甚间断，惜年老眼蒙，无甚长进，尔今未弱冠，一刻千金，切不可浪掷光阴。四弟所买衡阳之田，可觅人售出，以银寄营，为归还李

---

① 酣豢：指沉醉于某种情境之中。这里指沉醉于懒惰与娱乐之中。

家款。父母存，不有私财，士庶人且然，况余身为卿大夫乎？

余癣疾复发，不似去秋之甚。李次青十六日在抚州败挫，已详寄沅甫函中。现在崇仁，加意整顿，三十日获一胜仗。口粮缺乏，时有决裂之虞，深为焦灼。

尔每次安禀，详陈一切，不可草率。祖父大人之起居，阖家之琐事，学堂之功课，均须详载。切切此谕！

解读

曾国藩长子幼年早夭，曾纪泽作为次子实际成了曾家的长子长孙，因此曾国藩对他的要求格外严格。然而，曾国藩因母亲去世及督办军务，在曾纪泽青年时代便离开了他，未能在身边耳提面命，便只能在书信中对儿子多加管教。所以，我们在《曾国藩家书》中所看到的曾国藩写给儿子的手谕，多是要求较为严格的，但是，这些手谕却又是十分珍贵的，曾国藩几乎将他生平所治学问、所修德行、所历政事一一都教给了纪泽。这也使得曾纪泽作为长子长孙，继承了曾氏一门的品格与精神，日后成为一名出色的人物。

这封信写于纪泽十八岁时，曾国藩在之前的信中，就曾批评过纪泽未能时时向他汇报境况，这使得曾国藩不能更好地了解儿子的变化与进退。正因如此，曾纪泽在受到父亲的批评之后，赶忙给父亲回了信。接到儿子书信后，曾国藩也未就此而表扬他，而是严厉地指出纪泽的书法和绘画都没有进步。他在信中说："你今年已经十八岁了，岁数已经渐长，但是学问却未见有所进步。陈岱云伯伯的儿子杏生，今年刚入学，学校就评价他的诗文是全场最好的诗文。他是戊戌二月出生的，比你仅大一岁。但是却比你出色，为什么呢？因为他幼年丧父丧母，家道日渐贫寒，于是他在困境之中刻苦、好学，才能够少年成名。相比之下，你能够托祖父庇护，衣食无忧，生活舒适，反倒还沉溺于懒惰与娱乐之中，而不以读书、立身为自己的正业。"这段话，足以见得曾国藩的担忧。他用两种截然不同的境遇，迫使儿子正视自己成长中所遇到的问题。这是他对纪泽教育的第一步。

在讲明了问题所在后，曾国藩继续说："古代的先哲曾经说过，劳作会使人产生善良的心，而散漫则会使人生出骄奢淫逸的心。孟子也说过，人在忧患中成长，却在安乐中灭亡。正因如此，我才担心你是不是过于懒散了。"这样的话，对于今天的中国父母来说，可谓是振聋发聩。我们总担心孩子的内心是很脆弱的，于是，在看到问题的时候，父母首先不敢指出问题的所在，而是通过隐晦的方式去想办法。久而久之，问题似乎也不再是问题了。于是，"别人家的孩子"这种教育方法被一味地指责是没有发现孩子身上的优点，是失败的教育。众人批评的同时，忽略了让孩子了解不同的情境、不同的人的生活态度与学习方式，实际上是把问题更为鲜明地向孩子展示出来，以帮助他们认清自身存在的问题。我们反对一味地将自己的孩子培养成"别人家的孩子"那种家庭教育。但是，也同样要避免一味纵容、逃避问题，将缺点说成是优点的颠倒是非的家庭教育。曾国藩虽然不在纪泽身边，却肯用对比的方法，帮助纪泽发现自己的问题，提出作为父亲的担忧，令纪泽有迁善改过的机会，这便是传统教育中严父所行的教育方式。

而具体要如何改正，则绝非讲讲大道理便可的。因为纪泽刚刚娶亲，于是曾国藩便从"治家"的角度向他讲如何改掉懒散习惯的办法。第一，无论家境贫富与否，人都应该有勤劳的生活态度。这个办法不仅纪泽要体会、要去做，就算对于新娶的儿媳，曾国藩也是如此要求的。新妇初到家中，要学习如何做饭、做衣服等家务，不要因为自己出身富贵人家，就不做这些家务。第二，年轻人勤快的生活习惯，也是一种对长辈的尊重和孝顺。所以曾国藩询问三位女儿是否已经学会做鞋，如果会了，就应该每年给三位姑姑和一位嫂子寄去一双亲手缝的鞋，以表达孝顺的热忱，并互相督促提高家务的能力。同样，女孩子们虽然不入学，但每年也要给父亲寄些衣袜物件来，好让父亲在军中也知道她们有没有勤劳地生活。第三，切勿浪费光阴。曾国藩说自己即便是在军中，也没有放弃读书、进学，那么，曾纪泽在家中就更应该珍惜光阴，好好读书。这也是勤奋生活的一个重要方面。

纵观全信，一位严父的形象跃然眼前。但是，信中所谈的问题，又让我们感到了一丝严而不戾的气息。我们今天讲家庭教育，慈多而严少，喜多而惧少。其实，很多家长是误解了让孩子"自主"成长的道理。教育，不是只有温情，而没有严苛；只有包容，而没有规则。曾国藩对曾纪泽谈到的"佚则生淫"的道理，正是对一位刚刚年满十八岁且父亲不在身边的青年的督导，让他能够意识到人无论处于怎样的环境，都不应该懈怠对自身的要求。在环境恶劣的情况下，要发奋图强；在环境优厚的情况下，更要拒绝诱惑，洁身自好、勤劳踏实。如果我们今天在教育中，也能明白这个道理，那么很多家长大概就不会对自己家中的"小霸王"感到头痛了。说到底，父母的言传身教、诚实不欺，才是最好的家庭教育。

第十六篇　笃实刚毅

咸丰八年戊午岁
正月初四日（1858）

原文

沅浦九弟左右：

十二月二十八日接弟二十一日手书，欣悉一切。

临江已复，吉安之克实意中事。克吉之后，弟或带中营围攻抚州，听候江抚调度；或率师随迪庵北剿皖省，均无不可。届时再行相机商酌。此事我为其始，弟善其终，补我之阙，成父之志，是在贤弟竭力而行之，无为遽怀归志也。

弟书自谓是笃实一路人，吾自信亦笃实人，只为阅历世途，饱更事变，略参些机权作用，把自家学坏了。实则作用万不如人，徒惹人笑，教人怀憾，何益之有？近日忧居猛省，一味向平实处用心，将自家笃实的本质还我真面、复我固有。贤弟此刻在外，亦急须将笃实复还，万不可走入机巧一路，日趋日下也。纵人以巧诈来，我仍以浑含应之，以诚愚应之；久之，则人之意也消。若钩心斗角，相迎相距①，则报复无已时耳。

至于强毅之气，决不可无，然强毅与刚愎有别。古语云自

---

① 相迎相距：相互迎合或相互对立。

胜之谓强。曰强制，曰强恕，曰强为善，皆自胜之义也。如不惯早起，而强之未明即起；不惯庄敬，而强之坐尸立斋①；不惯劳苦，而强之与士卒同甘苦，强之勤劳不倦。是即强也。不惯有恒，而强之贞恒，即毅也。舍此而求以客气②胜人，是刚愎而已矣。二者相似，而其流相去霄壤，不可不察，不可不谨。

李云麟气强识高，诚为伟器，微嫌辩论过易，弟可令其即日来家，与兄畅叙一切。

兄身体如常。惟中怀郁郁，恒不甚舒鬯③，夜间多不成寐，拟请刘镜湖三爷来此一为诊视。闻弟到营后体气大好，极慰极慰。

刘詹严先生绎得一见否？为我极道歉忱。黄莘翁之家属近况何如？苟有可为力之处，弟弟为我多方照拂之。渠为劝捐之事呕气不少，吃亏颇多也。母亲之坟，今年当觅一善地改葬。惟兄脚力太弱，而地师又无一可信者，难以下手耳。余不一一。

再，带勇总以能打仗为第一义。现在久顿坚城之下，无仗可打，亦是闷事。如可移扎水东，当有一二大仗开。第弟营之勇锐气有余，沈毅不足，气浮而不敛，兵家之所忌也，尚祈细察。偶作一对联箴弟云：打仗不慌不忙，先求稳当，次求变化。办事无声无臭，既要精到，又要简捷。贤弟若能行此数语，则为阿兄争气多矣。

---

① 坐尸：本指古代祭祀时臣子或晚辈象征死者神灵，代替死者接受祭祀，故坐姿需要端正、肃穆。此处代指坐时姿态端正、庄严。立斋：斋本义为祭祀前清洁身心，此处指站立时保持仪态端庄。
② 客气：此处指天之气，引申为外在的影响，而非自身的努力。
③ 鬯：音 chàng，通畅。舒鬯：舒服、舒畅之义。

解读

  曾国藩九弟国荃在湘军中表现上乘,成为湘军中重要的统帅之一,这与曾国藩日常书信中的教导也是密不可分的。但是,曾国荃的个性与曾国藩略不同,比起大哥来,他更为渴望成功,因而做事虽有勇,而过于猛烈,不够沉稳;虽有智,但对功看得更重,因而也就不能权衡事态之轻重。这封信,曾国藩就是针对国荃的个性而做出的指导,同时也看得出他对于日常个人修德之事的看重。

  首先,是笃实。曾国荃在信中说,自认为自己是一个笃实的普通人,曾国藩也同意这一说法。但是,身处江湖,踏踏实实的老实人总会遇到繁琐的人情世故,面对这种情形,要如何保持自己的品性的端正,便显得尤为重要。曾国藩说在尘世之中,因为经历得多了,于是也学会了"机权"的运用。所谓机权,就是权变,就是做事的"术"。术用得多了,人难免会忘记自己的本心,用曾国藩的话说,就是"学坏了"。那么,一面是作为的持守,一面是事情的权衡,哪个更重要呢?在曾国藩看来,当然是人的德性更为重要,换言之,就是"道"比"术"重要,"经"比"权"重要。如何在复杂的经历过后,依然保持自己的平实心态、自己的笃实本质,就需要"复性"。复性,是唐代思想家李翱的说法。李翱认为,人的本性都是善良的,但是因为后天沾染到了不好的习性,所以变得不那么好了。这个时候,就需要恢复自己的本性。而儒家更早讨论"人性"的孟子,也说过人的本性需要"发明",也就是不能被世俗所染,而应该时刻保持赤子之心。曾国藩对曾国荃所说,就是这个道理,要让曾国荃明白，在外做事，更要注意复还自己的笃实本性，不可走入投机取巧的欲望陷阱中。这是个人德性的必需，也是与人交往的必需。若遇到精明的人，大可以糊糊涂涂地相处，不要刻意去跟着意气算计。要以"诚"来待人。

其次，是刚毅。这与之前所说的笃实其实有相关联处，因为刚毅就是在明知自己不能为的时候，强迫自己去做到，以恢复和坚定笃实之心，成为一个有德性的人。刚毅的果敢与刚愎的自负是不同的。刚毅，是战胜自我的一种品质，强制就可以克服自己的惰性。强恕，就可以克服自己的狭隘。强为善，就可以克服自己的私欲。这一切，都是一种对自我的挑战。但是，刚愎则不一样，刚愎并不是依靠自身的努力去克服自己缺点的做法，而是依赖于所谓运气的做法。二者看起来相似，但实际上则相差甚远。

在曾国藩看来，有赤子之心的人，就是在经历了尘世烦扰后依然可以恢复笃实的本性，在时代的洪流中依然可以战胜自己的刚毅之士。这两种品格的养成，是于世间保持一个人独立性的关键。

另外，这封信中，曾国藩还谈到了一点，就是用兵最关键的还是使部队具有战斗力，这一点需记得一对联："打仗不慌不忙，先求稳当，次求变化；办事无声无臭，既要精到，又要简捷。"可见，他是把忠厚的品质应用在了现实的生活中，只有沉稳的个性、刚毅的品质，才可将这两句箴言应用自如。

第十七篇　凶德致败

咸丰八年戊午岁
三月初六日（1858）

原文

沅甫九弟左右：

初三日刘福一等归，接来信，借悉一切。

城贼围困已久，计不久亦可攻克。惟严断文报是第一要义，弟当以身先之。

家中四宅平安。余身体不适。初二日住白玉堂，夜不成寐。温弟何日至吉安？

古来言凶德致败者约有二端：曰长傲，曰多言。丹朱①之不肖，曰傲曰嚚讼②，即多言也。历观名公巨卿，多以此二端败家丧身。余生平颇病执拗，德之傲也；不甚多言，而笔下亦略近乎嚚讼。静中默省愆尤③，我之处处获戾，其源不外此二者。温弟性格略与我相似，而发言尤为尖刻。凡傲之凌物，不必定以言语加人，有以神气凌之者矣，有以面色凌之者矣。温弟之神气稍有英发之姿，面色间有蛮很之象，最易凌人。凡心中不可

---

① 丹朱：相传为尧的长子，因不肖，尧帝将帝位禅让给了舜。
② 嚚讼：奸诈而好争讼。
③ 愆尤：过失，罪尤。

有所恃，心有所恃则达于面貌。以门地言，我之物望大减，方且恐为子弟之累；以才识言，近今军中炼出人才颇多，弟等亦无过人之处，皆不可恃。只宜抑然自下，一味言忠信行笃敬，庶几可以遮护旧失，整顿新气。否则，人皆厌薄之矣。沅弟持躬涉世，差为妥叶①。温弟则谈笑讥讽，要强充老手，犹不免有旧习。不可不猛省！不可不痛改！余在军多年，岂无一节可取？只因傲之一字，百无一成，故谆谆教诸弟以为戒也。

解读

这一封信，是从消极意义上来论述修德的重要性。在儒家看来，修养德性的人生不仅是一种应该过的生活，同样，它也意味着一种现实的"果报"。当我们谈论基督教或者佛教的时候，我们似乎很容易去理解现实中做的好事，最终会成为某种"果报"出现在我们"将来"的人生中。基督教说的是"末日审判"，依据上帝的旨意行事就可以进入天堂；佛教讲的是西方"极乐世界"。与宗教思想相比，儒家似乎并不谈来世，因而德性的人生似乎只是一种规劝。

但是，这封信中，曾国藩说了，人如果道德败坏，便会招致现实的恶果。这样的说法，比起彼岸世界的救赎而言，更有对现实的关注和意义。在曾国藩看来，人的德性有吉凶之分，所谓凶德便是常年的傲慢和经常的多言。狂傲和多言，都不是好的德性。尧帝的长子丹朱，个性浮夸，骄傲乖张，言语嚣狂。

---

① 妥：安稳，妥当。叶：音 xié，和洽。妥叶：妥帖，合宜。

《史记》中说如果丹朱得到天下，则"天下病而丹朱得其利"，所以尧将帝位禅让给了舜。可见，丹朱的凶德为他招致了现实生活中的恶果。曾国藩认为自己的缺点在于过于执拗，这是在德性上过于傲慢的表现；虽不怎么爱讲话，但是写文章时却有点接近于争执。每当他静思己过时，就不免察觉到，自己所遭受的暴恶的对待，其实都根源于自己的恶德。家中温弟和曾国藩的个性有些接近，但是说话却特别尖刻，这是很不好的。恃才傲物之人，有以言语去刺激别人的，有用神气去欺凌他人的，也有以表情动作去表达对别人的鄙夷。温弟的神气有英气勃发的状态，面孔看起来也颇有几分刁蛮之相，所以最容易欺凌到他人。所以，心中更不可有半点傲慢，否则的话都会表达在脸面之上。论出身，曾氏家族不比那些显赫的家族；论才识，看军中的青年豪杰，便自知不如。所以更要低调做人，持忠信笃敬之道。国荃在这方面做得比较好，所以更要提醒温弟时时刻刻改正，不要冒充所谓江湖老手，而堕入恶德的现世报中。

如果我们回顾一下曾国藩之前对修身的认识，就会发现"自省"的功夫在他看来是尤为重要的。对于传统文化熏陶下的中国人而言，自省，是一种自我觉醒的本能，是立德积善的功课，同样，它更是一种现实中的修行。自省，意味着不需要上帝的审判，就可以通过自己的内心及道德的规劝来自我省察。凶德致败，尤为凸显这一思维的特征。所以，在今天，当我们说起现实世界中缺乏信仰时，往往是受到了外物的遮蔽，而忘记了每个人的本心之中就有信仰的种子。这种信仰，绝非求福求财的功利心，而是自我觉悟、自我反省的道德心。若是明白了这一点，则不难发现，信仰从未离开我们，只是我们忘记了，自己是完成自己信仰的主人。

第十八篇　善恶由人

咸丰八年戊午岁
十一月二十三日（1858）

原文

澄侯、沅甫、季洪老弟左右：

十七日接澄弟初二日信，十八日接澄弟初五日信，敬悉一切。三河败挫之信，初五日家中尚无确耗，且县城之内毫无所闻，亦极奇矣！

九弟于二十二日在湖口发信，至今未再接信，实深悬系。幸接希庵信，言九弟至汉口后有书于渠，且专人至桐城、三河访寻下落。余始知沅甫弟安抵汉口，而久无来信，则不解何故。岂余近日别有过失，沅甫心不以为然耶？当此初闻三河凶报、手足急难之际，即有微失，亦当将皖中各事详细示我。

今年四月，刘昌储在我家请乩。乩初到，即判曰："赋得偃武修文，得闲字（字谜败字）。"余方讶败字不知何指。乩判曰："为九江言之也，不可喜也。"余又讶九江初克，气机正盛，不知何所为而云。然乩又判曰："为天下，即为曾宅言之。"由今观之，三河之挫，六弟之变，正与"不可喜也"四字相应，岂非数皆前定耶？

然祸福由天主之，善恶由人主之。由天主者，无可如何，只得听之；由人主者，尽得一分算一分，撑得一日算一日。吾兄弟断不可不洗心涤虑，以求力挽家运。第一，贵兄弟和睦。去年兄弟不知，以致今冬三河之变。嗣后兄弟当以去年为戒。凡吾有过失，澄、沅、洪三弟各进箴规之言，余必力为惩改；三弟有过，亦当互相箴规而惩改之。第二，贵体孝道。推祖父母之爱以爱叔父，推父母之爱以爱温弟之妻妾儿女及兰、惠二家。又，父母坟域必须改葬。请沅弟作主，澄弟不可过执。第三，要实行勤俭二字。内间姒娌不可多讲铺张。后辈诸儿须走路，不可坐轿骑马。诸女莫太懒，宜学烧茶煮饭。书、蔬、鱼、猪，一家之生气；少睡多做，一人之生气。勤者生动之气，俭者收敛之气。有此二字，家运断无不兴之理。余去年在家，未将此二字切实做工夫，至今愧恨，是以谆谆言之。

解读

咸丰八年（1858），曾国藩六弟曾国华牺牲沙场，这一消息对曾氏家族而言，无疑是个沉重的打击。正因如此，曾国藩对于天命与人生又有了一层醒悟。可以说，这是在万分的悲痛中，所体悟出的道理。言辞虽浅显，却处处透露着对于人生最为深刻的体会。

首先，人之性命来源于天，即所谓"天命之谓性"。我们的生命就个人而言，是父母赋予的；但是就人类而言，在儒家看来是天命的下落。天命无常而无言，生生不息，自然流转，所以人人都会遭遇生老病死、聚散离合。这些都是人力所无力抗拒的。这就是天所赋予人的福祸根本。而人生则各有不同，这便是每个人在现实具体的生活中，所形成的德性、品质，所展开的生活世界。在这个世界中，每个人都是自己的主人，因此，每个人都主导着自己的善与恶。或许对于人而言，我们无法选择自己的出身、自己的性别、自己的家庭，但是我们却可以选择成为怎样的人。在曾国藩看来，选择做自己良心的主人，就是善恶由己的体现。这不仅仅是对自己的尊重，同时也是对家族的责任。

其次，如何做到善恶由己，在曾国藩看来有三条途径。第一，就是兄弟姐妹之间的和睦融洽。兄弟之和睦，是家族兴旺的根本，这一点曾国藩已在多处提及。面对六弟的殉难，曾国藩对此更有沉痛的体会。血肉至亲，骨肉相连，每个人虽各有不同，但都是一奶同胞。这血缘上的联系不能因为后天性格的差异而被裁断。只有兄弟和睦，才能互相扶持，共同成长。第二，推己及人。儒家的伦理是"推扩"的伦理，犹如石子入水，由圆心逐渐向外延伸，形成一层又一层余波。曾国藩说，对祖父母的爱要推扩到叔父身上。同样道理，对父母的爱，也要推扩到六弟的妻儿身上，使他们不至于感到孤苦伶仃，落寞悲恸。第三，勤俭二字。勤俭是日常品行的养成，家中无论男女老少都应遵循勤俭之道。所以曾国藩规定妯娌不得铺张，后辈不得乘车，女子不得偷懒。家中人人都要以勤俭为本。如此才是耕读世家所应有的日常行为。勤，是生动之气，犹如一家之中生生不息的人气，一日不可截断；俭，是收敛之气，犹如一家之中每日所聚之能量，更不可一日有所废除。一勤一俭，一生一养，才是一个家族兴旺不衰的根据。

由此信观之，曾国藩对于人有着极大的信心，对于人的德性亦有着极大的信心。正因如此，做人，就要做自己的主人，要将自己的良心好好养护起来，发挥出来。善恶皆由己造，因此任何选择都怪不得他人。一个人只有涵养好自己的品德，才可以做得好自己的主人。

第十九篇　一世修身

同治十年辛未岁
十月二十三日（1871）

原文

澄、沅两弟左右：

屡接弟信，并阅弟给纪泽等谕帖，具悉一切。兄以八月十三出省，十月十五日归署。在外匆匆，未得常寄函与弟，深以为歉。小澄生子，岳松入学，是家中近日可庆之事。沅弟夫妇病而速痊，亦属可慰。

吾见家中后辈体皆虚弱，读书不甚长进，曾以养生六事勖[1]儿辈：一曰饭后千步，一曰将睡洗脚，一曰胸无恼怒，一曰静坐有常时，一曰习射有常时（射足以习威仪强筋力，子弟宜多习），一曰黎明吃白饭一碗不沾点菜。此皆闻诸老人，累试毫无流弊者，今亦望家中诸侄试行之。又曾以为学四事勖儿辈：一曰看生书宜求速，不多阅则太陋；一曰温旧书宜求熟，不背诵则易忘；一曰习字宜有恒，不善写则如身之无衣，山之无木；一曰作文宜苦思，不善作则如人之哑不能言，马之跛不能行。四者缺一不可。盖阅历一生，而深知之深悔之者，今亦望家中

---

[1] 勖：音 xù，指勉励、鼓励。

诸侄力行之。养生与力学，二者兼营并进，则志强而身亦不弱，或是家中振兴之象。两弟如以为然，望常以此教诫子侄为要。

兄在外两月有余，应酬极繁，眩晕、疝气等症幸未复发，脚肿亦愈。惟目蒙日甚，小便太数，衰老相逼，时势当然，无足异也。

解读

曾国藩少年时以大学之道要求自己，自开始修身、读书，便一世以此为志业，日日精进，不曾间断，直至生命的尽头。几十年来，他南征北战，叱咤官场，享受过举世赞誉，亦遭受过世态炎凉；他中年时官运亨通，一路高升，却在人生最得意处遭遇家中长辈的相继辞世；他以文官身份，主政湘军，诸弟皆与他并肩作战，风雨无阻，湘军成为晚清军事史上的劲旅，却无奈六弟曾国华战死三河镇，季弟曾国葆病逝湘军军营。人生的起伏跌宕，令曾国藩在晚年更加感觉到修身与学习对于一个人、一个家族的重要意义。透过这封曾国藩去世前最后一次提到修身的绝笔信，我们似乎可以从他风云诡谲的一生，感受到修身与力学在曾国藩生命中的意义。

这封信，内容浅白，却用意深厚。首先是养生，养生实属修身之根基，如无强健的体魄，哪怕有再高的修为，也难以实现济世抚众的抱负。所以，曾国藩列举家中长辈曾说过的六大养生秘诀，以示子孙。而在力学上，曾国藩则以四种读书之法，告诫后辈。这些方法，看似简单，却难在坚持。例如习字，本不是难事，但只有坚持，才可有成。曾国藩认为不善写的人，就好像人的身上没有衣服，山上没有树木一般。而对于作文，则需要苦思。如果一个人有一肚子墨水，却文思枯竭，那便如哑人不能言，跛马不能行。实在是人生之遗憾。

　　在曾国藩这封生命的绝笔信中，我们看不到他对于生命已经衰老的悲怜。他说"衰老相逼，时势当然，无足异也"，言辞间透露着一股大丈夫的坦然与豪气。这种对于人生的参悟，正是来自于他一生的修炼。数月后，曾国藩午后散步，突发脚疾。曾纪泽搀扶父亲回房休息后，曾国藩端坐三刻，安然离世。清廷为哀悼曾国藩的离世，辍朝三日。曾国藩去世后，被追赠太傅，谥号文正。他的家族子弟，也谨遵他的遗言，一世累行善事，皆以修身、力学为本，将他的志向继承下来。

劝学卷

题 解

  曾国藩去世后，清帝亲发手谕，曰："内阁大学士、两江总督曾国藩，学问纯粹，器识宏深，秉性忠诚，持躬清正……视为股肱心膂之臣。"李鸿章奏疏中称："国藩初入翰林，即与故大学士倭仁、太常寺卿唐鉴、徽宁道何桂珍讲明程朱之学，克己省身，得力有自。"清世之臣，对于曾国藩之为人、为学、为政皆赞誉颇高。曾国藩从一介书生成就为清朝历史上最为重要的政治人物之一，其根源就在于曾国藩一世服膺儒学，从日常行为之点点滴滴严格要求自己。《曾文正公日记》中引先贤之言："日知其所亡，月无忘其所能，可谓好学也已。"而曾国藩恰是这样一位"好学"之人。曾国藩的好学，是身体力行之学，是反身而诚之学，是知行合一之学，也是选拔先进之学。他的一生不仅日日要求自己身心至密，学而不厌，同时还要求子女、兄弟、子弟、朋辈以学为友，日益精进。在《曾国藩家书》中，我们即可看到他赤诚的为学之心与劝学之衷。

第一篇　求业之精

道光二十二年壬寅岁

七月初四日（1842）

原文

男国藩跪禀父母亲大人万福金安：

六月二十八日接到家书，系三月二十四日所发。知十九日四弟得生子，男等合室相庆。四妹生产虽难，然血晕亦是常事，且此次既能保全，则下次较为容易。男未得信时，常以为虑；既得此信，如释重负。

六月底，我县有人来京捐官①（王道隆）。渠在宁乡界住，言四月县考时，渠在城内并在彭兴歧（云门寺）、丁信风两处面晤四弟、六弟。知案首是吴定五。男十三年在陈氏宗祠读书，定五才发蒙②作起讲③，在杨畏斋处受业。去年闻吴春冈说定五甚为发奋，今果得志，可谓成就甚速。其余前十名及每场题目，

---

①　捐官：又称"纳捐"，是在秦代就已出现的一种"卖官"行为。清代的"纳捐"形成了一套完整的制度，与科举制度并行，成为取士选官的重要途径。国家允许士民通过捐一定数额的钱银，获得相应的官职爵位，还可以捐封典（名）、虚衔和穿官服的待遇，甚至可以捐国子监的监生。

②　发蒙：出自《易·蒙》："初六，发蒙。"旧时指儿童初识字、读书。

③　起讲：八股文中的第三部分，即议论部分。前两个部分是破题、承题，后面是入题、起股、中股、后股、束股。

渠已忘记。后有信来，乞四弟写出。

四弟、六弟考运不好，不必挂怀。俗语云："不怕进得迟，只要中得快。"从前邵丹畦前辈（甲名），四十三岁入学，五十二岁作学政，现任广西藩台。汪朗渠（鸣相）于道光十二年入学，十三年点状元。阮芸台元前辈于乾隆五十三年县、府试皆未取头场，即于是年入学、中举，五十四年点翰林，五十五年留馆，五十六年大考第一，比放浙江学政，五十九年升浙江巡抚。些小得失，不足患，特患业之不精耳。两弟场中文若得意，可将原卷领出寄京；若不得意，不寄可也。

男等在京平安。纪泽兄妹二人体甚结实，皮色亦黑。

逆夷在江苏滋扰，于六月十一日攻陷镇江，有大船数十只在大江游弋。江宁、扬州二府颇可危虑。然而天不降灾，圣人在上，故京师人心镇定。

同乡王翰城（继贤，黔阳人，中书科中书）告假出京。男与陈岱云亦拟送家眷南旋，与郑莘田（郑名世任，给事中，现放贵州贵西道）、王翰城四家同队出京。男与陈家本于六月底定计，后于七月初一请人扶乩（另纸录出大仙示语），似可不必轻举妄动，是以中止。现在男与陈家仍不送家眷回南也。

同县谢果堂先生（兴峣）来京，为其次子捐盐大使。男已请至寓陪席。其世兄与王道隆尚未请，拟得便亦须请一次。

正月间俞岱青先生出京，男寄有鹿脯一方，托找彭山屺转寄。俞后托谢吉人转寄，不知到否？又四月托李㝢冈（荣灿）寄银寄笔，托曹西垣寄参，并交陈季牧处，不知到否？前父亲教男养须之法，男仅留上唇须，不能用水浸透。色黄者多，黑者少。下唇拟待三十六岁始留。

男每接家信，嫌其不详，嗣后更愿详示。

男谨禀

解读

　　这封家书虽内容繁杂，但最主要的部分在于曾国藩劝勉四弟、六弟"考运不好，不必挂怀"。以此信作为《劝学卷》的第一篇，意味着"学"对于儒家士大夫而言，有着精神上的追求与生存上的必需两层含义。尤其是至清一代，"学"所蕴含着的"功名"甚至在某些程度上超越了"学"本身，这与先秦儒家孔子所提的"学"已有了不小的差异。

　　首先，是"捐官"对于学的影响。书信第二段提到了同县王道隆捐官之事，在倒数第三段也提到了谢果堂先生为次子捐盐大使之事，可见"捐官"在清朝是很常见的事情。作为与科举制并行的选官制度，捐官在清朝比以往任何一个朝代更盛，且形成了严格的制度规范。捐官，又称纳捐，在清朝有常捐，亦有例捐。捐官，说到底是政府为补充公费，遂向民间出卖官爵的一种行为。例如清康熙年间，因征讨准噶尔军费不足，就以纳捐的方式来补充军费。从而使这一年中仅山西省所捐县丞就有上万人。然而，从整个清朝来看，捐官的现象还是很普遍的。大家为什么会如此热衷于捐官？其中"功名"之惑是很大的成分。而正途所得的功名本应是考试所取得的，这与一个人的学问、能力有关。无奈"十年寒窗无人问，一举成名天下知"，"功名"所承载的意义远超越了对一个人的学问和能力的肯定，它是一种荣誉、象征，同样更能带来实际的"好处"。这恰恰是儒家所批评的"今之学者为己"的私欲之学。"纳捐"的常态化，使"功名"的功利意义被推向了极端。尽管，在儒家看来"君子喻于义，小人喻于利"，但科举与权力的紧密联系，使得这样古老的教训成了虚文。士以学为本务，"以仁厚知能尽官职"（荀子）。从这一层面而言，功名乃是一种肯定。如果超出了这个界限，则会产生很多与学相悖之事，或精于钻营，或贪图虚名，对于"学"本身是一种戕害。但是，对于"纳捐"与"学"的关系，还可以从积极的方面来看。因为取士途径的单一，所以清朝士人希望通过科举而考取功名，取得官职，做到"学而优则仕"并不是一件容易的事。《儒林外史》中所讥讽的范进中举，鲁迅笔下的孔乙己，让我们看到了落榜生员苦闷而无助的人生。有一些本有学问，却在科场总是失利的人，通过"纳捐"，同样可以获得一次机会。例如雍正朝的李卫就是捐官出身。清制规定，捐官者可以捐得一定官职，但能否出任职位还是需要经过一定的选拔的。在这种情况下，捐官中也可以挑选到一定的优秀人才。

其次，是"科举"对于学的影响。信的第三段中，曾国藩安慰四弟、六弟，科场考得不顺利，也不要介怀，这也只是运气的问题。而且，还列举了一连串的实例，劝慰两位弟弟不要担心。只要有朝一日考进，便不必担心日后的前程。不难看出，以曾国藩出身田野的家庭背景，大多数的士子们若想有一番事业作为，科举是他们唯一可选择的道路。混杂着个人的理想、生存的需要、仕途的期许，科举一方面令人才有了发光的机会，而另一方面也使得"为学"变成了功利性很强的"事业"。南宋时期，朱熹就曾提醒过，如若科举不立德行，则很容易造成"所谓太学者，但为声利之场，而掌其教事者不过取其善为科举之文，而尝得售于场屋者耳"，"士之有志于义理者，既无所求于学，其奔趋辐凑而来者，不过为解额之滥舍选之私而已"。太学，成了名利场，当选的士子只是成绩突出的"考试机器"；士，不再苛求个人学业，而不过是滥竽充数之人。这样的话，科举便失去了它选拔先进的作用。因而，对于"科举"必须有一种谨慎的态度，作为一种选拔人才的制度，它在一定程度上保证了公平、公开，使寒门士子也有了入仕做官、改变命运的机会；然而，一旦其客观性、严格性遭到了破坏，一旦丧失了"修其天爵，而人爵从之"的志向，科举就很容易沦为一种机械的工具。

　　信中曾国藩宽慰二位弟弟，并列举出一系列例子，其深意更在于帮助少年人更加坚定个人的志向。"些小得失，不足患，特患业之不精耳"是说一些小的得失，不必放在心上，而真正要注意的，是学业是否精进。从而让二位弟弟从取士的功利心中解放出来，去看根本之所在。"学"的精髓，在于是否勤奋，是否理解，是否觉悟。学，是一种觉悟自身的过程。而学本身所带来的一系列于自身的影响中，功名最可能成为负担。如能本于"学"的精神，则更易进入天地的境界之中，如此便能"唯惧德业之不修，而不忧爵禄之未至"（朱熹语）。

第二篇　为学贵专

道光二十二年壬寅岁
九月十八日（1842）

原文

四位老弟足下：

　　九弟行程，计此时可以到家。自任丘发信之后，至今未接到第二封信，不胜悬悬①，不知道上不甚艰险否？四弟、六弟院试，计此时应有信，而折差久不见来，实深悬望。

予身体较九弟在京时一样，总以耳鸣为苦。问之吴竹如，云只有静养一法，非药物所能为力。而应酬日繁，予又素性浮躁，何能着实养静？拟搬进内城住，可省一半无谓之往还，现在尚未找得。予时时自悔，终未能洗涤自新。

九弟归去之后，予定刚日读经、柔日读史之法。读经常懒散不沉着。读《后汉书》，现已丹笔点过八本；虽全不记忆，而较之去年读《前汉书》，领会较深。九月十一日起同课人议每课一文一诗，即于本日申刻用白折写。予文、诗极为同课人所赞赏。然予于八股绝无实学，虽感诸君奖借之殷，实则自愧愈深也。待下次折差来，可付课文数篇回家。予居家懒做考差工夫，即借此课以摩厉考具，或亦不至临场窘迫耳。

吴竹如近日往来极密，来则作竟日之谈，所言皆身心国家大道理。渠言有窦兰泉者（垿，云南人），见道极精当平实。窦亦深知予者，彼此现尚未拜往。竹如必要予搬进城住，盖城内镜海先生可以师事，倭艮峰先生、窦兰泉可以友事。师友夹持，虽懦夫亦有立志。子思、朱子言为学譬如熬肉，先须猛火煮，然后用慢火温。予生平工夫全未用猛火煮过，虽略有见识，乃是从悟境得来。偶用功，亦不过优游玩索已耳。如未沸之汤，遽用慢火温之，将愈煮愈不熟矣。以是急思搬进城内，屏除一切，从事于克己之学。镜海、艮峰两先生亦劝我急搬。而城外朋友，予亦有思常见者数人，如邵蕙西、吴子序、何子贞、陈

---

① 悬悬：形容内心牵挂、心情不安的样子。

岱云是也。

蕙西尝言："'与周公瑾交，如饮醇醪①'，我两人颇有此风味。"故每见辄长谈不舍。子序之为人，予至今不能定其品。然识见最大且精，尝教我云："用功譬若掘井，与其多掘数井而皆不及泉，何若老守一井，力求及泉而用之不竭乎？"此语正与予病相合。盖予所谓掘井多而皆不及泉者也。

何子贞与予讲字极相合，谓我"真知大源，断不可暴弃"。予尝谓天下万事万理皆出于乾坤二卦。即以作字论之：纯以神行，大气鼓荡，脉络周通，潜心内转，此乾道也；结构精巧，向背有法，修短合度，此坤道也。凡乾以神气言，凡坤以形质言。礼乐不可斯须去身，即此道也。乐本于乾，礼本于坤。作字而优游自得、真力弥满者，即乐之意也；丝丝入扣，转折合法，即礼之意也。偶与子贞言及此，子贞深以为然，谓渠生平得力，尽于此矣。陈岱云与吾处处痛痒相关，此九弟所知者也。

写至此，接得家书。知四弟、六弟未得入学，怅怅然。科名有无迟早，总由前定，丝毫不能勉强。吾辈读书，只有两事：一者进德之事，讲求乎诚正修齐之道，以图无忝所生；一者修业之事，操习乎记诵词章之术，以图自卫其身。进德之事难以尽言，至于修业以卫身，吾请言之：

卫身莫大于谋食。农工商劳力以求食者也，士劳心以求食者也。故或食禄于朝，或教授于乡，或为传食之客②，或为入幕之宾，皆须计其所业，足以得食而无愧。科名者，食禄之阶也，

---

① 醇醪：醇美浓厚的美酒。
② 传食之客：食客，指官僚士大夫所养的谋士。养士之风兴起于战国时期，食客为权贵者出谋划策，其生活则由养士者所承担。

亦须计吾所业，将来不至尸位素餐①，而后得科名而无愧。食之得不得，穷通由天作主，予夺由人作主；业之精不精，则由我作主。然吾未见业果精，而终不得食者也。农果力耕，虽有饥馑，必有丰年；商果积货，虽有壅滞，必有通时；士果能精其业，安见其终不得科名哉？即终不得科名，又岂无他途可以求食者哉？然则特患业之不精耳。

求业之精，别无他法，曰专而已矣。谚曰"艺多不养身"，谓不专也。吾掘井多而无泉可饮，不专之咎也。诸弟总须力图专业。如九弟志在习字，亦不必尽废他业。但每日习字工夫，断不可不提起精神，随时随事，皆可触悟。四弟、六弟，吾不知其心有专嗜否？若志在穷经，则须专守一经；志在作制义，则须专看一家文稿；志在作古文，则须专看一家文集。作各体诗亦然，作试帖亦然，万不可以兼营并鹜，兼营则必一无所能矣。切嘱切嘱，千万千万。此后写信来，诸弟各有专守之业，务须写明。且须详问极言，长篇累牍。使我读其手书，即可知其志向识见。凡专一业之人，必有心得，亦必有疑义。诸弟有心得，可以告我共赏之；有疑义，可以问我共析之。且书信既详，则四千里外之兄弟不啻晤言一室，乐何如乎？

予生平于伦常中，惟兄弟一伦抱愧尤深。盖父亲以其所知者尽以教我，而我不能以吾所知者尽教诸弟，是不孝之大者也。九弟在京年余，进益无多，每一念及，无地自容。嗣后我写诸弟信，总用此格纸，弟宜存留，每年装订成册。其中好处，万不可忽略看过。诸弟写信寄我，亦须用一色格纸，以便装订。

---

① 尸位素餐：比喻空占着职位而不做事，吃空饷。

谢果堂先生出京后，来信并诗二首。先生年已六十余，名望甚重，与予见面，辄彼此倾心，别后又拳拳不忘，想见老辈爱才之笃。兹将诗并予送诗附阅，传播里中，使共知此老为大君子也。

　　予有大铜尺一方，屡寻不得，九弟已带归否？频年寄黄英白菜子，家中种之好否？在省时已买漆否？漆匠果用何人？信来并祈详示。

兄国藩手具

解读

　　孔子说过："三人行，必有我师焉。择其善者而从之，其不善者而改之。"这种不耻下问的态度体现着儒家不断求索、择善而行的实践精神。孔子的教诲在其后的儒学发展中，对儒者的人格养成有极大的影响。这种影响在曾国藩予弟弟们的这封信中被全面地展示了出来。

　　曾国藩写信给曾国荃、国潢、国葆、国华四位弟弟，以长兄的经历向四位弟弟陈述为人、为学的道理。情义浓厚、言语深切，看得出是一位对兄弟非常之疼爱且严肃的大哥。就劝学而言，信中所谈四事，均体现出儒家论学的深意。

　　首先，修己与为学。曾国藩提到了欲搬去内城住的想法，原因在于深感自己"应酬日繁""素性浮躁"，搬去内城可以节约下不少折返耽搁的时间，且可以与良师益友唱和，更便于督促自己的学习。曾国藩虽严于律己，其勤奋也备受世人称道，但在他自己看来，平日里的所为还是不够勤奋，这便需要于念头上下功夫，于小事中寻纰漏。梁启超于民国初年辑《曾文正公嘉言钞》，其中就有曾国藩日记所录"百种弊病，皆从懒生""于清早单开本日应了之事，本日必了之"数言，足以见得他勤勉砥砺的个性。在此，曾国藩虽是自省，但也是为了更好地教导弟弟，只有不断锤炼自己勤奋的品性，才可以更好地为学。所以就读史、读经及作文的情况也做了说明，想必是以自己的学习状态来激励弟弟们之间也可以互相劝勉、启发。

其次，交友与为学。朋友一伦，是极为重要的儒家伦理。而什么可以称为"朋友"？在儒门看来就是"同道之交"了。曾国藩在信中谈到了自己与几位友人的交往，无一例外，全是与他在精神追求上有着共同话语的朋友。这些同道之友，不仅成为他生活里的朋辈，亦是他为学路上的良友。

在第四段中，曾国藩先谈到吴竹如，平日关心均是修身而进于国家的君子之事。吴竹如（1793—1873），名廷栋，字彦甫，号竹如，安徽霍山人。道光五年（1825）拔贡，长曾国藩十八岁，甚好宋学，为官清廉。曾国藩此处记录，吴竹如最喜欢和他谈"身心国家大道理"，还为他引荐同道中人，劝他入城学习，督促功课。可见，这位吴先生是一位善结同道的良师益友。正因有了友人间的督促，曾国藩深感自己的学问之道还未能达到子思、朱熹所言的猛火煮与慢火温。以猛火煮，是指学问要立大志，一旦立志便要专心于一处着手。以慢火温，是指学习要立恒心，一旦开始了学习，就要持之以恒，于细处着手，深刻钻研。猛火煮在先，慢火温在后，如一开始根基没有打好，即使用力很久，也会不得其精髓，有所手滑，这就是"愈煮愈不熟"的原因。曾国藩此语便是提示兄弟为学之序。

第五段曾国藩总结了与邵、吴、何、陈四友的相处之道。

"与周公瑾交,如饮醇醪"出自《三国志·吴书九·周瑜传》裴松之注引《江表传》。老将程普感慨周瑜气量宏大,说自己与周公瑾交往,就好像是在饮浓厚醇美的美酒,"不觉自醉",自然就被其气魄所熏陶。后世便以"如饮醇醪"的典故来形容与宽厚之人的交往。这是曾国藩与邵蕙西的交往。而吴子序则更似良师,他督促曾国藩,用功就好像是掘井,不可盲目地掘了很多井,却均因为不够深入,而未能见到泉水涌出。读书,便是要在一处下功夫,如此才可能获得不竭的泉水。曾国藩感慨,吴先生的教导恰捉住了他的痛脚。

第六段中曾国藩谈到了与友辩学的经历,所论是对"乾坤与礼乐"的理解。"乾坤"出于《易》,《易》为"五经"之首,是先民最高的智慧。相传伏羲作八卦,演万事万物变易之道,故称为"易";周文王、周公作辞,故称为"周易"。《周易》是传统文化共有的源头,它以阴阳变化之道,揭示了宇宙人间的大道。何子贞要求曾国藩为学要把握住"真知大源",曾国藩便以"乾坤"二卦来回应这是他所理解的"大源",即万事万物的源头。"乾"卦卦辞为"元亨利贞",元为大,亨为通,利为宜,贞为正而固(朱熹解)。元亨利贞是对乾道的描述,这不是固定的四种形态,而是一种大化流行之势。朱熹在《周易本义》中将元亨利贞四者之间解释为一个浑圆统一的体,"生气流行,初无间断"便是乾道的生生不息之义。曾国藩深受理学思想影响,将元亨利贞四字解释为"纯以神行,大气鼓荡,脉络周通,潜心内转",神、气是对元亨的一种描摹,而通与转则似理学所说的各正性命,是对利贞的落实。至于坤道,曾国藩则以"形质"来解释它,认为坤道之性即是《象》所言的"坤厚载物,德合无疆,含弘光大,品物咸亨"。所以坤道的特征是结构精巧，有条理结构，有利他者而行的品性。进一步，他又将乾坤之道落实于礼乐，指出礼乐是人间之道，一时一刻也不能离开一个人，符合《中庸》所言的"不可须臾离也，可离非道也"。曾国藩认为，乐本乎乾道，是一种精气；礼本乎坤道，是具体的建制。作为一种实在的形态，乐的特质为悠然自得，遍布四周；而礼则是细致入微，权衡得当。曾国藩对于乾坤的理解得到了何子贞的认同。可见，与友人的往来也是在思想境界上的交互影响。

此上二事，所谈的都是与友人交往的故事。儒家讲"君子之交淡如水"，水者，悠然自得、柔远怀来，有着很高的境界。昔者有管鲍之交、伯牙绝弦的佳话，都是在谈友道的精髓在于可以互相认同、相互启发。曾国藩所谈，便是为了告诉几位弟弟，为友也是为学，为友更可助学。

再次，进德与修业。为学之事，自然是儒家理想人格"君子"养成过程中最为重要的一环。但是，为学究竟是为了什么呢？曾国藩对一直未能考到功名的四弟和六弟是这样说的："吾辈读书，只有两事：一者进德……一者修业"。进德，就是从诚意、正心、修身、齐家的角度来不断培养自己的君子德性；修业，则是学会所学知识的内容，掌握具体的技能，从而可以养活自己。进德，需从修身做起；而修业，则需要踏踏实实地从钻研开始。第一，修业要名位相符、受之无愧。修业，首先要解决"卫身"的问题。什么是"卫身"？曾国藩解释为"谋食"，就是解决生存问题。社会分工不同，则人解决生存的途径也不一样，农、工、商谋生，靠的是辛苦的劳力；士谋生，则依靠自己的智力。也就是孟子所言的"劳心者"与"劳力者"的差别。士依靠自己的智力，可以在朝廷做官，可以在乡间做老师，也可以做谋士,或者是幕僚,这都需要凭借自身的本事。自己有本事,才可以做到"得食而无愧",靠自身本事获得利禄。而科举知名,则是争取到利禄的途径,所以必须要作为自己的志向,努力做好,这样将来才不至于尸位素餐,中了进士也就不会愧疚了。第二,修业之成与不成在天,而能与不能则在人。但是,只要有能力,学识深厚,就不会没有机会。好似农民一年四季辛勤劳动,虽然会遇上灾年,但也一定会有丰年;商人囤积货物,虽然有时候会滞销,但也有畅销赚钱的时候。同样道理,士若能精于学习,最终总会获得功名;就算不中科举,也总会有其他的谋生之道。所以,生存总是有很多途径的,关键还是在于是否有生存的能力。

最后,求业贵"专"。谚语所言"艺多不养身",人们往往认为多学一点技能,似乎更有获得机会的可能,然而,越是求多,则越是囫囵吞枣。人之精力、天赋、水平皆参差不齐,有人善于逻辑思维,有人善于形象思维。曾国藩在此将业之专,比喻为掘井,只有在一处深挖,才可能获得源头活水。他对四位弟弟提出要求,要大家必有各自的"专守",每人都在自己兴趣所在的领域深入探索,才能有所得、有所成。

为学之事,是儒家新民的精神所在。每个人因其理性的思考,都会于个体、社会有所体认,而这个思考绝非冥想空谈,而须落实于刻苦的学习和不断的实践。曾国藩以自省、交友、修业、专一四事向弟弟们劝谕学习之重要,其苦心孤诣于今人来说依然极为重要。

第三篇　学贵恒久

道光二十二年壬寅岁
十二月二十日（1843）

原文

诸位贤弟足下：

十一月十七寄第三号信，想已收到。父亲到县纳漕①，诸弟何不寄一信，交县城转寄省城也？以后凡遇有便，即须寄信，切要切要。九弟到家，遍走各亲戚家，必各有一番景况，何不详以告我？

四妹小产以后生育颇难，然此事最大，断不可以人力勉强。劝渠家只须听其自然，不可过于矜持。又闻四妹起最晏②，往往其姑③反服事他。此反常之事，最足折福，天下未有不孝之妇而可得好处，诸弟必须时劝导之，晓之以大义。

诸弟在家读书，不审每日如何用功？余自十月初一立志自新以来，虽懒惰如故，而每日楷书写日记，每日读史十叶，每日记茶余偶谈一则，此三事未尝一日间断。十月二十一日立誓

---

① 纳：缴付。漕：由水路输送的粮草，清初开始向山东、河南、山西、湖南等省征纳白米，转运京师。纳漕：指缴纳白米。

② 晏：晚，迟。

③ 姑：旧时妻子称丈夫的母亲为姑，即婆婆的意思。

永戒吃水烟，洎①已两月不吃烟，已习惯成自然矣。予自立课程甚多，惟记"茶余偶谈"、读史十叶、写日记楷本，此三事者誓终身不间断也。诸弟每人自立课程，必须有日日不断之功，虽行船走路，俱须带在身边。予除此三事外，他课程不必能有成；而此三事者，将终身以之。

前立志作《曾氏家训》一部，曾与九弟详细道及。后因采择经史，若非经史烂熟胸中，则割裂零碎，毫无线索；至于采择诸子各家之言，尤为浩繁，虽抄数百卷犹不能尽收。然后知古人作《大学衍义》《衍义补》诸书，乃胸中自有条例，自有议论，而随便引书以证明之，非翻书而遍抄之也。然后知著书之难，故暂且不作《曾氏家训》。若将来胸中道理愈多，议论愈贯串，仍当为之。

现在朋友愈多。讲躬行心得者，则有镜海先生、艮峰前辈、吴竹如、窦兰泉、冯树堂；穷经知道者，则有吴子序、邵蕙西；讲诗、文、字而艺通于道者，则有何子贞；才气奔放，则有汤海秋；英气逼人志大神静，则有黄子寿。又有王少鹤（名锡振，广西主事，年二十七岁，张筱浦之妹夫）、朱廉甫（名琦，广西乙未翰林）、吴莘畲（名尚志，广东人，吴抚台之世兄）、庞作人（名文寿，浙江人）此四君者，皆闻予名而先来拜。虽所造有浅深，要皆有志之士，不甘居于庸碌者也。京师为人文渊薮②，不求则无之，愈求则愈出。近来闻好友甚多，予不欲先去拜别人，恐徒标榜虚声。盖求友以匡己之不逮，此大益也；标

---

① 洎：音 jì，到，及，意思是到现在为止。
② 渊：深水，鱼住的地方。薮：音 sǒu，水边的草地，兽住的地方。渊薮：比喻人或事物集中的地方。

榜以盗虚名，是大损也。天下有益之事，即有足损者寓乎其中，不可不辨。黄子寿近作《选将论》一篇，共六千余字，真奇才也。子寿戊戌年始作破题，而六年之中遂成大学问，此天分独绝，万不可学而至。诸弟不必震而惊之，予不愿诸弟学他，但愿诸弟学吴世兄、何世兄。吴竹如之世兄现亦学艮峰先生写日记，言有矩，动有法，其静气实实可爱。何子贞之世兄，每日自朝至夕总是温书，三百六十日，除作诗文时，无一刻不温书。真可谓有恒者矣。故予从前限功课教诸弟，近来写信寄弟，从不另开课程，但教诸弟有恒而已。盖士人读书，第一要有志，第二要有识，第三要有恒。有志则断不甘为下流；有识则知学问无尽，不敢以一得自足，如河伯之观海，如井蛙之窥天，皆无识者也；有恒则断无不成之事。此三者缺一不可。诸弟此时，惟有识不可以骤几①，至于有志有恒，则诸弟勉之而已。予身体甚弱，不能苦思，苦思则头晕，不耐久坐，久坐则倦乏，时时属望惟诸弟而已。

　　明年正月恭逢祖大人七十大寿②，京城以进十为正庆。予本拟在戏园设寿筵，窦兰泉及艮峰先生劝止之，故不复张筵。盖京城张筵唱戏，名曰庆寿，实而打把戏。兰泉之劝止，正以此故。现在作寿屏两架。一架淳化笺四大幅，系何子贞撰文并书，字有茶碗口大。一架冷金笺八小幅，系吴子序撰文，予自书。淳化笺系内府用纸，纸厚如钱，光彩耀目，寻常琉璃厂无有也。昨日偶有之，因买四张。子贞字甚古雅，惜太大，万不能寄回。奈何奈何！

---

① 骤几：很快成功。
② 祖大人七十大寿：指曾国藩祖父七十大寿。

侄儿甲三体日胖而颇蠢，夜间小解知自报，不至于湿床褥。女儿体好，最易扶携，全不劳大人费心力。

今年冬间，贺耦庚先生寄三十金，李双圃先生寄二十金，其余尚有小进项。汤海秋又自言借百金与我用。计还清兰溪、寄云外，尚可宽裕过年。统计今年除借会馆房钱外，仅借百五十金。岱云则略多些。岱云言在京已该账九百余金，家中亦有此数，将来正不易还。寒士出身，不知何日是了也！我在京该账尚不过四百金，然苟不得差，则日见日紧矣。

书不能尽言，惟诸弟鉴察。

兄国藩手草

课　程

主　敬　整齐严肃、无时不俱。无事时心在腔子里，应事时专一不杂。

静　坐　每日不拘何时，静坐一会，体验静极生阳来复之仁心。正位凝命，如鼎之镇。

早　起　黎明即起，醒后勿沾恋。

读书不二　一书未点完断不看他书。东翻西阅，都是徇外为人。

读　史　二十三史每日读十叶，虽有事不间断。

写日记　须端楷。凡日间过恶：身过、心过、口过，皆记出。终身不间断。

日知其所亡　每日记茶余偶谈一则。分德行门、学问门、经济门、艺术门。

月无忘所能　每月作诗文数首，以验积理之多寡、养气之盛否。

谨　言　刻刻留心。

养　　气　无不可对人言之事。气藏丹田。
保　　身　谨遵大人手谕：节欲、节劳、节饮食。
作　　字　早饭后作字。凡笔墨应酬，当作自己功课。
夜不出门　旷功疲神，切戒切戒。

解读

治学之事，向来不易，尤其年轻气盛时，更易觉得治学是一件枯燥乏味的事。于是，有急功近利者，有投机取巧者，亦有天资过人少年成名，却自满不前者。就其缘由，皆在于未能真正理解学者之道。曾国藩在这封信中，就以拳拳赤子之心对待治学，以恒久之道来劝谕弟弟们。治学的恒久，不仅仅是时间上的付出，更是心力上的付出。因此，需要从点点滴滴的"修为"中去实现这种恒久耐力的锤炼。

首先，性情宜敬重。这封信中有两事可以看出曾国藩很强调为人性情的稳重。比起乖张的个性来说，儒家更强调涵养君子谦和、恭敬的性情，所谓"知者乐水，仁者乐山"，依着性情而言，仁者的性格应如水般温柔而宽厚，刚柔并济。在说到四妹小产时，曾国藩特意劝慰千万要"听其自然"，也就是从心情上千万不要焦虑烦躁，如此反倒不利于身体的康复。而四妹日常起居间未能做到照顾好婆婆，曾国藩也一并加以劝谕，并请弟弟们一并劝导，"晓之以理"，可谓考虑周详。不让四妹难堪忧心，又能帮助四妹改进行为，平复心情，以便身体得以恢复。第二件事则是在第五段中提到的"标榜虚声"之事。君子平易谦和，不虚图名声。君子为人"矜而不争，群而不党"，君子与人交往首先要有独立的个性，庄重自尊，而不与人争斗；君子交友以道会友，不可以利而结党营私。这当然是对君子理想人格的设想，但在现实的生活中要坚持做到这些则非易事。曾国藩谈到在京师所交的朋友日益变多，每位都是个性十足。有能把所学化为行动、知行合一的前辈，也有专研经典、通经致用的同道，还有才情高远、个性奔放之人。与这些朋友的交往，逐渐形成了曾国藩身边的朋友圈。当代人所说的"圈子"，对于曾国藩时代的文人雅士也是很重要的社交环境。圈子虽然可以让一个人更快地与社会融合，但也有可能使此人卷入社会的复杂漩涡中。曾国藩对自己日益丰富的社交圈有着冷静的看法，他说自己不愿意莽撞地去拜访别人，担心这样会标榜自己的虚名。在他看来，一个人的社交是为了结识可以提醒自身不足、督促自己进步的朋友，而不是为了标榜虚名。这才是谦谦君子之敬重的性情的表现。佛家常言人间世是"花花世界"，尤其对涉世未深之人而言，如繁花灿烂的人间世，总有着太多的诱惑与美好。当一个人不再独处，而是在热闹的人群中与人唱和时，则免不了由此生出与人攀比、与人结党，并在众人中名望升腾的私心。所以，很多人在独处时，尚能自持；一入花花世界，反倒是乱花迷眼，错了方向。曾国藩起到了很好的示范作用，他对于君子性情敬重的锤炼，使我们重新认识到君子求友的真谛。

其次，性情敬重，能使一个人在繁华世界中坚持自己的理想。但只有性格上的磨炼，尚不足以保持个体的独立性。所谓"自我"的养成，需要日积月累的磨炼，曾国藩的办法是终身坚持"日课"。在第三段中曾国藩讲述了自己自十月初一起开始坚持日课的体会，其中有三事是他已坚持两月多，并立志要"终身"做好的事情，分别是：以楷书记日记、读史书十页、记录茶余偶谈一则。以楷书记日记，既可以自省一日所为、所学，又可以通过练习书法沉静心性；读史书十页和记茶语偶谈一则可以古今呼应，不泥古、不非今，以史为鉴，从而对当时的社会、政事有更为深刻的体认。曾国藩劝谕弟弟们也要有自立的课程，并且"日日不断"，"行船走路，俱须带在身边"。以当代发达的科技手段来看，想要将自己的"日课"带在身边，已经不是件很麻烦的事情，而对于当代人来讲，可以坚持日课的客观条件日益优越，但坚持日课的主观性却日益降低。为何这样说？"日课"就是每日必须所为，这要求人要有极为坚毅的恒心和耐心。之前说到人之性情稳重，才可以在浮华中沉静下来；这里进一步谈到日日坚持的恒久耐心。但这对于当代人反倒不容易起来。我们生活在一个快捷的时代，信息以爆炸的方式呈现在我们的生活中。科技越发达，声光电音的感官刺激就越强烈。现代社会所带来的变动的生活方式，不仅在一定程度上造成了"乌合之众"的困境，就人类心灵而言，也渐失了一份日日坚持的恬静与恒定。要克服这样的困境，唯有在日常生活中每个人也能为自己立下"日课"的要求。也就是说，只有自身有所觉悟并能坚持，才可能超越现实的囿限。

正因如此，曾国藩这段话的意义就显得格外重要："盖士人读书，第一要有志，第二要有识，第三要有恒。有志则断不甘为下流；有识则知学问无尽，不敢以一得自足，如河伯之观海，如井蛙之窥天，皆无识者也；有恒则断无不成之事。此三者缺一不可。"此三者中，志主性情，只有志向远大，不甘随波逐流、一事无成，才可使性情变得敬重、踏实。识开眼界，学习越多越久，越觉世界之大、文明之壮阔。而这三者中，唯能使人成就自身的在于"恒"。明白这一点，便会理解曾国藩在评论

君子之立志也
有民胞物與之量
有内聖外王之業
而後不忝於父母之生
不愧為天地之完人故其為憂也
以不如舜不如周公為憂也以德不修學
不講為憂也

歲次丙申年孟秋 簡山

自天子以至於庶人壹是皆以脩身為本

歲次丙申年荷月 楊寶平

諸弟在家教子侄總須有勤敬二字無論治亂世凡一家之中能勤能敬未有不興不勤不敬未有不敗者

楊寶平

求業之精別無他法曰專而已矣

歲次丙申荷月於京天霖書屋 楊寶平

王少鹤等人时，赞叹这四人虽学识各有深浅，但均是不甘庸碌之人。可见，天分资质并非成就一个人最为重要的原因；反倒是资质平平者，若能坚忍不拔、持之以恒，也会体会到为学之道的精髓，从而成就一番事业。

在信尾，曾国藩附上了所列日课。线索更为清晰，由性情之淬炼至日用功夫的磨砺，学不仅在于读书、习字，早起、静坐也是为学，养气、保身、夜不出门皆为学。所以，儒家之学是为人之学，是生命之学。唯有持着一份要成为君子的志气，才能真正做到为学的恒久。

第四篇　兄弟辩学

道光二十三年癸卯岁
正月十七日（1843）

原文

诸位老弟足下：

正月十五日接到四弟、六弟、九弟十二月初五日所发家信。

四弟之信三叶，语语平实。责我待人不恕，甚为切当。谓月月书信，徒以空言责弟辈，却又不能实有好消息，令堂上阅兄之书，疑弟辈粗俗庸碌，使弟辈无地可容云云。此数语，兄读之不觉汗下。

我去年曾与九弟闲谈，云为人子者，若使父母见得我好些，谓诸兄弟俱不及我,这便是不孝;若使族党①称道我好些,谓诸兄弟俱不如我,这便是不弟。何也?盖使父母心中有贤愚之分,使族党口中有贤愚之分,则必其平日有讨好底意思,暗用机计,使自己得好名声,而使其兄弟得坏名声,必其后日之嫌隙由此而生也。刘大爷、刘三爷兄弟皆想做好人,卒至视如仇雠②。因刘三爷得好名声于父母族党之间,而刘大爷得坏名声故也。今四弟之所责我者,正是此道理,我所以读之汗下。但愿兄弟五人,各个明白这道理,彼此互相原谅,兄以弟得坏名为忧,弟以兄得好名为快。兄不能使弟尽道得令名,是兄之罪;弟不能使兄尽道得令名,是弟之罪。若各个如此存心,则亿万年无纤芥③之嫌矣。

至于家塾读书之说,我亦知其甚难,曾与九弟面谈及数十次矣。但四弟前次来书,言欲找馆出外教书。兄意教馆之荒功误事,较之家塾为尤甚。与其出而教馆,不如静坐家塾。若云一出家塾便有明师益友,则我境之所谓明师益友者,我皆知之,且已夙夜熟筹之矣。惟汪觉庵师及阳沧溟先生,是兄意中所信为可师者。然衡阳风俗,只有冬学④要紧,自五月以后,师弟皆奉行故事⑤而已。同学之人,类皆庸鄙无志者,又最好讪笑人(其笑法不一,总之不离乎轻薄而已。四弟若到衡阳去,必以翰

---

① 族党:同族亲属。
② 仇雠:音 chóu chóu,仇敌,冤家对头。
③ 纤芥:亦作纤介,指细小的嫌隙。
④ 冬学:陆游曾言,农家十月,乃遣子弟入学,谓之冬学。冬学即是农村在农闲时期安排子弟季节性临时入学。
⑤ 故事:旧时制度或惯行的事,这里指五月以后进入农忙,师弟皆需做回之前所作之事,而无暇读书。

林之弟相笑，薄俗可恶）。乡间无朋友，实是第一恨事。不惟无益，且大有损。习俗染人，所谓与鲍鱼处，亦与之俱化也。兄尝与九弟道及：谓衡阳不可以读书，涟滨不可以读书，为损友太多故也。今四弟意必从觉庵师游，则千万听兄嘱咐，但取明师之益，无受损友之损也。

接到此信，立即率厚二到觉庵师处受业。其束脩，今年谨具钱十挂。兄于八月准付回，不至累及家中。非不欲从丰，实不能耳。兄所最虑者，同学之人无志嬉游，端节以后放散不事事，恐弟与厚二效尤耳。切戒切戒。凡从师必久而后可以获益。四弟与季弟今年从觉庵师，若地方相安，则明年仍可从游；若一年换一处，是即无恒者，见异思迁也，欲求长进难矣。

此以上答四弟信之大略也。

六弟之信，乃一篇绝妙古文。排奡①似昌黎②，拗很似半山③。予论古文，总须有倔强不驯之气，愈拗愈深之意。故于太史公外，独取昌黎、半山两家。论诗亦取傲兀不群者，论字亦然。每蓄此意，而不轻谈。近得何子贞意见极相合，偶谈一二句，两人相视而笑。不知六弟乃生成有此一枝妙笔。往时见弟

---

① 排奡：刚劲有力，豪宕。
② 昌黎：即韩愈（768—824），字退之，河南河阳（今河南省孟州市）人，自称"郡望昌黎"，世称"韩昌黎""昌黎先生"。唐代杰出的文学家、思想家、哲学家。韩愈不仅位列唐宋八大家之一，同时也是开辟宋明新儒学的先导。韩愈之《原道》重整儒学道统，力排佛老，确立了儒家的道统源流，在儒学史上意义深远。
③ 半山：即王安石（1021—1086），字介甫，晚号半山，封荆国公，世人又称王荆公。临川（今江西抚州市临川区）人，北宋杰出的政治家、思想家、文学家，唐宋八大家之一。

文，亦无大奇特者。今观此信，然后知吾弟真不羁才也。欢喜无极，欢喜无极！凡兄所有志而力不能为者，吾弟皆可为之矣。

信中言兄与诸君子讲学，恐其渐成朋党。所见甚是。然弟尽可放心，兄最怕标榜，常存暗然尚䌹①之意，断不至有所谓门户自表者也。信中言四弟浮躁不虚心，亦切中四弟之病。四弟当视为良友药石之言。

信中又有荒芜已久，甚无纪律二语。此甚不是。臣子与君亲，但当称扬善美，不可道及过错；但当谕亲于道，不可疵议细节。兄从前常犯此大恶，但尚是腹诽，未曾形之笔墨。如今思之，不孝孰大乎是？常与阳牧云并九弟言及之，以后愿与诸弟痛惩此大罪。六弟接到此信，立即至父亲前磕头，并代我磕头请罪。

信中又言弟之牢骚，非小人之热中，乃志士之惜阴。读至此，不胜惘然，恨不得生两翅忽飞到家，将老弟劝慰一番，纵谈数日乃快。然向使诸弟已入学，则谣言必谓学院做情②。众口铄金，何从辨起？所谓塞翁失马，安知非福。科名迟早，实有前定。虽惜阴念切，正不必以虚名萦怀耳。

来信言看《〈礼记〉疏》一本半，浩浩茫茫，苦无所得，今已尽弃，不敢复阅，现读《朱子纲目》，日十余叶云云。说到此处，兄不胜悔恨。恨早岁不曾用功，如今虽欲教弟，譬盲者而

---

① 暗然：深藏不露。䌹：无里的单衣，即罩袍。尚䌹：加上罩袍。暗然尚䌹：《中庸》有言："君子之道，闇然而日章；小人之道，地然而日亡。"指君子之道，深藏而不露却日益显著；小人之道锋芒毕露却日益消亡。这里指君子为人处世低调而谨慎，平淡而朴质。

② 做情：又"作情"，做人情，徇私。

欲导人之迷途也，求其不误难矣。然兄最好苦思，又得诸益友相质证，于读书之道，有必不可易者数端：穷经必专一经，不可泛骛。读经以研寻义理为本，考据名物为末。读经有一耐字诀：一句不通，不看下句；今日不通，明日再读；今年不精，明年再读。此所谓耐也。读史之法，莫妙于设身处地。每看一处，如我便与当时之人酬酢笑语于其间。不必人人皆能记也，但记一人，则恍如接其人；不必事事皆能记也，但记一事，则恍如亲其事。经以穷理，史以考事。舍此二者，更别无学矣。

盖自西汉以至于今，识字之儒约有三途：曰义理之学，曰考据之学，曰词章之学。各执一途，互相诋毁。兄之私意，以为义理之学最大。义理明则躬行有要而经济有本。词章之学，亦所以发挥义理者也。考据之学，吾无取焉矣。此三途者，皆从事经史，各有门径。吾以为欲读经史，但当研究义理，则心一而不纷。是故经则专守一经，史则专熟一代，读经史则专主义理。此皆守约之道，确乎不可易者也。

若夫经史而外，诸子百家，汗牛充栋。或欲阅之，但当读一人之专集，不当东翻西阅。如读《昌黎集》，则目之所见，耳之所闻，无非昌黎。以为天地间，除《昌黎集》而外，更无别书也。此一集未读完，断断不换他集，亦专字诀也。六弟谨记之。

读经、读史、读专集、讲义理之学，此有志者万不可易者也。圣人复起，必从吾言矣。然此亦仅为有大志者言之。若夫为科名之学，则要读四书文，读试帖、律赋，头绪甚多。四弟、九弟、厚二弟天资较低，必须为科名之学。六弟既有大志，虽不科名可也，但当守一耐字诀耳。观来信言读《〈礼记〉疏》似不能耐者，勉之勉之。

兄少时天分不甚低，厥后日与庸鄙者处，全无所闻，窃被茅塞久矣。及乙未到京后，始有志学诗古文并作字之法，亦洵无良友。近年得一二良友，知有所谓经学者、经济者，有所谓躬行实践者，始知范、韩可学而至也，司马迁、韩愈亦可学而至也，程、朱亦可学而至也。慨然思尽涤前日之污，以为更生之人，以为父母之肖子，以为诸弟之先导。无如体气本弱，耳鸣不止，稍稍用心，便觉劳顿。每日思念，天既限我以不能苦思，是天不欲成我之学问也。故近日以来，意颇疏散。计今年若可得一差，能还一切旧债，则将归田养亲，不复恋恋于利禄矣。粗识几字，不敢为非以蹈大戾已耳，不复有志于先哲矣。吾人第一以保身为要。我所以无大志愿者，恐用心太过，足以疲神也。诸弟亦须时时以保身为念，无忽无忽。

来信又驳我前书，谓必须博雅有才，而后可明理有用。所见极是。兄前书之意，盖以躬行为重，即子夏"贤贤易色"章之意。以为博雅者不足贵，惟明理者乃有用，特其立论过激耳。六弟信中之意，以为不博雅多闻，安能明理有用？立论极精，但弟须力行之，不可徒与兄辩驳见长耳。

来信又言四弟与季弟从游觉庵师，六弟、九弟仍来京中，或肄业城南云云。兄之欲得老弟共住京中也，其情如孤雁之求曹也。自九弟辛丑秋思归，兄百计挽留，九弟当能言之。及至去秋决计南归，兄实无可如何，只得听其自便。若九弟今年复来，则一岁之内，忽去忽来，不特堂上诸大人不肯，即旁观亦且笑我兄弟轻举妄动。且两弟同来，途费须得八十金，此时实难措办。弟云能自为计，则兄窃不信。曹西垣去冬已到京，郭云仙明年始起程，目下亦无好伴。惟城南肄业之说，则甚为得计。兄于二月间准付银二十两至金竺虔家，以为六弟、九弟省城读书之用。竺虔于二月起身南旋，其银四月初可到。

弟接此信，立即下省肄业。省城中兄相好的如郭云仙、凌笛舟、孙芝房，皆在别处坐书院。贺蔗农、俞岱青、陈尧农、陈庆覃诸先生皆官场中人，不能伏案用功矣。惟闻有丁君者（名叙忠，号秩臣，长沙廪生），学问切实，践履笃诚。兄虽未曾见面，而稔知其可师。凡与我相好者，皆极力称道丁君。两弟到省，先到城南住斋，立即去拜丁君（托陈季牧为介绍），执贽①受业。凡人必有师；若无师，则严惮②之心不生。既以丁君为师，此外择友则慎之又慎。昌黎曰："善不吾与，吾强与之附；不善不吾恶，吾强与之拒。"一生之成败，皆关乎朋友之贤否，不可不慎也。

来信以进京为上策，以肄业城南为次策。兄非不欲从上策，因九弟去来太速，不好写信禀堂上。不特九弟形迹矛盾，即我禀堂上亦必自相矛盾也。又目下实难办途费。六弟言能自为计，亦未历甘苦之言耳。若我今年能得一差，则两弟今冬与朱啸山同来甚好。目前且从次策。如六弟不以为然，则再写信来商议可也。此答六弟之大略也。

九弟之信，写家事详细，惜话说太短。兄则每每太长，以后截长补短为妙。尧阶若有大事，诸弟随去一人帮他几天。牧云接我长信，何以全无回信？毋乃嫌我话太直乎？扶乩之事，全不足信。九弟总须立志读书，不必想及此等事。季弟一切皆

---

① 贽：初次拜见尊长所送的礼物。执贽：同执挚，古代礼制，拜见他人时携礼物相赠。这里指拜见丁叙忠时，需要携带礼物去，以此拜其为师，才符合礼制。

② 严惮：畏惧、害怕，此处引申为严肃、谨慎。

须听诸兄话。此次折弁走甚急,不暇抄日记本。余容后告。

冯树堂闻弟将到省城,写一荐条,荐两朋友。弟留心访之可也。

解读

这是曾国藩所写家书中比较长的一封,因为是回复几位弟弟的来信,因此在内容上也针对每个人不同的问题做出了不同的回答,是一封难得的曾氏兄弟相互辩学的家书。笼统起来,其主旨从修身直至就学皆有包含,特别是兄弟友敬之道、名师益友之交和读经史之法。

第一事,"君子和而不同"之方。曾国藩重伦常之道,从对兄弟和睦中即可看出个大概。他在很多封家书中,都特别强调了兄弟关系的重要性。即便在道理上,兄友弟恭是儒家所奉行的兄弟间的伦理准则,然而,在实践上则并不是一件容易的事情。在《孝悌卷》中,曾国藩曾多次论及兄弟之间需要坦诚地对待彼此。但率直相向,若有言语不当,则容易造成误会和伤害。这封信中,曾国藩就对以往对弟弟们的较为严厉的语词做出了深刻的反省。曾国藩提到四弟批评他在家书中总论及弟弟们的不足,难免让家中长辈对几位小儿子的德行有所不满,这样的做法实在是待人不够宽容。曾国藩坦然接受了四弟的批评,并由此提到,兄弟之间的相处,万不可费尽心机,于长辈、族人间"讨弄"名声。自家弟兄行事、为人、修养也总会有参差不齐,优异者不应以此为傲,在长辈面前讨夸奖。这般行事,定会让长辈对其他弟兄有所责怪;兄弟间也会心生芥蒂。长此以往,一家之中必有矛盾滋生。兄弟中出现了较为优秀的一位,却因此而引起家庭矛盾，怎能算得上是孝？曾国藩为了说明这其中的原委，还举了刘家两位兄弟的故事，兄弟二人之嫌隙就是因为一人的好名声和一人的坏名声而产生的。事事都有相对性，好的对立面自然是差。兄弟几人虽有差异，但作为兄长必因弟弟受到批评而忧心；弟弟也会因兄长受到夸赞而感到诚心愉悦。反之，若兄不能帮助其弟树立声名，那便是兄长的过错；若弟不能佐兄长树立名声，践行道义，则是弟的过错。如此，才是兄弟间面对差异时应尽之举。所以，"君子和而不同"便是对兄弟之谊的恰当把握。

第二事，"君子有益友"之故。曾国藩重视朋友一伦，因此在谈到为学时，也不免为几位弟弟的交友之道感到担忧。在对四弟的答复中，他提到虽然几位弟弟都愿意离开乡间而去省城读书，但当地学生多数无志于学业，而且闲散庸俗，若与之相交，不仅不利于读书进步，反倒会同流合污。对于环境与人际对为学的影响，儒家极为重视。从环境中，大致可看得出一地的民俗教化程度。换言之，这个环境不是地理环境，亦非物质条件，而是说一地一处的人文环境、文教程度。孔子说："入其国，其教可知也。其为人也，温柔敦厚，《诗》教也。疏通知远，《书》教也。广博易良，《乐》教也。洁静精微，《易》教也。恭俭庄敬，《礼》教也。属辞比事，《春秋》教也。"意思就是说观察一个地方的人文环境，只要通过当地人的行为、品质便可发现。所谓教化就是要在日常生活中，以教化俗。因此，一个地方的物质条件并不是儒家所关心的，儒家所关注的是这地方所表现出的人文气息。弟弟们去经济较发达的省城读书，看似是一件好事情；然而若此地的人文环境不好，那么也不会是真正读书的地方。在环境之外，交友的圈子也极为重要。在儒家看来，人交朋友，自然会遇到形形色色的人。若要为这些人分类，则有益友与损友之分。益友者，"友直，友谅，友多闻"。直：正直、坦诚；谅：诚信；多闻：见多识广。如果是为人正直、坦诚，有信用、有见识的，那便是益友。反之，损友者，"友便辟，友善柔，友便佞"。便辟：阿谀奉承；善柔：当面恭维，背后诽谤；便佞：花言巧语。有一些人善于阿谀奉承，见人说人话，见鬼说鬼话，是典型的损友。即便是在良好的人文环境下，也难免出现这样的小人，如果身边都是如此之人，自然会受到影响，难成大器。正因如此，曾国藩告诫四弟，交友宜交益友，如此才可进步。

第三事，"经以穷理，史以考事"，此外则无学。在答六弟的信中，曾国藩感慨六弟在学术上的功力甚深，进而也与六弟讨论起了经史之学的己见。曾国藩受宋儒影响深远，因此在读经一事上，并不与清代以来兴起的朴学一致，而是依然强调"读经以研寻义理为本，考据名物为末"。汉学与宋学之争，形成了清朝学术发展独特局面，善考据者，批评宋学的继承者"不识字"（章太炎批评魏源语）；善义理者，又看不惯汉学者的琐碎细小。至道光年间，汉学已俨然成风。然而，"经学复盛"（皮锡瑞语）在此时并不能断言为文化的幸事，反倒显示出清代学术与政治、学者与权力者之间的纠葛关联。如果我们追述清代汉学的兴起，其中一个不可否认的原因就来自于政治上对学者的高压，尤其是清早期文字狱大兴，讽喻政治、用于治世的"经学"逐渐萎缩，学者们只能转而以考据史实为途径，来延续经学的生命力。曾国藩谈到儒者有三类学问的旨趣，一类是义理之学，一类是考据之学，一类是词章之学。义理，就是讨论经典背后的哲学含义、政治意义；考据，就是理解经典的字词含义、典章制度；词章，则是研究经典的遣词造句、文法结构。在曾国藩看来，这三类不同的旨趣，历来是执著于自己的那个方向，相互之间诋毁不断。在他看来，三者中，义理之学可以称为"大"学，也就是最大的学问。因为明白了经典所表达的意义，便可以实践这些道理，治世、处世都有了依据。其次是词章之学，因为这类学问也可以帮忙发挥一部分义理的含义。最不可取的是考据之学。换个角度来看，曾国藩于学术环境并不宽松的情形下，坚持义理之学，亦可见得他的政治抱负和士人担当。而就学习的方法而言，曾国藩告诫六弟，读经需要专守一部经典，读史需要读明白一个朝代。这便是学习经史的"守约之道"。至于其他的学问，如诸子百家也应当择选一二，加以学习，但不可以涉猎过广、心神涣散，这样不仅不能读到书，反倒会浪费精力，却无所收获。

从功名与治学的角度而言，曾国藩建议天分不够高的三位弟弟，多注重考试的内容，用今天的话说就是"应试型教育"；而像六弟天分较高，则需要立下治学的大志，多读经、史、专集。可见，针对几个弟弟的不同资质，曾国藩的建议亦遵循了"因材施教"的原则。这对于当代的教育都有不少启示。如果学校教育内容相对一致，那么，在家庭教育中则应重视挖掘儿童的潜质，发现每个儿童的兴趣点，以不同的标准要求不同个性的儿童，从而使他们充分发挥自身优势。这也是儒家教育中难能可贵的教学之道。

最后，曾国藩还回复了六弟关于"专与博""知与行"的看法。儒家讲学，必要付之于行动。博雅多闻，即是为了明理，即是为了有所用。曾国藩六弟认为要有所行，需要先有博雅之才，才可能真的明理，从而有所行。曾国藩对此颇为赞同。最后还鼓励六弟不可与兄逞辩论之强，而应依着自己已明白的道理，认真去做。

这封长信中，还谈到对父母可以在大是大非上有所谏言，但不应该对细小的瑕疵有所议论；对待君主则不宜对其过错有所议论，而应多赞颂其优点。曾国藩也自言这是他在生活中的教训。然而，这与孟子所言的"君臣之道"已有差异，可见当政治理想落实于现实的政治生活中时，也会荒腔走板。

第五篇　学文方法

道光二十三年癸卯岁
六月初六日（1843）

原文

温甫六弟左右：

五月二十九、六月初一连接弟三月初一、四月二十五、五月初一三次所发之信，并四书文二首，笔仗实实可爱。

信中有云，"于兄弟则直①达其隐，父子祖孙间不得不曲致其情"，此数语有大道理。余之行事，每自以为至诚可质天地，何妨直情径行。昨接四弟信，始知家人天亲之地，亦有时须委曲以行之者。吾过矣，吾过矣。

香海为人最好，吾虽未与久居，而相知颇深，尔以兄事之

---

① 直：率直，即直德。所谓直德，即表里如一、心口一致。《论语》有"以直报怨"之语。

可也。丁秩臣、王衡臣两君，吾皆未见，大约可为尔之师。或师之，或友之，在弟自为审择。若果威仪可则①，淳实宏通②，师之可也；若仅博雅能文，友之可也。或师或友，皆宜常存敬畏之心，不宜视为等夷，渐至慢亵③，则不复能受其益矣。

尔三月之信所定功课太多，多则必不能专，万万不可。后信言已向陈季牧借《史记》，此不可不熟看之书。尔既看《史记》，则断不可看他书。功课无一定呆法，但须专耳。余从前教诸弟，常限以功课。近来觉限人以课程，往往强人以所难，苟其不愿，虽日日遵照限程，亦复无益，故近来教弟但有一专字耳。专字之外，又有数语教弟，兹特将冷金笺④写出。弟可贴之座右，时时省览，并抄一付寄家中三弟。

香海言时文须学《东莱博议》，甚是。尔先须用笔圈点一遍，然后自选几篇读熟，即不读亦可。无论何书，总须从首至尾通看一遍。不然，乱翻几叶，摘抄几篇，而此书之大局精处茫然不知也。

学诗从《中州集》入亦好。然吾意读总集，不如读专集。此事人人意见各殊，嗜好不同。吾之嗜好，于五古⑤则喜读《文

---

① 可则：可以视为规则、准则。
② 淳：朴实，亦可作纯粹。实：真诚，诚实。宏：广大，博大。通：彻底明了。淳实宏通：即指一个人品行高尚、学问通达。
③ 慢：态度冷淡。亵：轻慢，亲近而不尊重。慢亵：亦作"亵慢"，形容怠慢、没有礼貌的样子。
④ 冷金笺：即冷金纸，笺纸上的泥金称为"冷金"，分为有纹、无纹两种。
⑤ 五古：五古是五言古诗的简称。《唐诗三百首》编者将古代诗歌分为古诗、律诗、绝句三类。古体诗大致指从《诗经》到南北朝的庾信之间的诗歌。古体诗一般不受到近代诗的格律束缚。

选》①，于七古②则喜读《昌黎集》③，于五律则喜读《杜集》，七律亦最喜杜诗，而苦不能步趋，故兼读《元遗山集》④。吾作诗最短于七律，他体皆有心得；惜京都无人可与畅语者。尔要学诗，先须看一家集，不要东翻西阅。先须学一体，不可各体同学，盖明一体，则皆明也。凌笛舟最善为律诗，若在省，尔可就之求教。

习字临《千字文》亦可，但须有恒。每日临帖一百字，万万无间断，则数年必成书家矣。陈季牧最喜谈字，且深思善悟。吾见其寄岱云信，实能知写字之法，可爱可畏。尔可从之切磋。此等好学之友，愈多愈好。

来信要我寄诗回南。余今年身体不甚壮健，不能用心，故作诗绝少，仅作感春诗七古五章。慷慨悲歌，自谓不让陈卧子，而语太激烈，不敢示人。余则仅作应酬诗数首，了无可观。顷作寄贤弟诗二首，弟观之以为何如？京笔现在无便可寄，总在秋间寄回。若无笔写，暂向陈季牧借一支，后日还他可也。

兄国藩手草

---

① 《文选》：《昭明文选》，是现存最早的一部诗文总集，由南朝梁武帝长子萧统组织编纂。

② 七古：指七言古诗。

③ 昌黎：即韩愈。《昌黎集》：《韩昌黎集》，前十卷为诗，后三十卷为文。

④ 《元遗山集》：金末元初元好问诗文集。元好问（1190—1257），字裕之，号遗山，善诗、文、词、曲，绝句尤为上作。

解读

古学难学，不仅因为古学有很长的历史嬗变，使得我们未能认清古学之貌，还因为我们已不清楚学习古学的方法。传统中，有经史之学，亦有诗文、书刻之学，要去了解这些经典，便须依着传统的方法再次接近它们。曾国藩写给六弟的这封信，倒是很好的学文之法。

首先，读史要专。司马迁作《史记》，自言要"欲以究天人之际，通古今之变"。古史与近代以来的历史学之间，一体而两面，所看重之事终究有所不同。史与经本是一体，《史记》以外的许多文本，《诗经》可视为民间口述史的记录，《周礼》是制度史的文本，《尚书》中记录了大量重要的历史文献，《春秋》更是一部"拨乱反正"的历史书。经史之关联紧密相关。但这种紧密的联系自明末清初开始逐渐有了变化。"六经皆史"的提法，从内部瓦解了经史一体的观念，从方法和观念上改变了对古史的看法。在方法上，新的学术由考据走向"新考据"，至胡适倡导"整理国故"一说兴起，更是强调要以"科学"的方法整理历史。由此而引发的是近代以来声势浩大的"古史辨运动"，形成了以顾颉刚、钱玄同等为代表的疑古风潮。虽然古史是"层累地造成"这一说法很有学术洞见，但是其彻底怀疑的态度，也让中国古代的历史走向了"虚无"。前些年再次兴起的"大禹是条虫"的说法，就是古史辨时期的典型论断。无怪乎连鲁迅先生最后都批评顾颉刚"有破坏而不建设"，把古史都辨"没"了。方法上的变化，实则反映了人们在古史观念上的转变。"六经皆史"使得传统的经典丧失了原本崇高的地位。世界上其他宗教的经典，如《圣经》，其中也有不少历史记录，然而基督徒们不会称其为"史书"。"六经"中所记录的历史，不仅是历史"本身"，还有历史背后所承载的价值体系。当把"六经"视为一般的历史陈述，那么经典自身的崇高性便被冲淡了。因而，观念上对古史的尊崇便难以延续了。这些问题自然不是曾国藩当时所能预计的。他劝诫六弟读史要专，当然不是为了让六弟可以专注于《史记》记录的事情本身，而是要让六弟从这个专注的过程中，看到事件背后的价值，这样才算做到了"明理"。

学文亦需专而精。《东莱博议》又称《左氏博议》，由南宋大儒吕祖谦所编。《东莱博议》中的文章选自《左传》，六十六篇文章皆以讲明道理、阐发政论为主。吕祖谦编此书的本义是为了让参加考试的士子学习模仿的"课试之作"，因此所选的文章极具写作典范。曾国藩在此也向六弟推荐了此书，不失为学习写文章的"初段"。但是，怎么去读一本书？曾国藩的建议是一要通篇阅读，二要仔细阅读。通篇阅读有助于理解全书的整体性，若只是随意翻一两篇，则不仅不利于进学，反倒容易造成断章取义的误解。

进而，在学诗的过程中，也需遵循这一原则。学诗中，曾国藩推荐了专集，即诗人的专集，如此可以更全面地去了解一种体例及一种诗风。在古诗方面，五言他推荐了《文选》，七言推荐了《韩昌黎集》；在律诗方面，五律和七律都推荐了《杜工部集》。如果学作杜诗难以趋近，还可以学习元好问的诗作。学诗也是，相对于"兼采百家"，初学者更应该"精于一家"。从诗集、体例、作者上都能专注于一家，才能以小窥大，学习到这方面的精髓。

最后，书法之道贵在有恒。书道，集中了传统美学之大成。昔日之书家，其造诣之超群，皆在于能于运笔之间写下乾坤。《千字文》以书圣王羲之的字为准，由周兴嗣奉梁武帝之命，在王羲之的书法作品中挑出。《千字文》以"天地玄黄，宇宙洪荒"的宇宙之道为开篇，以"束带矜庄，徘徊瞻眺；孤陋寡闻，愚蒙等诮"的修身之要为结束。可以从无数孤字中挑拣、总结出这样一篇开蒙读物，不得不让人钦叹编纂者的睿智。《千字文》不仅是古代儿童的开蒙必读书，还是儿童识字、练字的必读书。同时，《千字文》中的文字也体现着书法的精妙，王羲之的第七世孙智永和尚，便继承了家族的书脉，在江南永欣寺创立"永字八法"，且以草体、楷体撰写《千字文》，成为流传至今的文化瑰宝。曾国藩教导六弟写《千字文》，其中最重要的在于"恒"。书法，以功力而见，一日之练习与一月之练习其字截然有别；一年之练习与十年之练习其字大相径庭。智永和尚当年练字，就有"退笔冢"的佳话，可见练字当以"恒"为首要之法。

曾国藩写给六弟的这封信中，有不少学习古学的精要之道。总结下来，即为"专、精、恒"三字。这对于今天的学生，无论是读古学，抑或是今学，都应是醍醐之论，须加倍留意，并潜心践行。

第六篇　人伦之学

道光二十三年癸卯岁
六月初六日（1843）

原文

澄侯、叔淳、季洪三弟左右：

　　五月底连接三月一日、四月十八两次所发家信。

四弟之信，具见真性情，有因心衡虑、郁积思通之象。此事断不可求速效，求速效必助长，非徒无益，而又害之。只要日积月累，如愚公之移山，终久必有豁然贯通之候，愈欲速则愈锢蔽矣。

　　来书往往词不达意，我能深谅其苦。今人都将学字看错了。若细读"贤贤易色"一章，则绝大学问即在家庭日用之间。于孝弟两字上尽一分便是一分学，尽十分便是十分学。今人读书皆为科名起见，于孝弟伦纪之大，反似与书不相关。殊不知书上所载的，作文时所代圣贤说的，无非要明白这个道理。若果事事做得，即笔下说不出何妨！若事事不能做，并有亏于伦纪之大，即文章说得好，亦只算个名教中之罪人。贤弟性情真挚，而短于诗文，何不日日在孝弟两字上用功？《曲礼》《内则》所说的，句句依他做出，务使祖父母、父母、叔父母无一时不安乐，无一时不顺适；下而兄弟妻子皆蔼然有恩，秩然有序，此真大学问也。若诗文不好，此小事，不足计；即好极，亦不值一钱。不知贤弟肯听此语否？

　　科名之所以可贵者，谓其足以承堂上之欢也，谓禄仕可以养亲也。今吾已得之矣，即使诸弟不得，亦可以承欢，可以养亲，何必兄弟尽得哉？贤弟若细思此理，但于孝弟上用功，不于诗文上用功，则诗文不期进而自进矣！

　　凡作字总须得势，务使一笔可以走千里。三弟之字，笔笔无势，是以局促不能远纵。去年曾与九弟说及，想近来已忘之矣。

　　九弟欲看余白折。余所写折子甚少，故不付。大铜尺已经寻得。付笔回南，目前实无妙便，俟秋间定当付还。

　　去年所寄牧云信未寄去，但其信前半劝牧云用功，后半劝凌云莫看地①，实有道理。九弟可将其信钞一遍仍交与他，但将纺棉花一段删去可也。地仙②为人主葬，害人一家，丧良心不少，未有不家败人亡者，不可不力阻凌云也。至于纺棉花之说，如直隶之三河县、灵寿县，无论贫富男妇，人人纺布为生，如我境之耕田为生也。江南之妇人耕田，犹三河之男人纺布也。湖南如浏阳之夏布、祁阳之葛布、宜昌之棉布，皆无论贫富男妇，人人依以为业。此并不足为骇异也。第风俗难以遽变，必至骇人听闻，不如删去一段为妙。书不尽言。

兄国藩手草

解读

曾国藩四弟曾国潢在家中男子中排行第二，曾国藩入京后，国潢便成为家中兄长，一方面需要操持家务，另一方面也对于求得功名有着强烈的渴望。从这封曾国藩的回信中，便可以看出曾国藩在为人孝子和求得功名间为国潢所提的建议。其中，最为关键的思想在于阐明孝悌才是最大的学问。

第二段中，曾国藩首先夸赞了四弟有"困心恒虑、郁积思通之象"，意思是指四弟在重重困境及长久的郁结后有思考、有通变，这是非常好的做法。其实，这里指的就是四弟在考取功

---

① 看地：指给别人察看宅基、坟地以定吉凶的活动，即看风水。
② 地仙：指生活在人间的"仙人"。葛洪《抱朴子》中有言："按《仙经》云：'上士举形升虚，谓之天仙；中士游于名山，谓之地仙；下士先死后蜕，谓之尸解仙。'"道教的《钟吕传道集》中说地仙是"天地之半，神仙之才，不悟大道，止于小成之法。不可见功，唯以长生住世，而不死于人间者也"。这里概指风水先生。

名一事上所遭遇的挫折。虽然挫折不断，但四弟可以有所通变，而不急于求成。科名之事，在曾国藩看来，万万不可拔苗助长，而应顺其自然。只要功夫到家，日积月累，即便如愚公移山，也终有豁然开朗之时。换言之，人们对于成功的渴望，可以说都容易陷入急于求成的困境之中。然而，天地间芸芸众生，所谓功成名就者，毕竟少之又少。少年人有抱负、理想，是好事情，但若为理想钻了牛角尖，将成就看得重于学习、成长的过程，则未免有拔苗助长的弊端。因此，当人有所求时，要记得欲速则不达的道理；反倒是脚踏实地、兢兢业业，则会有拨云见日之一天。

第三段至信末，曾国藩提出了"大学问即在家庭日用之间"的命题。此处，曾国藩讲了《论语》"贤贤易色"章，认为这里所讲即在于学问之道在日用平常时间。"贤贤易色"章原文是："贤贤易色；事父母，能竭其力；事君，能致其身；与朋友交，言而有信。虽曰未学，吾必谓之学矣。"

这里，第一个贤是动词，指敬重、尊重，第二个贤是指贤人。易：改变。色：容貌。全句的意思是说敬重有德行的人而不再以貌取人。孝顺父母，要竭尽全力；辅佐君主，要能献出自己的生命；与朋友交往，要言而有信。如果是这样的人，虽然他自己说并未学习过，但我必定说他学习了。

朱熹将这段话认为是务本之学，而这个"本"就在于"皆所以明人伦"。从所谓"学"的角度而言，人伦之学源起于礼，礼起于祭，祭起于对于天的崇拜和对于人间风调雨顺的祈祷。人伦之学是天道在人间的体现，是人间对于秩序的需求。一个社会要有稳定的结构、和睦的生活，就需要有人伦之学。所以曾国藩在这里说，今天的人把读书的目的都搞错了。以为读书是为了求功名,却忘了读书之本在于伦纪之要。如若不懂孝悌、忠义,即便是有功名的人,那也是"名教中之罪人"。正因如此,弟弟们读书要重视伦教,就算诗文做得真的不好又如何?这是区区小事,不足挂齿。真正重要的,是事亲,是养亲。

这封信中,再次道出了曾国藩对于学问之本的认识。伦常是传统教化的根源,所谓学也是为了能够通过学而化民成俗。所以,学从来就不是对客观知识性的追求,更不是对外在目的的追求。学,是内圣之道,是修己之道,是成就人的必由之路。

第七篇　为学毋傲

道光二十四年甲辰岁
十月二十一日（1844）

原文

四位老弟足下:

前次回信内有四弟诗,想已收到。九月家信有送率五诗五首,想已阅过。吾人为学最要虚心。尝见朋友中有美材①者,往往恃才傲物,动谓人不如己,见乡墨②则骂乡墨不通,见会墨③

---

① 美材:不凡的资质。
② 乡墨:明清的科举考试中,在乡试中中了举人,且所做试卷被主考和房官选中刊印出来成八股文文集的人。这里指文章被选中为乡墨的举人。
③ 会墨:与乡墨类似,指会试中被选中试帖的人。

则骂会墨不通，既骂房官，又骂主考，未入学者则骂学院。平心而论，己之所为诗文，实亦无胜人之处；不特无胜人之处，而且有不堪对人之处。只为不肯反求诸己，便都见得人家不是，既骂考官，又骂同考而先得者。傲气既长，终不进功，所以潦倒一生而无寸进也。

余平生科名极为顺遂，惟小考七次始售①。然每次不进，未尝敢出一怨言，但深愧自己试场之诗文太丑而已。至今思之，如芒在背。当时之不敢怨言，诸弟问父亲、叔父及朱尧阶便知。盖场屋之中，只有文丑而侥幸者，断无文佳而埋没者，此一定之理也。

三房十四叔非不勤读，只为傲气太胜，自满自足，遂不能有所成。京城之中，亦多有自满之人识者见之，发一冷笑而已。又有当名士者，鄙科名为粪土，或好作诗古，或好讲考据，或好谈理学，嚣嚣然自以为压倒一切矣。自识者观之，彼其所造，曾无几何，亦足发一冷笑而已。故吾人用功，力除傲气，力戒自满，毋为人冷笑，乃有进步也。

诸弟平日皆恂恂退让，第累年小试不售，恐因愤激之久，致生骄惰之心，故特作书戒之，务望细思吾言而深省焉，幸甚幸甚。

国藩手草

解读

曾国藩家中，其四位弟弟均在科场考试中遭遇挫折，尤其

---

① 售：指科举中第。始售：这里指小考七次才中。

是四弟、六弟，屡试而不中，因此也就生出了很多埋怨。《儒林外史》记"范进中举"，一时间人颠倒发狂，或曰对功名太为看重；鲁迅作《孔乙己》，孔先生站在鲁镇酒柜前写下"茴"字四种写法之一幕，历历在目，或曰是科举于读书人性情戕害太重。以今人观之，科举种种过错，最大的在于对人之真性情的戕害。但在曾国藩看来，中不中科举，如何对待科举，似乎是那个历史时期外界对于读书人个人品性的考验。

他在回信中说道，有美材者，往往恃才傲物。因自己的才华，更确切地说，是因为自己那未经他人评价，或未经考验的才华而沾沾自喜者，往往对那些已经在乡试、会试中取得佳绩者，有着刻薄的评价。但这种行为，不仅不会增长自己的才华，反倒会让自己的才华淹没于夸夸其谈、自以为是的个性之中。

所以曾国藩举了自己的事例，说在科场中，只有文章不济却侥幸中举之人，但绝对没有文章才华俱佳，却被埋没者。虽然清代以来，科场积弊很严重，八股文章对才情也抑制许多。然而，科场采用的是匿名考法，虽有腐败，但真正入了考官之手的，仍只是白底黑字的试帖。能在试帖中，在八股局限中，写出精彩试帖者，应是多少有一定才华的人。所以曾国藩提醒，要自省，要反思自己所做是否已为优秀，而不是站在骄傲的立场上，去诋毁中举者。

换言之，清以来的社会，已有不少人未必只图科名，正如曾国藩所说，有"鄙科名为粪土"者，但这背后并不均是个人之选择。这往往是随着科场愈严，中举愈难，一批不思进取又自傲成性者为自己开脱的说法。其实，归根结底，中不中科名，都不是学之关键。学，乃是学做君子。士人为学，需以谦谦君子为貌，谦虚的背后，是对自身的不断反省。若持此平常、谦和之心态，即便不能中举，也会成为优秀之人。曾国藩此信，就在说明谦虚为学的道理。

第八篇　学忌空言

道光二十四年甲辰岁
十二月十八日（1845）

原文

诸位老弟足下：

十四日发十四号家信，因折弁行急，未作书与诸弟。十六早接到十一月十二日所发信，内父亲一信、四位老弟各一件。是日午刻又接九月十二所寄信，内父亲及四、六、九弟各一件。具悉一切，不胜欣幸。

曹石樵明府待我家甚为有礼，可感之至。兹寄一信去。西坤四位，因送项太简，致生嫌隙。今虽不复形之口角，而其心究不免有觖望。故特作信寄丹阁叔，使知我家光景亦非甚裕者。贤弟将此信呈堂上诸大人，以为开诚布公否？如堂上诸大人执意不肯送去，则不送亦可也。四弟之诗又有长进，第命意不甚高超，声调不甚响亮。命意之高，须要透过一层。如说考试，则须说科名是身外物，不足介怀，则诗意高矣；若说必以得科名为荣，则意浅矣。举此一端，余可类推。腔调则以多读诗为主，熟则响矣。去年树堂所寄之笔，亦我亲手买者。春光醉目前每支大钱五百文，实不能再寄。汉璧尚可寄，然必须明年会

吾人用功力除傲氣力戒自滿毋為人所冷笑乃有進步也

歲次丙申年孟秋．簡山

兄弟和雖窮氓小户必興
兄弟不和雖世家宦族必敗

歲次丙申季夏 楊寶平

慎終追遠
民德歸厚

歲次丙申荷月於京天霖書屋
楊寶平

凡一象之中勤敬二字能守得幾分未有不興善全豈一分無有不敗和字能守得幾分未有不興不和未有不敗者

歲次丙申年暑月楊寶平於京

试后乃有便人回南,春间不能寄也。五十读书固好,然不宜以此耽搁自己功课。女子无才便是德,此语不诬也。常家欲与我结婚,我所以不愿者,因闻常世兄最好恃父势作威福,衣服鲜明,仆从烜赫,恐其家女子有宦家骄奢习气,乱我家规,诱我子弟好佚耳。今渠再三要结婚,发甲五八字去,恐渠家是要与我为亲家,非欲与弟为亲家,此语不可不明告之。贤弟婚事,我不敢作主,但亲家为人何如,亦须向汪三处查明。若吃鸦片烟,则万不可对;若无此事,则听堂上各大人与弟自主之可也。所谓翰堂秀才者,其父子皆不宜亲近,我曾见过,想衡阳人亦有知之者。若要对亲,或另请媒人亦可。六弟九月之信,于自己近来弊病颇能自知,正好用功自医,而犹曰"终日泄泄①",此则我所不解者也。家中之事,弟不必管。天破了自有女娲管,洪水大了自有禹王管。家事有堂上大人管,外事有我管,弟只安心自管功课而已,何必问其他哉?至于宗族姻党,无论他与我家有隙无隙,在弟辈只宜一概爱之敬之。孔子曰"泛爱众而亲仁",孟子曰"爱人不亲反其仁","礼人不答反其敬"。此刻未理家事,若便多生嫌怨,将来当家立业,岂不个个都是仇人?古来无与宗族乡党为仇之圣贤,弟辈万不可专责他人也。十一月信言现看《庄子》并《史记》,甚善。但作事必须有恒,不可谓考试在即,便将未看完之书丢下。必须从首至尾,句句看完。若能明年将《史记》看完,则以后看书不可限量,不必问进学与否也。贤弟论袁诗、论作字亦皆有所见。然空言无益,须多做诗多临帖乃可谈耳。譬如人欲进京,一步不行,而在家空言

---

① 泄:音 yì。泄泄:指拖沓、懈怠的样子。《诗·大雅·板》:"天之方蹶,无然泄泄。"朱熹在《诗集传》中注:"泄泄,犹沓沓也;盖弛缓之意。"

进京程途，亦何益哉？即言之津津，人谁得而信之哉？九弟之信，所以规劝我者甚切，余览之不觉毛骨悚然。然我用功，实脚踏实地，不敢一毫欺人。若如此做去，不作外官，将来道德文章必粗有成就。上不敢欺天地祖父，下不敢欺诸弟与儿子也。而省城之闻望日隆，即我亦不知其所自来。我在京师，惟恐名浮于实，故不先拜一人，不自诩一言，深以过情之闻为耻耳。来书写大场题及榜信，此间九月早已知之。惟县考案首前列及进学之人，则至今不知。诸弟以后写信，于此等小事及近处戚族家光景，务必一一详载。季弟信亦谦虚可爱，然徒谦亦不好，总要努力前进。此全在为兄者倡率之。余他无可取，惟近来日日有恒，可为诸弟倡率。四弟、六弟，纵不欲以有恒自立，独不怕坏季弟之样子乎？

昨十六日卓秉恬拜大学士。陈官俊得协办大学士。自王中堂死后，隔三年，大学士始放人，亦一奇也。书不宣尽。

兄国藩手具

解读

这封信中曾国藩对家中几位弟弟交代两件事。第一事关于常家结亲的事，婚姻之道不仅是人生大事，也是家族大事。关于婚姻之道的理解，我们在《处世卷》中另有说明。第二事便是教导弟弟们学贵落实的道理，在这里我们来详细地谈谈曾国藩所强调的读书需要落在实处的意义。

信中曾国藩提到六弟国华之前在信中提到自己能够以所学来反省自己，"用功自医"，就是通过自己的努力和收获来反思自己的办法。但是，效果却不明显，以至于每天都有倦怠的感觉。这种感觉很像平常我们想要让自己去用功，却不知从何下手那般举手无措，是一种很无力的困惑。曾国藩看到国华这样的困惑，首先对他进行了开导。所谓家中之事，弟不必管。说的并不是让国华置身于家族之外，做个自私的少爷，而是说家中的事情，并不是他要去承担的责任。因为，在这个时期，国华有更为重要的事情，那便是安心自己的功课。自知反省当然是件好事，然而不知道这种反省要落在哪里，却会造成对自己的怀疑，那么反省便也成了庸人自扰。

那么，怎样才能够落到自己的功课上呢？曾国藩继续谈道，家中的事，说白了需要爱和敬，这其实是所学功课最终的体悟。弟弟读《庄子》，这是好事情，读《史记》也是很好的选择，作诗、写字也是刻苦的表现。但是，这一切都需要落在实处。读书，不是为了考得功名，或是与人夸夸其谈。用功，最终是为了成为一个优秀的人。所以，所有的刻苦都必须要落在最切实处。谦虚谨慎地学习，不图成名，不图人浮于事，便是一种最切近自身的落实。

曾国藩劝谕弟弟们刻苦认真学习的家书，不下十数封，从中我们可以体会到，对深受儒学影响的曾国藩而言，读书的根基在于行。读书需要脚踏实地，只有双脚踏在世间的尘土之上，才有了活着的意味，读书才变得生动起来。相较于今日读书人的心态，传统浸染下的读书人，似乎更能体认到作为人的独立价值。若是与曾国藩所谈的"学忌空言"的境界比较，恐怕很多人都还是如同国华那般，徒有自医的心，却没有自医的法子，最终只能陷于惶惶不可终日的自我怀疑与否定之中，不思不为，困在了学的迷宫中，而忘记了走出迷宫的出口在于踏实的行动之中。

第九篇　学始五经

咸丰二年壬子岁

正月初九日（1852）

原文

澄侯、温甫、子植、季洪四位老弟足下：

正月初八接到十二月初旬父大人所发二信，皆系在县城发者，不胜忻慰。纪泽作定婚之事，予于十二月连发二信，皆言十月十二所发之信言嫌贺女庶出之说系一时谬误，自知悔过，求诸弟为我敬告父亲大人，仍求作主，决意对成①，以谐佳偶。不知此二书俱已到家否？细思贺家簪缨门弟②，恐闻有前一说，惧其女将来过门受气，或因此不愿对亦未可知。果尔，则澄弟设法往省城，坚托罗罗山、刘霞仙二君将内人性情细告贺家，务祈成此亲事，不致陷我于不孝之咎。

澄弟与朱尧阶结亲，余甚欢喜。我朋友最初之交无过于尧阶者，盖今日姻缘，已定于二十年以前矣。魏家亦我境第一诗书人家，魏栋尚未到京，容当照拂一切也。植弟买笔事，总在春间寄南，以备科考之用。若科考不在前三名，则不宜考优，

---

① 对：双，成双的，指配对。成：做好，做完，指成婚。对成：此处指同意婚约。

② 簪缨：古代官员的冠饰。门弟：家族等阶。簪缨门弟：比喻显贵人家。

无使学政笑我家太外行也。《关帝觉世经》刷五百张，须公车回南乃可付归，《阴骘文》《感应篇》亦须公车南去乃可带。澄弟戒烟正与阿兄同年，余以壬寅年戒烟，三十二也，澄弟去年亦三十二也。戒酒似可不必，三两怀以养血未始不可，但不宜多耳。去年带回父大人之干尖子皮褂，不知已做成否？若未做，可即做成，用月白缎子为面。今年当更寄白凤毛褂回家，敬送与叔父大人。若父、叔二大人同日出门，则各穿一件；若不同出门，则薄寒穿干尖子，盛寒穿白凤毛。予官至二品，而堂上大人衣服之少如此，于孝道则未尽，而弥足以彰堂上居家之俭德矣。

京寓大小平安。癣疾未发。文任吾先生（希范）于正月六日上学。其人理学甚深，今年又得一贤师。植弟劝我教泽儿学八股，其言甚切至有理，但我意要五经读完始可动手。计明年即可完经书，做时文尚不过满十四岁，京师教子弟十四岁开笔者甚多。若三年成篇，十七岁即可作佳文。现在本系荫生①，例不准赴小考。拟令照我之样，二十四岁始行乡试，实可学做八股者十年。若稍有聪明，岂有不通者哉？若十九、二十即行乡试，无论万万不中，即中得太早又有何味？我所以决计令其明秋始学八股，二十四始乡试也。九弟为我禀告父大人，实不为迟，不必挂虑。

余近来常思归家，今年秋间实思挈眷南旋，诸弟为我禀告堂上大人，春间即望一回信。九弟进京之说，暂不必急急。同乡诸家如故。余容后日续寄。

兄国藩手草

---

① 荫生：一般指对因家中父祖功勋而获得监生资格者的称呼，荫生在清代名目繁多，一般经过一次考试就可以获得一定的官职。

解读

　　此信开始两段，曾国藩略谈及家中娶亲之事，婚姻之事，在当时还是父母之命，媒妁之言。婚姻即在合两姓之好，因此便不是一人之事。曾国藩说之前对对方有过误解，万望澄弟要帮他解释清楚，可见婚姻中做主的，还只是父母家族。

　　信的第三段，曾国藩不再谈论家常，而是与九弟谈了自己对于纪泽的教育理念，而在这个教育理念的背后，则隐藏着曾国藩的学术旨趣。我们通过信中片言，也是可以对有清一代的儒学风气有所了解的。

　　清代以来，学术的风气与前代大有不同，随着对晚明学术的反动，清代的学者更注重踏实治学的风格。一时间以实学为取向，人皆以通经致用为要。通经致用，首先就是要通经。汉武帝时立"五经博士"，教授和研究《易》《诗》《书》《礼》《春秋》，自此经的地位大不相同，经学便成了绵延千年的正统的文化思想。历代对于经学的研究，都有很多助力。经学史的演变，从一定程度上说就是文化史的变迁。到了清代，经学的研究首先就是要"实"。这个实，是研究态度上的诚实，亦是研究方法上的踏实，更是研究目的上的切实。由这个"实"，经学的研究走向了严谨、细致的朴学研究。再加上清代对于思想文化领域的高压控制，最终，三种实的面向上，少了最后一个切实，而钻进了细致、繁琐的牛角尖里。

　　但是，我们都知道，宋明以来儒学的发展不全在经学上，更主要的是开创了新的儒学——理学。理学重视"四书"，更重视义理，这和朴学重视"五经"，看重考据还是有很大不同的。而经学内部擅长史学、实证的古文经学与擅长诠释、政道的今文经学派之间，又是另一个冲突。于是，本来要反对晚明学风粗鄙的清代学术，便在学派的林立和门户的争夺中逐步展开了。而在这种学术背景之下，士子们还要考虑学问与科举间的矛盾，于文章和八股中做出选择，可见清代学术的繁华表象下，隐藏着怎样的危机。

难能可贵的是，在这样的困境之下，曾国藩还能在汉宋之争、今古之争的学术氛围下，有自己的立场和主张，反对门户派别之异见，强调学问的统一。所以，在对九弟所谈的教子方法中，曾国藩表现出了学问无派别但有先后的基本思想。所谓的无派别，就是今古文经优劣如何，学习自"五经"开始总是没有错的。另一方面，学习"五经"绝非要单纯地去研究经书中的物类名称，而是要深究经的义理，这样也就避免了汉宋之间的争论。而有先后，则是说在真正的学问与八股的学问之间，自然是以求真学问为先。所谓真学问，就是积累了几千年的儒家经学资源，这是前代学人智慧的累计，是最为宝贵的财产。人在十几岁时，正是头脑清爽、思维敏捷的时候，这个时候读"五经"，能把握准自己治学的方向，打下扎实的基础。就好比是打井，打得越深，越容易凿出甘甜的泉水。所以，曾国藩说，八股文不着急学，毕竟这只是术，而不是道。

学问的开始，是要有根底、有厚度的，所以这里所言，便是古典学问的次序。学自"五经"，自然是最诚实的学问之道。今天的国人，虽热衷于国学，却不知学问由何而始，由此可知，国学不可无跟进，不可求速效。不下点功夫，重新去读经典，恐怕只能是事倍功半，得不偿失。

第十篇　学古通经

咸丰四年甲寅岁
十月二十二日（1854）

原文

澄侯、温甫、子植、季洪四位老弟左右：

胡二等于初一日到营，接奉父大人手谕及诸弟信，具悉一切。

兄于二十日自汉口起行，二十一日到黄州，二十二日至堵城。以羊一豕一，为文祭吴甄甫师。二十三日过江至武昌县。二十四在巴河晤郭雨三之弟，知其兄观亭在山西，因属邑失守革职，雨三现署两淮盐运使。二十九日至蕲州，是日水师大战获胜。初一、初四、初五，陆军在田家镇之对岸半壁山大战获胜。初九、初十水师在蕲州开仗小胜，十三日水师大破田家镇贼防，烧贼船四千余号。自有此军以来，陆路杀贼之多，无有过于初四之战，水路烧船之多无有过于十三之役。现在前帮已至九江，吾尚驻田家镇。离九江百五十里。陆路之贼均在广济、黄梅一带，塔、罗于二十三日起行往剿。一切军事之详，均具奏报之中。兹并抄录寄回，祈敬呈父大人、叔父大人一览。

刘一、良五于廿日到田家镇，得悉家中老幼均吉，甚慰甚慰。魏荫亭先生既来军中，父大人命九弟教子侄读书，而九弟书来坚执不肯，欲余另请明师。余意中实乏明师可以聘请，日内与霞、次及幕中诸君子熟商，近处惟罗研生兄是我心中佩仰之人。其学问具有本原，于《说文》、音学、舆地尤其所长，而诗、古文辞及行楷书法亦皆讲求有年。吾乡通经学古之士，以邹叔绩为最，而研生次之。其世兄现在余幕中，故请其写家信，聘研生至吾乡教读。研兄之继配陈氏，与耦庚先生为联襟。渠又明于风水之说，并可在吾乡选择吉地。但不知其果肯来否？渠现馆徐方伯处，未知能辞彼就此否？若果能来，足开吾邑小学之风，于温甫、子植亦不无裨益。若研兄不能来，则吾心中别无人。植弟坚不肯教，则乞诸弟为访择一师而延聘焉为要。甲三、甲五可同一师，不可分开，科一、科三、科四亦可同师。余不一一，诸俟续布。

解读

上封信中，曾国藩强调了学问的次第，即需要从学习"五经"开始。那么，学习"五经"又需要何种方法呢？在这封信中，我们透过曾国藩为族中子弟和家中儿子找私塾先生的事情，会对此有所认识。

曾国藩在湘军期间，最大的一份人脉资源就来自于他的幕僚。这次，他就在幕僚中找到了一位颇有学问的先生，此人名叫罗研生。罗研生，湖南人士，在湘军中不仅与曾国藩交好，与左宗棠也常有来往。《曾国藩诗文集》中记录有曾国藩为罗研生所编辑的一百九十卷的《湖南文征》作序。《湖南文征》中收录有湖南文人士子所作优秀文章，皆是经过罗研生精挑细选而出的，挑选文章的眼光既已如此毒辣，便不难知道他本人的文章学问也一定了得。曾国藩对罗研生的学识，非常佩服，他在

《序》中自喻为老而无才，更是叹服"研生之学，稽《说文》以究达诂，笺《禹贡》以晰地志，固亦深明考据家之说"。就是说罗研生的学问有本、有体，深有考据学问的功底。

在上封信中，曾国藩对于学问的门派表示并不重要，学者无须困于门派的限制，以致对于真学问的大体无所把握。这封信中，曾国藩则对此问题又深透了一层。学问不要困于狭小的视野是一方面，但是学问的功底够不够扎实则是另一个问题。曾国藩之所以对罗研生的评价很高，就在于他在本乡中算得上是"通经学古"之人。通经基于《说文》。《说文解字》是学习"五经"的基础，古字于今相去千年，意义、音韵，皆有变化。如不加仔细琢磨，很容易望文生义，曲解经典的意思。现代的小学语文教育，最初也是教学生识字，识字的基础就是要学会用字典。《说文》是通往古文的字典，是可以开启古文世界的钥匙。罗研生精通《说文》、音韵，那么对于经典的理解自然也就中正、准确了。这是其一。通地域之学，想必是有触类旁通、举一反三的学习能力，地理学问在古人看来，是对世界的探索，这种探索中，带有"格物"的意味，不仅要从现实中去"格物"，同样还要从典籍中去"格物"。二者结合，则是对古学有一定的把握。这是其二。既可以通经，又可以学古，这样的人请来做先生，对于族中晚辈当然是极幸运的事情了。何况他的长兄又在曾国藩的幕僚之中，亦有不俗的表现，那么，罗研生更是不可多得的优秀人才了。

由此可见，曾国藩的学问根底源于他对于理学的恪守。理学家讲学问自是在日常活动之间寻得，这个寻得需要有个根基，而根基便是认真慎独。曾国藩在学养上，是理学家的风格；在学问上，则更有朴学家的勤奋与谨慎。正因如此，他能更好地将学问建立于牢靠的基础之上，成为在立功、立德之外，还可立言的一代名臣。

第十一篇　劳苦之习

咸丰五年乙卯岁
八月二十七日（1855）　书于南康军中

原文

澄侯、温甫、子植、季洪老弟足下：

十四日良五、彭四回家，寄去一信，谅已收到。

嗣罗山于十六日回剿武汉，霞仙亦即同去。近接武昌信息，知李鹤人于八月初二日败挫，金口陆营被贼踏毁。胡润芝中丞于初八日被贼踏破参山陆营，南北两岸陆军皆溃，势已万不可支。幸水师尚足自立，杨、彭屯扎沌口。计罗山一军可于九月初旬抵鄂，或者尚有转机。即鄂事难遽旋转，而罗与杨、彭水陆依护，防御于岳、鄂之间，亦必可固湘省北路之藩篱也。内湖水师，自初八日以后迄未开仗，日日操演。次青尚扎湖口，周凤山尚扎九江，俱属安谧。

葛十一于初八日在湖口阵亡，现在寻购尸首，尚未觅得，已奏请照千总例赐恤。将来若购得尸骸，当为之送柩回里。如不可觅，亦必醵金寄恤其家。此君今年大病数月，甫经痊愈，尚未复元，即行出队开仗。人劝之勿出，坚不肯听，卒以力战捐躯，良可伤悯①。可先告知其家也。去年腊月二十五夜之役，监印官潘兆奎与文生葛荣册同坐一船，均报阵亡，已入奏请恤矣。顷潘兆奎竟回至江西，云是夜遇渔舟捞救得生，则葛元五或尚未死，亦未可知，不知其家人中有音耗②否？

癣疾稍愈，今年七八两月最甚，诸事废弛，余俟续布，顺问近好。

甲三、甲五等兄弟，总以习劳苦为第一要义。生当乱世，居家之道，不可有余财，多财则终为患害。又不可过于安逸偷惰。如由新宅至老宅，必宜常常走路，不可坐轿骑马。又常常登山，亦可以练习筋骸。仕宦之家，不蓄积银钱，使子弟自觉一无可恃，一日不勤，则将有饥寒之患，则子弟渐渐勤劳，知谋所以自立矣。

再，父亲大人于初九日大寿，此信到日，恐已在十二以后。余二十年来，仅在家拜寿一次。游子远离，日月如梭，喜惧之怀，寸心惴惴。又十一月初三日为母亲大人七旬一冥寿，欲设为道场，殊非儒者事亲之道；欲开筵觞客，又乏哀痛未忘之意。兹幸沅弟得进一阶，母亲必含笑于九泉。优贡匾额，可于初三日悬挂。祭礼须极丰腆，即以祭余宴客可也。

我家挂匾，俱不讲究。如举人即用横匾"文魁"二字，进士即用横匾"进士"二字，翰林即用直匾"翰林第"（或用院字）三字，诰封用直匾"诰封光禄大夫"等字，优贡即用横匾"优贡"二字。如礼部侍郎不可用匾，盖官阶所历定也。前此用

---

① 伤：悲哀。悯：哀怜。伤悯：指伤感哀怜。
② 音耗：音讯，消息。

"进士及第"直匾亦属未妥。①

昨接上谕,补兵部右侍郎缺。此缺二十九年八月曾署理一次,日内当具折谢恩。

澄侯弟在县何日归家?办理外事,实不易易,徒讨烦恼。诸弟在家,吾意以不干预县府公事为妥,望细心察之。即问近好。

解读

咸丰五年(1855)曾国藩得补兵部右侍郎一缺,官阶更进一步,仕途一片平坦。较之他早年在京中的情境,已经是大有改观,朝廷上下,对于湘勇也有一定的肯定。然而,曾国藩却比往年愈发谨慎。军中情况虽有转机,但是战争的残酷依旧时刻弥漫在他身心周边。对这封信在第三段中所谈到的阵亡将士的事迹,曾国藩都是特别痛心和关心的,奏请对这些阵亡的战士给予抚恤金,又关心家属的情况。作为将领而言,他对于手下士卒的感情可谓真挚。或许,正是战争的残酷,令这位从文臣转为武吏的儒臣,对于自己的学问之道有了和以往不同的一些新的体会。

这个重要而微小的变化便是从重视心性、德性的学习转而向身体、行动的学习。虽然说之前曾国藩讲学,也是要知行合一,学问要落实。但是,经过几年湘军的锻炼,曾国藩对于落实的体悟更切近一步,可以说是落地了。所以这封信中,曾国

---

① 此段在传忠书局刻本中未见,但查阅其他版本,皆有此段。这段中又特别提出匾额字样,所以录于此,供读者阅读。

藩特别强调:"总以习劳苦为第一要义。"劳苦是什么?劳,顾名思义,勤劳,是要求身体力行地去做。所以,从新修的宅邸去旧宅子,不要总想着偷懒坐轿或骑马,而要走路去。走路,就是一种劳,足下行进,可增益健康,亦可培养吃苦耐劳的品质。不仅如此,还要登山,要练习筋骨。

可是,如果家境良好,不必如贫寒人家一样,处处都要亲自去做,不用时时刻刻都要靠脚力去奔波,那么如何让官宦家庭的子弟"脚踏实地"呢?曾国藩说,这很简单,做官的人,家中最好都不要有什么积累的财富,不要有余钱。且不说,在乱世,家中有很多财富,总会招来祸患,即便是平日,官宦家庭也不要积蓄钱银。这样做,便可以使家中子弟自觉自己家境一般,无所依靠,自然便不敢懒惰,而是因有怕吃不饱、穿不暖的担忧,而自知要勤劳,要有所筹谋将来才可以在世上立身。

曾国藩的告诫,再直白一点说,就是要学习吃苦。近代以来的中国,在社会变革中苦苦挣扎,历史的长轴是以苦难的方式而展开的。用老百姓的话说,叫做"吃了太多苦,受了太多罪"。于是,一经图志,便是要"自强""富裕",总担心回到苦日子里去。工业文明所带来的物质丰富以及现代技术造就的物质主义,已经使人很难再去细想颜子"一箪食,一瓢饮,在陋巷,人不堪其忧,回也不改其乐"的境界了。"习劳苦"是对内在心志的坚定,对肉体的锤炼。"习劳苦"的过程中,有对生存技能的实践与学习,有对周遭环境的认识与学习,何尝不是学的一种?当我们的社会中出现越来越多的"富二代"难题、"官二代"困境时,家长们是否会意识到,因为自己那种对物质的错误认识,"习劳苦"已经成为孩子成长过程中最接触不到的。

因此,孩子们如何能体会到曾国藩所说的那种"将有饥寒之患""知谋所以自立"的自觉？如何从物欲滥觞的世界中，找到自己的信仰与理想，确立自身的个性与追求，发现与颜子一样的境界之乐？

第十二篇　学有次第

咸丰六年丙辰岁
十一月初五日（1856）

原文

字谕纪泽儿：

接尔安禀①，字画略长进，近日看《汉书》。余生平好读《史记》《汉书》《庄子》《韩文》四书，尔能看《汉书》，是余所欣慰之一端也。

看《汉书》有两种难处：必先通于小学、训诂之书，而后能识其假借奇字②；必先习于古文辞章之学，而后能读其奇篇奥句。尔于小学、古文两者皆未曾入门，则《汉书》中不能识之字、不能解之句多矣。欲通小学，须略看段氏《说文》《经籍纂

---

① 安：请安。禀：禀告。儿女给父母的书信被称为安禀。
② 假借：汉字的造字法之一。汉字的造字方法有六种，被称为"六书"，包括象形、指事、会意、形声、转注、假借。这"六书"由按其造字的原则不同，分为"四体两用"。四体是象形、指事、会意、形声；两用是用字法，指转注和假借。奇：奇怪，不常见。假借奇字：这里指通假字和不常见的字。

诂》二书。王怀祖（名念孙，高邮州人）先生有《读书杂志》，中于《汉书》之训诂极为精博，为魏晋以来释《汉书》者所不能及。欲明古文，须略看《文选》及姚姬传之《古文辞类纂》二书。班孟坚最好文章，故于贾谊、董仲舒、司马相如、东方朔、司马迁、扬雄、刘向、匡衡、谷永诸传皆全录其著作；即不以文章名家者，如贾山、邹阳等四人传，严助、朱买臣等九人传，赵充国屯田之奏，韦玄成议礼之疏以及贡禹文章、陈汤之奏狱，皆以好文之故，悉载巨篇。如贾生之文，既著于本传，复载于《陈涉传》《食货志》等篇；子云之文，既著于本传，复载于《匈奴传》《王贡传》等篇，极之《充国赞》《酒箴》，亦皆录入各传。盖孟坚于典雅瑰玮之文，无一字不甄采。尔将十二帝纪阅毕后，且先读列传。凡文之为昭明暨姚氏所选者，由细心读之；即不为二家所选，则另行标识之。若小学、古文二端略得途径，其于读《汉书》之道思过半矣。

世家子弟最易犯一奢字、傲字。不必锦衣玉食而后谓之奢也，但使皮袍呢褂俯拾即是，舆马仆从习惯为常，此即日趋于奢矣。见乡人则嗤其朴陋，见雇工则颐指气使，此即日习于傲矣。《书》称："世禄之家，鲜克由礼。"《传》称："骄奢淫佚，宠禄过也。"京师子弟之坏，未有不由于骄、奢二字者，尔与诸弟其戒之。至嘱至嘱。

解读

在《学古通经》一篇中，曾国藩已经提到了要学古文，就必须要从小学、训诂入手。但是，究竟如何入门小学，学习什么典籍，还是需要一定门径的。在这封信中，曾国藩就向儿子纪泽详细地讲述了入门小学的基本途径。由此，我们也可以了解到曾国藩的学术路径。

首先，纪泽能够青出于蓝，学习《汉书》，是曾国藩所赞许的。虽然与父亲的学问途径不同，但是能够自己选择典籍来学习，便证明不是在盲目读书，而是"学而思"的体现，是有自己想法的，这是读书人最需的眼光，亦可称为个性。若要真的学习，就不可不没有自我的意识，单就读书而言，一定要有拣择，有主见。

其次，《汉书》并非一本轻易即可理解的书籍，毕竟它距离清世已有两千年历史，其中必然有佶屈聱牙处。所以曾国藩说必须要看小学，通古文。如果学习小学，需要先学段玉裁的《说文解字注》和《经籍纂诂》两书。段玉裁曾师从戴震，是清世最著名的文字训诂学家、经学家。《说文解字》本是东汉经学家许慎的著作，是首部以讲明字形、辨别字义、标明声音的字书。古人学经，首先要学习《说文解字》，借由该书才能理解经中的字义。段玉裁服膺于许慎的学说，对《说文解字》进行了进一步的注解，撰成《说文解字注》，使学者更可借助此书阅读和理解经书。与段玉裁齐名的，还有王念孙。王念孙同样曾师事戴震，亦是朴学的代表。王念孙通音韵之学，发明"以字音通字义"的研究，他撰著《广雅疏证》，而《广雅疏证》正是另一本以音韵为主的字书。同时，还编撰《读书杂志》共八十二卷之多，对古音韵学贡献颇丰。这种由字入经的治学路径，是经学最基本的治学办法。宋明理学家中，朱熹虽重义理，但仍在章句集注过程中，重视文字意义的梳理。但这一治学办法，在晚明的浮躁学风中，逐渐丧失。清代学术，起源于对明代学术末流的反动，自顾炎武、戴震起就大力倡导文字对于理解经典的意义。所谓"以识字为读经之始，以穷经为识义理之途"。

曾国藩以段玉裁《说文》和王念孙的《读书杂志》来引导小儿读《汉书》，意在让纪泽打下汉学家的扎实功夫。

再次，文字之外，读书依凭语句，语句构成文章。因此，古文也不可轻视。读古文，自然首选《昭明文选》。《昭明文选》是南朝梁武帝长子萧统组织编纂的自先秦至梁的古文选集，因萧统死后谥"昭明"，因此该书被称为《昭明文选》，一般简称为《文选》。《昭明文选》选择诗文的标准是"事出于沉思，义归于翰藻"，意思就是这些诗文都是对于人世有着极为深刻的认识的，其深刻的道理又是以极为精彩的文辞表达出来的。《昭明文选》自问世以来，便是士子学习文赋的首选，尤其是唐、宋时期科举考试取士都依据诗文，陆游在《老学庵笔记》中就曾说过当时的士子中流行一句话——"《文选》烂，秀才半"，可见《昭明文选》的深远影响。此外，曾国藩还非常推崇桐城派姚鼐的《古文辞类纂》。曾国藩自咸丰元年（1851）开始编纂《经史百家杂钞》，就是受到姚鼐的启发，所谓"粗解文章，由姚先生启之"。当然，他也并不满足于《文选》和《古文辞类纂》两书，曾国藩对于古文还是颇有几分研究的。所以他建议纪泽另要看其他一些重要作者的篇章，如果是这些篇章已被选入了上面的两本书，则要格外留心；如果没有选入，也要另行标识。其实，这也是曾国藩是时正在做的事情，虽然咸丰元年时编纂古文的志向，后因身在军中有所间断，但是他还是最终在咸丰十年（1860）完成了《经史百家杂钞》。这部重要的著作，源于桐城派，却又凝结着曾国藩自己的古文心得。他对古文进行了重新的分类，发现了不少重要的文章，被誉为"前古未有"的发现。作为父亲，他给纪泽的建议，其实也是他自身学问的一种传承。

最后，曾国藩将理学与朴学结合起来，贯通为学途径，从文字、古文而入经史，由经史而入义理。治学之外，更体现了他的学问涵养。小学难治，终身未必能得一学，清代的朴学更是严苛、谨慎。曾纪泽自幼需学习小学，在这个过程中，亦会逐渐养成对学问的敬畏心。段玉裁作《说文解字注》时，受伤残疾，拖着病体最终完成该书，自言："……左丘失明，厥有《国语》；孙子膑脚，《兵法》修列；段氏坏足，《说文注》成。"足以见得他治学的决心与刻苦。王念孙耗费十年时间，才完成《广雅疏证》。曾国藩自己也是花了数十年时间，才集成《经史百家杂钞》。治学如此，做人更需如此。学问做得严谨，人格自然也趋向踏实。

所谓学问的次第，绝无捷径。根基愈是坚厚，收获就愈是丰富。曾国藩以小学入门，教子读书，便是令其自学习之初，就抱定一颗认真、踏实的学问之心，打下最基本的文字功底，这样才能在日后有所成就。

第十三篇　圣人之教

咸丰八年戊午岁
五月十六日（1858）

原文

沅甫九弟左右：

十三日安五等归，接手书，俱悉一切。抚、建各府克复，惟吉安较迟，弟意自不能无介介①。然四方围逼，成功亦当在六、七两月耳。

澄侯弟往永丰一带吊各家之丧，均要余作挽联。余挽贺映南之夫人云：柳絮因风，闻②内先芬堪继武（姓谢）；麻衣如雪，阶前后嗣总能文。挽胡信贤之母云：元女太姬，祖德溯二千余载；周姜京室，帝梦同九十三龄（胡母九十三岁）。

近来精力日减，惟此事尚颇如常。澄弟谓此亦可卜其未遽衰也。

袁漱六之戚郑南乔自松江来，还往年借项二百五十两。具述漱六近状，官声极好，宪眷③极渥，学问与书法并大进，江南人仰望甚至，以慰以愧。

余昔在军营不妄保举，不乱用钱，是以人心不附，仙屏在营，弟须优保之，借此以汲引④人才。余未能超保次青，使之沉沦下位，至今以为大愧大憾之事。仙屏无论在京在外，皆当有所表见。成章鉴是上等好武官，亦宜优保。

弟之公牍信启俱大长进。吴子序现在何处？查明见复，并详问其近况。

余身体尚好，惟出汗甚多，三年前虽酷暑而不出汗，今胸口汗珠累累，而肺气日弱，常用惕然。甲三体亦弱甚，医者劝服补剂，余未敢率尔也。弟近日身体健否？

再者，人生适意之时，不可多得，弟现在上下交誉，军民

---

① 介介：耿耿于怀之意。
② 闻：音 kǔn，门槛。
③ 宪眷：指上司对下属的关怀。
④ 汲：音 jí。汲引：比喻提拔或推荐人才。

咸服，颇称适意，不可错过时会，当尽心竭力，做成一个局面。圣门教人不外敬恕二字，天德王道，彻始彻终，性功事功，俱可包括。余生平于敬字无工夫，是以五十而无所成。至于恕字，在京时亦曾讲求及之。近岁在外，恶人以白眼藐视京官，又因本性倔强，渐近于愎，不知不觉做出许多不恕之事，说出许多不恕之话，至今愧耻无已。弟于恕字颇有工夫，天质胜于阿兄一筹。至于敬字，则亦未尝用力，宜从此日致其功，于《论语》之九思、《玉藻》之九容，勉强行之。临之以庄，则下自加敬。习惯自然，久久遂成德器，庶不至徒做一场话说，四十五十而无闻也。

解读

曾国荃在咸丰二年（1852）时，率湘军赴江西，攻打吉安，自此正式步入湘军营帐之中，成为曾国藩的嫡系部队。自此之后，曾国藩的家书多是与九弟国荃通信，二人不仅在信中就交战双方的优劣作出分析，同时，也对彼此的德性互为提醒，战事紧张之时，二人仍不间断书信，实为可贵。曾国藩对于九弟，也是知无不言，不仅将自己多年的官场经验告诉弟弟，对于自己未能做好的事情，也对弟弟坦率而言，以便起到为九弟提醒的作用。

这封信写于咸丰八年（1858），此时战事还在僵持之中，吉安久攻不下，曾国荃对此也感到很懊恼。曾国藩鼓励他不要心中苦闷，应该看到围城已很紧逼了，不出一两月，自然可以取得胜利。而这期间，曾国藩建议九弟多为自己招募一些幕僚。曾国藩说自己昔日不敢保举，所谓保举就是去为自己看中的人才捐个官。在《为政卷》中，我们将会看到，清朝的捐官制度非常发达，这种现象也很普遍。曾国荃最初所获得的职务，就是曾国藩捐官所得。读书人若不能通过科举取得功名，捐官就成为最方便的捷径。然而，捐官说白了就是买官，这其中必然会有灰色的地带。而且，捐官所需钱财数量也很可观。曾国藩初入军营时，势单力薄，于战事毫无经验，急需招募一批人，以帮助自己操练湘军。但是，曾国藩自言，他不敢随意保举，也不敢花钱，最终未能保举自己非常欣赏的人。这是曾国藩很遗憾的事情，所以告诉九弟需要在军营中多为自己招募一些幕僚，保举先进，才能帮助自己更好地成就事业。

曾国藩对九弟的第二个教导，还是从学的角度来谈的。昔日九弟还在应科考，曾国藩的劝谕皆与学业有关系，但是，如今九弟已在军营，所处环境和面对的问题都已大不相同。此时，再谈学，便是学习如何做事、做人。曾国藩说，圣人所教人的不外两个字，第一个字是"敬"，第二个字是"恕"。九弟现在正是人生最得意的时候，无论是上面的官员还是下面的士兵，都对九弟赞誉极高，士兵和百姓都很服气他。人生难得遇到这样的机会，因此一定要把握住机会，做成一个"局面"，也就是成为可以厚积薄发的一个平台。在这个时候，就需要把圣人所教的敬和恕贯彻到日常的品行中去。

所谓恕，在《论语》中就已出现，孔子对学生曾参说："我啊，所坚持的道理一直都是一以贯之的。"曾参出来后，就有学生问："老师说他坚持的是什么啊？"曾参便回答说："老师所说的道啊，就是忠恕而已了。"这段对白成为历代《论语》研读者最关切的话。儒家那么丰富的思想，难道用一个"忠恕"就能解释了？其实，这两个字一定含有非常深刻的道理。在《论语》

中，关于"恕"的解释，那就是"己所不欲，勿施于人"。如果从字面上来看，"恕"字就是"如心"，自己所不愿意的事情，也不要去施予别人。就是要待人如己。朱熹的学生陈淳在《北溪字义》中说，"恕"就是在待人接物的时候，能够推扩自己真实的内心去真诚地待人接物。例如自己希望以孝待父母，那么别人也是如此想的，这时就要以同样的心去善待他人的父母；自己想以恭友兄弟，别人也希望这样，这时就应该去恭友别人的兄弟。换句话说，就是人不仅要成就自己，还要成就别人，这就是恕。曾国藩说自己在京的时候，尚可以如此要求自己。但是，自从近几年出任在外，"恕"道做得愈发不好。因为他人的蔑视、自己性格的倔强，渐而不能以恕道自省，做了很多自己后悔的事情。可见，"恕"道的学习与修行，并非易事。人在自己内心积郁难平时，还要以己心待人，是很困难的事情。所以，恕还是要从内在的修为做起，只有自己做到了平和中正，才可能以己心做到恕道。

所谓敬，在宋代儒学大家程明道先生看来，就是正的意思。什么是正呢？在《大学》里讲"正心诚意"，正就是端正自己的内心，不可有悖于道德伦理。敬就是保持这颗正心。《周易·系辞》所言："敬以直内，义以方外。"敬，表现出来是恭敬、尊敬的态度，而根底里还是内心的正与平，所以敬其实是一种涵养德性之学。宋儒说敬胜百邪，就是说敬作为一种内心的力量，它可以战胜外在的干扰。

曾国藩说九弟在"恕"的涵养上，比自己强；但是在"敬"的修行上，还需要再下功夫。这个功夫是从学习《论语·季氏》的"九思"和《礼记·玉藻》的"九容"中得来的。《论语》中孔子曾说过："君子有九思：视思明，听思聪，色思温，貌思恭，言思忠，事思敬，疑思问，忿思难，见得思义。"指人的容貌言行，皆是由内而外的表现，都源自于内在的心思。所以，看时要考虑是否看明白了，听时要考虑是否听清楚了，对于脸色要考虑是否温和，对于表情要考虑是否恭敬，说话时要考虑是否言行一致，做事情时要考虑是否心怀敬畏之心，有疑问时要考虑是否需要请教他人，有怨愤时要考虑后果灾难，见到好处时要考虑是否出自道义。如此而行，便是"九思"。《礼记·玉藻》中有"足容重，手容恭，目容端，口容止，声容静，头容直，气容肃，立容德，色容庄"之说，这便是儒家礼义中人在日用行常中所应做到的"九容"。

　　无论是"九思"抑或"九容"，虽只是对外在行为的规定，但是这些规定都不是外在强加于己身的，而是内在德性的外在呈现。这个内在的德性就是能够成人成己的"恕"与公正无偏的"敬"。敬是一个人所涵养的正直的内心，恕是一个人所践行的宽厚的行为，二者的统一便会使人能够有九思、行九容。曾国藩在军营中，仍旧重视这些，可见德性绝非只在闲暇、舒适的环境中才可以养成。反倒越是艰苦的环境，有时候知识之学越抵不上德性之学对一个人精神世界的支撑。所以，曾国藩在此时才与九弟讲"圣人之教"，其意义也便是提醒他，在生活中，"学"无处不在，无处不有，只有以德性之学作为学的基础，才能够于顺利平缓之时，更加精进，开出自己的格局，成就自己的人生。

孝悌卷

题解

　　孝悌，是中华民族最为悠久的文化传统。孝，是对父母的亲近敬爱；悌，是对手足的勉励关爱。孝悌，让原本单纯的生物学上的繁衍生息映射出人类文明的价值意蕴。中华民族作为世界上最古老的民族之一，生生不息地繁衍、发展，其血液中流淌着关于"孝悌"的道德自觉。孔子的弟子有子说："孝弟也者，其为仁之本与！"孝悌，是人在最亲密的血缘关系中的道德自觉。由孝的认同、实践，才可能推扩出更多的道德之行。因此，"孝悌"是一个人最初的道德意识，也是一个家族、一个社会、一个民族能够生生不息的大道之源。

　　曾国藩年近三十，离乡赴京，从此便常年不能陪伴于父母身边。然而，他于饮食作息、一言一行、为人处世间，时刻铭记父母教导，并且笔耕不辍，撰写家书，向父母汇报生活状况。身在外，而心牵挂，从"事亲"到"事君"，终成就自身，表现出一位儒臣的拳拳赤子之心与大孝之行。

第一篇　孝始事亲

道光二十年庚子岁
二月初九日（1840）

原文

男国藩跪禀父亲母亲大人膝下：

去年十二月十六日，男在汉口寄家信，付湘潭人和纸行，不知已收到否？后于二十一日在汉口开车。二人共雇二把手小车六辆，男占三辆矣。行三百余里，至河南八里汊①度岁。正月初二日开车，初七日至周家口，即换大车。雇三套篷车二辆，每套钱十五千文②。男占四套，朱占二套。初九日开车，十二日至河南省城，拜客耽搁四天，获百余金。十六日起行，即于是日三更趁风平浪静径渡黄河。二十八日到京。一路清吉平安，天气亦好，惟过年二天微雪耳。

到京在长郡会馆③卸车。二月初一日移寓南横街千佛庵。屋四间，每月赁钱四千文，与梅、陈二人居址甚近。三人联会，

---

①　汊：河流的分岔。又写作"溪"，参看黎明文化事业有限公司版本。

②　文：量词，指小铜钱。清道光年间，白银外流加大，银价猛涨，至道光二十五年（1845），刘良驹奏称："京中纹银每两易制钱几及两千文，外省则每两易制钱二千二三百文不等。"一套篷车的花费也要七两白银。

③　长郡会馆：湘籍同乡在北京设置的会馆，主要作为湘籍进京人士的聚集地。清时位于今北京虎坊桥附近。

间日一课。每课一赋一诗誊真。初八日是汤中堂老师大课,题"智若禹之行水赋",以"行所无事则智大矣"为韵,诗题赋得"池面鱼吹柳絮行"得"吹"字。三月尚有大课一次。

同年未到者不过二一人,梅、陈二人皆正月始到。岱云江南、山东之行无甚佳处,到京除偿债外,不过存二三百金,又有八口之家。

男路上用去百金,刻下光景颇好①。接家眷之说,郑小珊②现无回信。伊若允诺,似尽妥妙。如其不可,则另图善计,或缓一二年亦可,因儿子太小故也。

家中诸事都不挂念,惟诸弟读书不知有进境否?须将所作文字诗赋寄一二首来京。丹阁叔大作亦望寄示。男在京一切谨慎,家中尽可放心。

又禀者,大行皇后③于正月十一日升遐④,百日以内禁剃发,期年⑤禁宴会音乐。何仙槎⑥年伯于二月初五日溘逝。是日

---

① 黎明文化事业有限公司版本为"算好"。
② 郑小珊是曾氏的湖南老乡,同为京官,年长曾国藩近十岁。他精通医术,常为曾国藩家人诊病。
③ 大行皇后:孝全成皇后,钮祜禄氏,满洲镶黄旗人,二等侍卫颐龄之女。道光元年(1821)入宫,十四年(1834)册立为皇后,二十年(1840)正月十一日病逝,年仅三十三岁。
④ 升遐:亦作"升假",升天,是帝王去世的婉辞,亦指后妃等死亡。
⑤ 期:音jī。期年:亦作"朞年",一年。
⑥ 何仙槎:即何凌汉(1772—1840),字仙槎,湖南道州(今湖南道县)人,《清史稿》有传,历任翰林院编修、顺天府尹、大理寺卿、吏部尚书、户部尚书等要职。"平生服膺许郑之学,而于宋儒之言性理者,亦持守甚力","以文章道德系中外望者数十年"。逝世后,赠太子太保,谥文安。为官四十余年,为人刚正、品行端正,颇具声望。

男在何家早饭，并未闻其大病，不数刻而凶问至矣。没后，加太子太保①衔。其次子何子毅，已于去年十一月物故。自前年出京后，同乡相继殂逝者：夏一卿、李高衢、杨宝筠三主事，熊子谦、谢讱庵及何氏父子凡七人。光景为之一变。男现慎保身体，自奉颇厚。

季仙九师升正詹，放浙江学政，初十日出京。廖钰夫师升尚书。吴甄甫师任福建巡抚。朱师、徐师灵榇并已回南矣。

詹有乾家墨，到京竟不可用，以胶太重也。拟仍付回，或退或用随便。接家眷事，三月又有信回家中。信来，须将本房及各亲戚家附载详明，堂上各老人须一一分叙，以烦琐为贵。

谨此跪禀万福金安。

解读

这一篇是《曾国藩家书》辑录的第一篇家书，也是曾国藩赴京沿途情状及抵京之后最初生活状态的真实记录。《曾文正公全集》中引《国史本传》，谓曾国藩"道光十八年进士，改庶吉士，授检讨"。庶吉士只是比较优秀的进士，而"检讨"则是低于翰林的史官。虽官职不高，但其人选都是"语言正当、学问优长"之人。正因如此，曾国藩才有机会可以进入京师为官。

信中曾国藩向家中父母主要禀报了去京途中的主要情状，一曰生活，二曰学业，三曰人际。乍看之下，觉得都是稀松平常之事，而这其中却显示了"孝之行"的重要意义。从行为的

---

① 太子太保：官名，辅导太子的官职。清代是从一品官，但有衔无职，一般作为荣誉性官衔而加于朝臣。

养成来看,"孝之行"是最能体现一个人孝心的行为方式。作为远行的儿子,首先应该在生活上让父母感到安心,此处曾国藩连租车的费用、房租等细小的事情,都仔细汇报,是让父母不必为子女的生活感到忧心。其次应该在学业、事业上做到踏实稳进,力争优异,这样才会让父母一方面感到子女有能力可以成就自己的人生,内心踏实,另一方面也感到骄傲。更深一层说,这种自我的实现,实则也是一种家族荣誉的继承,同时更是一种文化传统中"君子"理想的继承。子女在外学习或工作,有这种积极向上的生活态度,学习踏实、工作努力,才会让父母少操劳一些。最后,曾国藩汇报了入京之后一些同籍京官的状况,既是一种汇报,同样也体现出他见贤思齐的状态。像何凌汉这样的京官,都是在当时非常有声望的前辈,他的辞世也让曾国藩唏嘘不已,同时提醒自己当保重身体。细看下来,生活状态反映了一个人最基本的生存能力,而学业、事业及人际交往,则反映了一个人的理想抱负、个人追求及社会认同。曾国藩离乡入京,虽有对父母的不舍与牵挂,但作为子女,他亦更了解父母的牵挂、劳心,因此由外在的生活行状的汇报,表达了内在的精神状态的丰沛,以便让父母不再为其操劳。这便是"孝之行"的真切表达。

更进一步,如果从儒家孝道的意义来看,曾国藩赴京为官,本质上也是"孝道"的实现。《孝经》中说:"夫孝,始于事亲,中于事君,终于立身。"意思就是一个人要行孝,不仅要亲事父母,而且还要忠事国家,从而最终实现自身的价值,这才是孝道的实现。我们以往都认为"忠孝"似不能两全,而通观曾国藩的这封信,则不难发现孝可以表现为忠,而忠最终也是对孝的完成。曾国藩虽离开父母,赴京为官,不能长伴于双亲左右,而这正是孝道的继续。入京,乃是为了事君,最终是为了立身,这些都是让孝的意义丰富起来。所以《孝经》中说："立身行道，扬名于后世，以显父母，孝之终也。"孝，开始于对父母的爱，这份爱不只有情感上的付出，同时也是责任的体现；孝的成全则是对世间的爱，事君之事，说到底是为了对社会有所贡献，这是由对父母之爱推扩出去的大爱，也是更大的责任心。通过由事亲到事君的努力才能真正使父母感受到子女的孝心，这才是孝的意义。这个实现的过程，就不仅仅是在同一时空下对父母的陪伴，它同时意味着子女可以于更大的天地之中表达孝道。对于现代社会而言，子女离开父母是很常见的现象，一方面，孝意味着陪伴，子女应多陪伴父母；但另一方面，离家的子女更应重视孝心的陪伴，这种陪伴就是在个人的生活、学业、事业等方面做出一番努力，并及时与远在家乡的父母联系、沟通，让父母亲不仅不忧心于子女的生活，同时还可以从心底里感受到子女的努力是在用更多的责任去行孝。因此，曾国藩自离乡赴京为起点，三十余年笔耕不辍，无论寒暑，都坚持以家书向父母汇报生活、事业情状，实乃大孝之行。

第二篇　谨守父训

道光二十一年辛丑岁
五月十八日（1841）

原文

男国藩跪禀父亲大人万福金安：

自闰三月十四日在都门拜送父亲，嗣后共接家信五封；十五日接四弟在涟滨所发信，系第二号，始知正月信已失矣；二十二日接父亲在二十里铺发信；四月二十八巳刻接在汉口寄曹颖生家信；申刻又接在汴梁寄信；五月十五接父亲到长沙发信，内有四弟信、六弟文章五首。诸悉祖父母大人康强，家中老幼平安，诸弟读书发奋，并喜父亲出京一路顺畅，自京至省，仅三十余日，真极神速。

　　男于闰月十六发第五号家信，四月十一发六号，十七发七号，不知家中均收到否？迩际①男身体如常。每夜早眠，起亦渐早。惟不耐久思，思多则头昏。故常冥心于无用，优游涵养，以谨守父亲保身之训。

　　九弟功课有常，《礼记》九本已点完，《鉴》已看至《三国》，《斯文精粹》诗、文各已读半本。诗略进功，文章未进功，男亦不求速效。观其领悟，已有心得，大约手不从心耳。

　　甲三于四月下旬能行走，不须扶持，尚未能言，无乳可食，每日一粥两饭。冢妇身体亦好，已有梦熊之喜②，婢仆皆如故。

　　今年新进士龙翰臣得状元，系前任湘乡知县见田年伯之世兄。同乡六人，得四庶常③两知县。复试单已于闰三月十六日付回，兹又付呈殿试朝考全单。同乡京官如故。郑莘田给谏服阕来京。梅霖生病势沉重，深为可虑。黎樾乔老前辈处，父亲未

---

① 迩际：现在，目前。
② 梦熊之喜：指生男孩。
③ 庶常：清代对"庶吉士"的代称。庶吉士是清代官职，清专设翰林院庶常馆，选拔优秀的进士及善书者，观政练习，相当于今日之实习。庶吉士在进入庶常馆三年后参加考试，再以成绩优劣，分别授予编修、检讨或给事中、州县官等职位。

去辞行,男已道达此意。广东之事,四月十八得捷音,兹将抄报付回。

男等在京自知谨慎,堂上各老人不必挂怀。家中事,兰姊去年生育,是男是女?楚善事如何成就?伏望示知。

即请母亲大人万福金安。

男谨禀

解读

这是曾国藩在1841年写给父亲的信,这一年也恰值曾国藩而立之年。信的内容主要是向父亲请安并一一禀告自己的生活情状。第一部分主要是告知父亲近期的通信状况及问候父亲由京返湘的旅程顺利;第二部分和第三部分则主要谈了曾国藩个人的日常修身及同乡京官的情状。对比曾国藩与母亲的通信,这封信在内容和情感上,都有很大不同,体现了儒家知识分子对于父子关系的一种特殊理解。在《论语》中,孔子曾把"君臣父子"作为相互联系的关系加以讨论,父子之间既有血缘亲情所天然赋予的孝与慈爱,同时也有延伸至血缘亲情之外的对家族宗法之道的敬畏与遵守。早在周代,中国便建立起"嫡长子继承制",也就是周王的王位和财产只能由嫡长子继承。周王其他的儿子被称为庶子。嫡长子继承王位,是为"大宗";庶子被分封到王畿之外的其他领地,是为"小宗"。"嫡长子继承制"作为中国古代宗法封建制度的核心内容,不仅体现了"家天下"的观念,同样也规定了父子之间需要承担人伦之外的公共伦理。从这一点而言,父子的关系远比母子的关系复杂一些,"三年无改于父之道"的要求,不仅是遵守孝道,更是对父权的敬畏与遵从。因此与父亲的通信里，曾国藩所谈多是涉及个人修身之道与从政之事的内容。

在第二部分中，曾国藩向父亲禀告家中概况时，提到了自己"谨守父亲保身之训"。"保身"即是爱惜身体，是儒家非常重视的德性之一。所谓"身体发肤，受之父母。不敢毁伤，孝之始也"是说每个人的身体都来自于父母，爱惜自己的身体，不要让其有所伤害，是行孝的开端。曾国藩因思虑过密而导致伤神头晕，因此用冥想之功夫来涵养精神，就是为了避免自己的身体受到任何损害。但这仅仅是"保身"的第一层要义。儒家重视"身体"，在"孝之始"之外，还有省身、正身、杀身、洁身之义，身体不仅是血肉之躯，更是一个人修身的载体和起点，承载着君子成德的主体特性。对身体的损害，不只是对某一器官的伤害，更是对追求君子之道的戕害。在生理意义外，身体还需要通过"由心统身"的"身心合一"、"由礼约身"的"身体力行"来实现其作为"人之形"的社会文化意义。因此，"身"向来备受儒家知识分子的重视。如在《孟子》中有"天将降大任于斯人也，必先苦其心志，劳其筋骨，饿其体肤，空乏其身"的修身之道，在《大学》中有"自天子以至于庶人，壹是皆以修身为本"的功夫论要求等等。

在第三部分，曾国藩主要禀告了父亲离京后，湘籍京官的情况，这也是对他在京为官环境的陈论。清代官场礼节繁琐而复杂，结交其他官员的"应酬"之举更是官员升迁的法门之一。其中尤其重视同乡京官之间的关系与交游。在曾国藩写这封信之前，即同年的三月十四日，其父曾麟书入京。同籍的在京官员便邀请曾氏父子在西直门外极乐寺聚宴。就个人而言，外乡士人或以科举、或以举荐得以入京做官，在身份上虽有一种京官优于外官的得意，但由于京官数量之众，外籍京官欲获得升迁也需借助更多外力。而就整个国家治理的格局而言，外籍京官所形成的特殊团体，反映了中央与地方权力间错综复杂的关联。通过科举、补迁而由外省入京的官员，通常在资历上已有所积累，熟悉地方民情、治理之法，因而才有机会获得入京的机会。反过来说，京官外转也有利于中央对地方行政的了解与掌控。清代官员的内外流动，对于中央而言，不仅有利于选拔优秀人才，同样也有利于中央对地方政治的了解与掌控。如顺治皇帝就认为："京官习知法度，外官谙练民情，内外易历方见真才，故将翰林官酌量外转。"但从另一方面而言，同乡京官通过以乡土关系而聚集为小的团体，也有利于自己在本乡本族的社会影响，从而获得更多的支持。同籍京官作为外省官员赴京后所寻求的政治身份认同，是一种亚形态的"家族主义"。在同籍京官的交往之中，既存有乡土、血缘的情感认同，也可能出现专重权贵、公行贿赂等官场"潜规则"。

第三篇　齐家之道

道光二十一年辛丑岁
六月二十九日（1841）

原文

孙男国藩跪禀祖父大人万福金安：

六月初七日发家信第九号。二十九日早接丹阁十叔信，系正月二十八日发。始知祖父大人于二月间体气违和,三月已痊愈,至今康健如常。家中老幼均吉。不胜欣幸。

四弟于五月初九寄信,物于彭山屺处,至今尚未到,大约七月可到。

丹阁叔信内言去年楚善叔田业卖与我家承管,其中曲折甚多。添梓坪借钱三百四十千,其实只三百千,外四十千系丹阁叔兄弟代出。丹阁叔因我家景况艰窘,勉强代楚善叔解危,将来受累不浅。故所代出之四十千,自去冬至今,不敢向我家明言。不特不敢明告祖父,即父亲、叔父之前,渠亦不敢直说。盖事前说出,则事必不成;不成则楚善叔逼迫无路,二伯祖母奉养必阙①,而本房日见凋败,终无安静之日矣。事后说出,则我家既受其累,又受其欺,祖父大人必怒,渠更无辞可对,无地自容。故将此事写信告知孙男,托孙原其不得已之故,转禀告祖父大人。现在家中艰难,渠所代出之四十千,想无钱可以付渠。八月心斋兄南旋,孙拟在京借银数十两,付回家中归楚。此项大约须腊底可到,因心斋兄走江南回故也。

孙此刻在京光景渐窘。然当京官者,大半皆东扯西支,从无充裕之时,亦从无冻饿之时。家中不必系怀。孙现经管长郡会馆事,公项存件亦已无几。孙日内身体如恒,九弟亦好。甲三自五月二十三日起病,至今虽痊愈,然十分之中,尚有一二分未尽复旧。刻下每日吃炒米粥一餐,泡冻米吃二次,乳已全无,而伊亦要吃。据医云此等乳最不养人,因其夜哭甚,不能遽断乳。从前发热烦躁,夜卧不安,食物不化及一切诸患,此

---

① 阙:通"缺"。

时皆已去尽，日日嬉笑好吃。现在尚服补脾之药，大约再服四五帖，本体全复，即可不药。孙妇亦感冒三天。郑小珊云服凉药后，须略吃安胎药。目下亦健爽如常。

甲三病时，孙妇曾于五月二十五日，跪许装修家中观世音菩萨金身。伏求家中今年酬愿。又言西冲有寿佛祖像，祖母曾叩许装修，亦系为甲三而许。亦求今年酬谢了愿。

梅霖生身后事，办理颇如意，其子可于七月扶梓①回南。同乡各官如常。家中若有信来，望将王率五家光景写明。

肃此谨禀祖父母大人万福金安。

解读

这封信是曾国藩写给祖父的家书，在曾国藩的家书中，长辈中最多是写给父亲的，其次是写给母亲及祖父的，可见曾国藩与祖父之间有着极其深厚的祖孙感情。曾国藩祖父名曾玉屏，以务农为生。虽然如此，曾玉屏注重子女的教育，曾国藩的父亲曾麟书就由务农的父亲培养成了私塾教师，曾国藩作为长孙，更是受到了来自祖父和父亲的共同教育。

这封信从内容上来看，一是介绍了因为田产买卖而产生的一些小的误解，曾国藩要在此向祖父解释说明，以避免因为钱财问题而伤害了家族间和睦；二是简要介绍了曾国藩在京生活的境况，看起来也并非事事如意。

第一部分是向祖父禀明丹阁叔一方面为解楚善叔困境，另

---

① 梓：木材制成的器物，这里指棺材。

一方面考虑到曾国藩父亲家境况也很一般从而慷慨解囊,向楚善叔借钱四百千。事后,丹阁叔对此颇为担心,于是曾国藩写信说明。一来,如果事前就说出,可能会使得楚善叔陷入困境,无法赡养母亲;可是这样就存在着令曾国藩的祖父、父亲、叔父因此事受骗的窘境。曾国藩得知这事始末后,感慨于丹阁叔为成全楚善叔的孝心及对祖父的坦诚,原谅了丹阁叔的不得已,并将此事转告给祖父。更为重要的是,丹阁叔也并不富裕,他的慷慨解囊,也使得自己陷入窘境。曾国藩因此在京借钱,请带回去好还给丹阁叔。这件看来再平常不过的小事,却反映出曾国藩深受理学思想影响,在宗族情谊与钱财之间,更重视对于宗族间情谊的维护。著名社会学家费孝通先生就曾指出,"大家庭"是中国乡村社会中的基本群体,这是一种非常独特的"扩大了的家庭"。当代中国人的观念往往受到西方的影响,尤其是城市化过程中,"大家庭"结构逐渐瓦解,似乎我们已经很难感受"大家庭"的氛围了,心里留存的就只有"小家庭"的观念了。小家庭,是一般意义上的因为生育的原因而组成的最小的社会单位。小家庭里最简单的组成就是父母和子女,如果是一个生了很多孩子的家庭,即便人口再多,那也是单纯的父母与子女的关系,是个关系简单的小家庭。然而,如果子女长大了,成家了,有外姓人进入这一家子,父母变成了祖父母,兄弟姐妹之外又有了妯娌关系、婆媳关系、祖孙关系,如果再加上远亲,外姓亲戚,乃至"分家",关系就越来越复杂了。中国传统社会中的家庭,可不是简单的"小家庭",而是复杂的"大家庭"。大家庭中有家长、有亲属,关系有远有近,各家之间也存在着错综复杂的联络。所以,一个大家庭如果能融洽地相处,其实是一件很难的事情。那么,这件极难的事情应该怎么处理呢？亲戚之间除了亲缘联系以外，还可能存在着利益的分配。所以，儒家就讲"齐家"。齐家可不是一件简单的事情。一个人的生命可能有限，然而一个家族确是绵延不断的。"齐家"就是要从最小的父母子三角关系出发，将其推广到整个家族中去。在这个过程中，家庭关系的处理便成了一种艺术，而这种艺术的根基如果要还原，那还是最基本的"孝"。孝，是一种可以孕育出其他道德自觉的观念。孝顺父母，自然会去孝顺父母的父母，同样的感情还会推扩到叔父、伯父那里。曾国藩在这里向祖父写信，根源不在于丹阁叔借款的事情，而是要说明丹阁叔的初心，丹阁叔也是因为要成全楚善叔的孝心才如此去做；而曾国藩之所以可以原谅并帮丹阁叔的行为作出解释，其缘由也在于担心二伯祖母的养老。虽然看起来是复杂的家务事，但贯彻在其中的道德原则却是一样的"孝"。这就让彼此之间更容易相互理解。这也说明了，为什么传统社会中会形成四世、五世同堂的大家族，而彼此之间却又其乐融融。倒是反观当代社会，大家族解体之后，孝道向外推扩的路径被阻隔了，孝道似乎也因此而"反受其害"，没办法体现出其更广泛的意义。

　　第二个重要的事情，是说了曾国藩在京的生活也颇显窘迫。曾国藩说"当京官者，大半皆东扯西支"，似乎与我们平日里所理解到的清朝官员的腐败生活相去甚远。清代中央官僚体系非常臃肿，这是导致京官生活窘迫的第一个原因。一来，六部人数因为保举政策，人数连年增加，而这些增加的新任的底层京官，却又长年得不到官职，甚至终身都得不到最低一级的官职。而内阁、翰林院的人数则超出了原有的三倍。如此庞大臃肿的官僚体系，能得到升职的人自然是凤毛麟角。到了道光年间，国库又日渐吃紧，自然没有大笔经费养着这些底层官员。他们生活的窘境自然是可想而知。清代中央官僚中上层官僚的高度集权及腐败则从另一个方面反衬出底层京官生活情况的困难。民间流传着的"和珅跌倒，嘉庆吃饱"的话，可见和珅的财富已经可以富可敌国了。道光皇帝在惩治腐败方面，受到其父的影响颇深，因此从登基以来就厉行节俭、惩治腐败。然而，道光帝的清查陋规的诏令，却未能奏效，反而更显示出腐败之风气已使清朝病入膏肓。一方面是不断庞大的官僚体系，另一方面又是腐败的上层官员，新近入京的京官，即便有满腔抱负，也无法抵抗现实生活的困境，同时还要主动抗拒京师中种种复杂的漩涡。曾国藩初入京，虽"光景渐窘"，却依然能坦然面对，并以乐观的态度向祖父陈述。家中的钱银问题也只凭借己力去尽力解决。落笔之间，都可以感受到君子喻于义的骨气。这种个人的修养，在家信之中，也必然让长辈可以放心。所以，做好自己，乐观、坦然地面对生活的困境，也是一种孝道的体现。

第四篇　兄弟齐心

道光二十一年辛丑岁
十月十九日（1841）

原文

男国藩跪禀父母亲大人万福金安：

十月十七日接奉在县城所发手谕，知家中老幼安吉，各亲戚家并皆如常。七月二十五由黄恕皆处寄信，八月十三日由县附信寄折差，皆未收到。男于八月初三发第十一号家信，十八发第十二号，九月十六发第十三号，不知皆收到否？

男在京身体平安。近因体气日强，每天发奋用功。早起温经，早饭后读二十三史，下半日阅诗、古文。每日共可看书八十页，皆过笔圈点。若有耽搁，则止看一半。

九弟体好如常，但不甚读书。前八月下旬迫切思归，男再四劝慰，询其何故。九弟终不明言，惟不读书，不肯在上房共饭。男因就弟房二人同食，男妇独在上房饭，九月一月皆如此。弟待男恭敬如常，待男妇和易如常，男夫妇相待亦如常，但不解其思归之故。男告弟云"凡兄弟有不是处，必须明言，万不可蓄疑于心。如我有不是，弟当明争婉讽。我若不听，弟当写信禀告堂上。今欲一人独归，浪用途费，错过光阴，道路艰险，尔又年少无知，祖父母、父母闻之，必且食不甘味，寝不安枕，我又安能放心？是万万不可也"等语。又写书一封，详言不可归之故，共二千余字。又作诗一首示弟。弟微有悔意，而尚不读书。十月初九，男及弟等恭庆寿辰。十一日，男三十初度，弟具酒食，肃衣冠，为男祝贺。嗣是复在上房四人共饭，和好无猜。

昨接父亲手谕，中有示荃男一纸，言境遇难得，光阴不再等语，弟始愧悔读书。男教弟千万言，而弟不听；父亲教弟数言，而弟遽惶恐改悟。是知非弟之咎，乃男不能友爱，不克修德化导之罪也。伏求更赐手谕责男之罪，俾男得率教改过。幸甚。

男妇身体如常。孙男日见结实，皮色较前稍黑，尚不解语。男自六月接管会馆公项，每月收房租大钱十五千文，此项例听经管支用，俟交卸时算出，不算利钱。男除用此项外，每月仅用银十一二两。若稍省俭，明年尚可不借钱。比家中用度较奢华。祖父母、父母不必悬念。男本月可补国史馆协修官，此轮次挨派者。

英夷之事，九月十七大胜。在福建、台湾生擒夷人一百三十三名，斩首三十二名，大快人心。

许吉斋师放甘肃知府。同乡何宅尽室南归，余俱如故。同乡京官现仅十余人。敬呈近事，余容续禀。

男谨禀

又，呈附录诗一首云：

松柏翳危岩，葛藟相钩带。兄弟匪他人，患难亦相赖。行酒烹肥羊，嘉宾填门外。丧乱一以闻，寂寞何人会？维鸟有鹡鸰，维兽有狼狈。兄弟审无猜，外侮将予奈？愿为同岑石，无为水下濑。水急不可矶，石坚犹可磕。谁谓百年长？仓皇已老大。我迈而斯征，辛勤共粗粝。来世安可期，今生勿玩愒！

解读

这封家书是《曾国藩家书》中论述兄弟情义极为重要的一封。在《修身卷》中就提到过曾国藩的九弟曾国荃欲离京回乡，曾国藩反省自身之过的家书。这封信中，更是谈到了曾国藩对于九弟离京之举的种种劝导，并由此反映出在传统儒家的家庭伦理中，兄弟关系是极为重要的一维。

在儒家看来，"兄弟和，虽穷氓小户必兴；兄弟不和，虽世家宦族必败"。传统家庭中，兄弟关系往往成为一个家庭是否可以由小的家庭形成至一个大的家庭的关键。兄弟因血缘而结，因此有手足之情；又因性情差异，也有反目之危。兄弟之间的感情，往往因充满着变数，因此更需要小心维护。

儒家在思考人与人之间的伦理关系时，总是依着两个最基本的依据：一是情，一是理。情，就是人之为人最单纯、质朴的情感。郭店楚简里有一句话，叫做"道由情出"，就是说人道的根本还是源自于人类的基本情感。兄弟情义最初就是依着这样一种人类最基本的情感而产生的。另一方面，人除了有感情之外，还有理性。徐复观先生指出，早在周代中国人就已经从原始的宗教崇拜中解脱出来，而形成了人文的理性的精神。"以德配天"就是最好的例证，"天"虽是高深最不可测的大道，但是它并不是完全神秘的。天的意志是通过人的德性而体现出来的，尤其是通过它在人间的代表天子的德性所体现的。当天子的行为有悖于道德时，就可以"革天命"。归根结底，这种对天道的理解，是建立在对人间道德理性的判断基础上的。所以，兄弟情义中还有依着人的理性而产生兄友弟恭的道德原则。

从情的角度来说，兄弟之间有着血缘亲爱之情，这是人类情感中最基本的一种情感。所以在信的第三段中，曾国藩对弟弟突然不一同入席用餐、不读书、要回家等反常的行为表达了极为亲切的询问。"再四劝慰"，显然证明了曾国藩不止一次向九弟询问，兄长对弟弟的关爱于此显露无遗。然而，九弟依然不愿坦露心声，于是曾国藩干脆也不与家人一同用餐，而是去九弟房间与九弟一同吃饭，希望以此来感化九弟。作为九弟的国荃，在表达了要回乡的意愿后，虽然有些闹别扭，但也与大哥、大嫂相处恭敬如常，可见虽然有一些未能说出的原因，但并没有因此而要刻意去伤害兄弟情感。

从理的角度而言，曾国藩因多次劝谕都不能让九弟恢复正常的生活，于是便晓之以理，动之以情。不仅对九弟坦然相待，请求国荃将心中不满坦然说出，批评大哥也无所不可，同时还写两千余字的书信给国荃，用文字的方式来避免对话时的尴尬，向九弟陈述兄弟感情之重要；最后，国藩还请家父写信给弟弟，并自责自身所为不够好，才造成了当时的局面。从理智的角度而言，曾国藩在这其间，为避免加重弟弟的叛逆想法，缓和兄弟之间的尴尬，尝试不同的方法，来表达自己的疑惑与担忧。

更为重要的是，在整个事件之中，无论是曾国藩抑或国荃，都体现出较好的素养，这说明二人自小就受到很好的家庭教育，兄弟之间即便有不和谐的相处，但言语上必当好言相劝，才不至于伤到和气。很多时候，兄弟间的矛盾都不过是简单的误会，若没有良好的素养，动辄生气、发火，非但不能解决问题，反而会造成更恶劣的后果。在这一点上，曾国藩作为长兄，表现出了更高的智慧，他虽无奈于九弟的反常，但其用心也是出于一片赤诚，或许是对九弟的管教过严，但终归是为了使九弟有所长进，生活也惬意自在。

所以，在这封信的末尾，曾国藩附上了一首写给九弟的诗：松柏遮盖在危险的悬崖上，葛藟缠绕庇护着本根，兄弟怎能与别人一样，纵使于险境中也必然相互依赖。酒宴酣畅菜肴肥美时，便有无数宾客熙熙攘攘；一旦陷入困境，即便寂寞困顿又有几人理会？鸟中有比翼鸟，不比不飞；兽中有狼与狈，缺一不可。兄弟之间毫无猜忌，即便有外侮又奈我们何？兄弟相依应如同山之石，而非沙间水。急流不可击穿顽石，坚石则不惧碰撞。谁能于世上有百年之长？转瞬间即已老大不小。我们兄弟不可再蹉跎于时光，应当奋发向前，辛勤互勉，即便有困难也当携手克服。来生不可预期，所以今生不得散漫度过。

这首与《诗·棠棣》风格相近的讽谏诗作，处处流露着曾国藩对兄弟情谊的重视，可谓是对"兄弟齐心，其利断金"的生动阐述。此事在历经一月多的努力调和后，国荃终于恢复常态，兄弟二人也重归于好。

第五篇　长兄如父

道光二十二年壬寅岁
八月初一日（1842）

原文

孙男国藩跪禀祖父母大人万福金安：

七月初五日发第九号信，内言六月二十四日后，孙与岱云意欲送家眷回南，至七月初一谋之于神，乃决计不送。

初五日发信后，至初八日九弟仍思南归，其意仍坚，不可挽回。与孙商量，孙即不复劝阻。九弟自从去年四月父亲归时，即有思归之意。至九月间，则归心似箭。孙苦苦细问，终不明言其所以然。年少无知，大抵厌常而喜新。未到京则想京，既到京则思家，在所不免。又家中仆婢，或对孙则恭敬，对弟则简慢，亦在所不免。孙于去年决不许他归，严责曲劝，千言万语，弟亦深以为然。几及两月，乃决计不归。今年正月病中又思归，孙即不敢复留矣。三月复元后，弟又自言不归。四、五、六月读书习字，一切如常。至六月底，因孙有送家眷之说，而弟之归兴又发。孙见其意，是为远离膝下，思归尽服事之劳。且逆夷滋扰，外间讹言可畏。虽明知蕞尔螳臂，不足以当车辙①，而九弟既非在外服官，即宜在家承欢，非同有职位者，闻警而告假，使人笑其无胆，骂其无义也。且归心既动，若强留在此，则心如悬旌，不能读书，徒废时日。兼此数层，故孙比即定计，打发他回，不复禁阻。恰好郑莘田先生（名世任，长沙人，癸酉拔贡，小京官，由御史升给事中，现放贵西兵备道）将去贵州上任，迂道走湖南省城，定于十六日起程。孙即将九弟托他结伴同行。此系初八九起议，十四日始决计。即于数日内将一切货物办齐，十五日雇车。

郑宅大车七辆（渠已于十三日雇定），九弟雇轿车一辆，价钱二十七千文（时价轿车本只要二十三千，孙见车店内有顶好官车一辆，牲口亦极好，其车较常车大二寸，深一尺，坐者最舒拂，故情愿多出大钱四千，恐九弟在道上受热生病）。雇底下人名向泽，其人新来，未知好歹。观其光景，似尚有良心者（昨九弟出京七日，在任丘县寄信来京，云向泽伺候甚好）。十六日未刻出京，孙送至城外二十里。见道上有积潦②甚多，孙大不放心，恐路上有翻车陷车等事，深为懊悔。二十三日接到弟在途中所发信，始稍放心。兹将九弟原信附呈。孙交九弟途费纹银三十二两整（先日交车行上脚大钱十三千五百文及上车现大钱六千文两项在外），外买货物及送人东西另开一单（九弟带回）。外封银十两，敬奉堂上六位老人吃肉之资（孙对九弟云，

---

① 蕞（zuì）尔螳臂，不足以当车辙：取自成语螳臂当车，比喻不自量力，招致失败。
② 积潦：亦作"积涝"。成灾的积水，洪涝。

万一少途费,即扯此银亦可,若到家后,断不可以他事借用此银。然途费亦断不至少也)。向泽订工费大钱二千文,已在京交楚。郑家与九弟在长沙分队,孙嘱其在省换小船到县,向泽即在县城开销他。向泽意欲送至家,如果至家,留住几日打发,求祖父随时斟酌。

九弟自到京后,去年上半年用功甚好。六月因甲三病,耽搁半月余。九月弟欲归,不肯读书,耽搁两月。今春弟病耽搁两月。其余工夫,或作或辍,虽多间断,亦有长进。计此一年半之中,惟书法进功最大。外此则看纲鉴①三十六本,读《礼记》四本,读《周礼》一本,读《斯文精萃》②两本半(因《周礼》读不熟,故换读《精萃》),作文六十余篇,读文三十余首。父亲出京后,孙未尝按期改文,未尝讲书,未能按期点诗文。此孙之过,无所逃罪者也。读文作文全不用心,凡事无恒,屡责不改。此九弟之过也。好与弟谈伦常、讲品行,使之扩见识、立远志,目前已颇识为学之次第,将来有路可循。此孙堪对祖

---

① 纲鉴:通俗史书的文体。起源于北宋时期司马光所作《资治通鉴》,至南宋朱熹编撰《资治通鉴纲目》,前有纲,记录历代史事之提纲;后有目,对历代史事进行详细描述。之后不少书都采用这种体例,通称为"纲鉴"。明代有《袁了凡纲鉴》,清代最为流行的是吴乘权(吴楚材)编撰的《纲鉴易知录》,该书记录了从上古至明末的基本历史,是简明的中国通史读本。初刻于康熙五十年(1711),当代有中华书局1960年版、红旗出版社1996年版等。

② 《斯文精萃》:清尹继善所编的诗文选编,包含有《唐诗七言律》《宋诗七言律》《唐诗五言绝》《宋诗五言绝》《唐诗七言绝》《宋诗七言绝》。尹继善(1695—1771),字元长,号望山。清早期杰出的政治家。雍正元年(1723)甲辰恩科进士榜眼及第。历任江苏巡抚,江南河道,云贵、川陕、江南等地总督。为世宗、高宗所倚重。

父者也。待兄甚敬，待侄辈甚慈，循规蹈矩，一切匪彝慆淫①之事毫不敢近，举止大方，性情挚厚。此弟之好处也。弟有最坏之处，在于不知艰苦。年纪本轻，又未尝辛苦，宜其不知；再过几年，应该知道。

九弟约计可于九月半到家。孙恐家中骇异，疑兄弟或有嫌隙，致生忧虑，故将在京出京情形，述其梗概。至琐细之故，九弟到家详述，使堂上大人知孙兄弟绝无纤介之隙也。

孙身体如常，惟常耳鸣，不解何故。孙妇及曾孙兄妹二人皆好。丫环因其年已长，其人太蠢，已与媒婆兑换一个（京城有官媒婆，凡买妾买婢，皆由他经纪），彼此不找一钱。此婢名双喜，天津人，年十三岁。貌比春梅更陋，而略聪明。寓中男仆皆如故。

同县谢果堂先生为其子捐盐大使，王道隆（王恒信之侄）捐府经历，黄鉴之子捐典史，以外无人。

孙在京一切自宜谨慎，伏望堂上大人放心。

孙谨禀

解读

这封信是曾国藩赴京第三年时给祖父母写的一封信，信中较为详细地陈述了曾国藩的九弟曾国荃离京回乡的种种情状。是年曾国藩三十一岁，国荃1824年出生，此时只十八岁。他在

---

① 匪彝：违反常规的行为。慆淫：享乐过度，怠慢放纵。《书·汤诰》有言："凡我造邦，无从匪彝，无即慆淫。"蔡沉《书集传》释曰："慆，慢也。慆淫，指逸乐言。"

道光二十年（1840）随父亲入京，当时只有十六岁。此后，便由曾国藩代为照顾。曾国藩是家中长子，父亲不在时，便承担着"长兄为父"的责任，对国荃教诲严格、照顾有加。但十八岁的国荃毕竟思乡情切，曾国藩在向祖父陈情多次挽留不可后，便也操持一切，安排弟弟回乡。

在这封信中，兄弟之间相互友爱的感情表露无遗，而这份友爱之情不仅仅是感情上的自觉，同样也是理性的道德自觉，这种道德自觉便是与"孝"并称的"悌"。《说文解字》中说"悌"乃"善兄弟"，意思就是兄弟姐妹之间要相互善待。"孝悌"二字连用，说明了在一个最基本的家庭中，家庭成员之间由情而出的最基本的伦理原则，就是对长辈孝顺，兄弟姐妹友爱。传统儒家的伦理思想很多是建立在人的情感经验之上的，所以有"情本体"之说。今天的人喜欢用复杂的逻辑结构去论证，人为什么会孝敬长辈、会善待兄弟姐妹，但却忽略了人之为人的根本。什么是人之为人的根本？那就是人所共有的品质，再进一步而言，就是人性。但是，人性问题在历史上是个复杂的问题，人们过度执着于人性的内容是什么的时候，就容易忽略人性本身。孔子说过"性相近也，习相远也"，也并没有说人性的内容是什么，但是他却说明了人性是有共同性的。一个人无论其出身、教育、家庭背景，他作为一个人所具备的本性是相近的。从这一点上，我们暂且不管人性恶、善、朴等争论，但就性本身而言，人与人之间是可能达成共识的。也就是说，每个人都会天然地去亲近自己的父母，希望得到父爱母爱，也天然会首先与自己同血缘的兄弟姐妹建立起深厚的感情。至于到后天的关系的相处，则需要一种道德自觉，去充分发现自己的本性。这就是孟子所说的"良知""良能"。孝悌就是这样一种本心的发明，它并非什么深奥的道德说教，它其实就是以人的本心为根基的一种道德情感和自觉。

曾国藩为弟弟要不要回家思考了很多，最终认为他并无官职，回家侍奉父母或许更好。回家路途遥远，要安全还要让弟弟舒服，所以又是拜托别人，又是为弟弟租较好的马车，一切安顿妥帖。不仅如此，还要亲自去送，发现路有淤泥，便担心起来，怕旅途不够顺利；把弟弟送走后，更要向家中长辈汇报，以免长辈以为兄弟俩在京城有什么矛盾，所以才分开。曾国藩亦兄亦师，将弟弟在京城的学习状况，优缺点都一一做了汇报。而自己也做了深刻的反思，对做得不好的地方表达了愧疚与自责。尤其是对于九弟的褒扬，也看得出作为兄长对于弟弟的期望。这些稀松平常之语，其实就是对"悌"的真实表现。

第六篇　和则生福

道光二十三年癸卯岁
正月十七日（1843）

原文

男国藩跪禀父母亲大人万福金安：

正月八日恭庆祖父母双寿，男去腊作寿屏①二架。今年同乡

---

① 寿屏：指赠给寿诞者的有寿文、寿词、诗词的屏条。

送寿对者五人。拜寿来客四十人。早面四席,晚酒三席。未吃晚酒者,于十七日、二十日补请二席。又请人画椿萱重荫图①,观者无不叹美。

男身体如常。新年应酬太繁,几至日不暇给。媳妇及孙儿俱平安。

正月十五接到四弟、六弟信。四弟欲偕季弟从汪觉庵师游,六弟欲偕九弟至省城读书。男思大人②家事日烦,必不能常在家塾照管诸弟;且四弟天分平常,断不可一日无师,讲书改诗文,断不可一课耽阁。伏望堂上大人俯从男等之请,即命四弟、季弟从觉庵师。其束修③银,男于八月付回,两弟自必加倍发奋矣。六弟实不羁之才,乡间孤陋寡闻,断不足以启其见识而坚其志向;且少年英锐之气不可久挫。六弟不得入学,既挫之矣;欲进京而男阻之,再挫之矣;若又不许肄业④省城,则毋乃太挫其锐气乎?伏望堂上大人俯从男等之请,即命六弟、九弟下省

---

① 椿:本是一种多年生落叶乔木,《庄子·逍遥游》记"上古有大椿者,以八千岁为春,八千岁为秋",以椿为长寿之意。古人常以椿寿为祝福语,祝愿父亲或男性长辈长寿如椿。或以椿、椿庭代称父亲。萱:草本植物,有忘忧之意。古时有子女外出,母亲要种萱草,以免惦念儿女,使其忘忧的习俗。后引申为以萱堂代称母亲,并寓意祝福母亲长寿。椿萱:古时有"堂上椿萱雪满头"的说法,比喻父母年事已高。这里代指向父母或男性、女性长辈祝寿。椿萱图多是为父母或祖父母祝寿所作,如明代唐寅为向父母祝寿,曾作诗《椿萱图》:"漆园椿树千年色,堂北萱根三月花。巧画斑衣相向舞,双亲从此寿无涯。"

② 大人:此处指对父母长辈的称呼。

③ 束修:又作束脩,历来解释不一,一般是指学生初次和老师见面,向老师所敬的礼物,以表尊敬,以尊师道。这里所言束修银,指后世所例行的学生付给老师的酬金。

④ 肄业:修业,学习。

读书。其费用，男于二月间付银二十两至金竺虔家。

夫家和则福自生。若一家之中，兄有言弟无不从，弟有请兄无不应，和气蒸蒸而家不兴者，未之有也；反是而不败者，亦未之有也。伏望大人察男之志，即此敬禀叔父大人，恕不另具。六弟将来必为叔父克家之子，即为吾族光大门第，可喜也。

谨述一二，余俟续禀。

解读

前一封信中，曾国藩以长兄为父之态度为九弟回乡之事忧心操劳；这一封信中则更是以实际行动表达了作为兄长对弟弟们的关爱。这封信写于正月，恐应酬频繁而未能尽书在京境况，但对于弟弟们求学的要求，则向父亲表达了自己的看法；同时更提到了家和万事兴的道理。

曾国藩四弟曾国潢和季弟曾国葆，欲师从汪觉庵。汪觉庵是当时湖南衡阳很有名望的私塾先生，曾国藩二十岁时曾跟随汪师读书，之后才转入湘乡涟滨书院。曾国藩认为四弟本身资质不高，而在汪觉庵处，便可日日读书，这对于二位弟弟是极好的安排。至于六弟曾国华，曾国藩对其赞赏有加，认为国华有着非常的才华，如果留在家中，会禁锢他的思想，阻碍他的志向。更何况对于有才华的青年人，曾国藩认为应多加以鼓励，而万万不可人为地设置障碍，令其在精神上受挫，从而不能进取。因此，曾国藩恳请父母同意六弟、九弟入省城读书。至于学费之类，曾国藩则一早做了打算，会给四弟、季弟寄去学费；给六弟、九弟也一并寄去费用。

曾国藩所为不难看出这位兄长对兄弟之谊的重视，而重兄弟之情是他所提倡的"家和"的重要根基。曾国藩说，家和自然会有福气生出来。在一个家里，如果长兄说的话，弟弟们都会遵从，而弟弟们有所请托，兄长也都会积极回应，一家人和睦融洽，家庭便没有不兴旺的。如若反之，则从未听说过有不和睦的家庭还兴旺的。俗语常讲"家和万事兴"，一家和睦，则万事顺遂，这恰恰是儒家关于"家"的智慧。

"和"的观念早在西周时期就已出现，《国语·郑语》中史伯说："夫和实生物，同则不继。"和是一种和谐、协同的状态。《中庸》讲："喜怒哀乐之未发，谓之中；发而皆中节，谓之和。"朱熹解释，这个"和"就是无偏无倚，无所乖张。不仅如此，"和"还是天下之大道。在生活中，"和"意味着一条日常经验的通途，它随时在指导着人们的生活、社会的发展。古代社会生活的基本制度礼制就遵从"和"的原则，因此有"礼之用，和为贵"。但是，古往今来，对于"和"的理解却往往生出歧枝。对"和"最大的误解便是认为和就是相同，而和的本义却恰恰是与之相反的，在儒家的思想中，"和"意味着"和而不同"。金、木、水、火、土不同的元素混合在一起，恰恰孕育更多丰富的物质；酸、甜、苦、辣、咸不同的味道，调和在一起，才可能形成美味；宫、商、角、徵、羽，以一定的节奏排列，才能奏出动人的音乐。和，就是使不同的事物，以其恰当的方式排列组合在一起，从而生出新的事物。在人的生活世界中，和意味着使性格不同、喜好各异的人们可以以最为恰当的方式生活在一起，求同存异。

家作为最基本的社会单位，它的和谐既能使每一位家庭成员于精神、物质上获得最坚实的保障，同时也能促进整个社会风气的和睦。正因如此，曾国藩特别强调家庭的和谐，这便是"家和则福自生"的道理。

第七篇　勿使亲忧

道光二十六年丙午岁
九月十九日（1846）

原文

男国藩跪禀父母亲大人万福金安：

九月十七日接读第五、第六两号家信。喜堂上各老人安康，家事顺遂，无任欢慰。

男今年不得差，六弟乡试不售，想堂上大人不免内忧；然男则正以不得为喜。盖天下之理，满则招损，亢①则有悔，日中则昃，月盈则亏，至当不易之理也。男毫无学识而官至学士，频邀非分之荣，祖父母、父母皆康强，可谓极盛矣。现在京官翰林中无重庆下者，惟我家独享难得之福。是以男栗栗恐惧，不敢求分外之荣，但求堂上大人眠食如常，阖家平安，即为至幸。万望祖父母、父母、叔父母无以男不得差，六弟不中为虑，则大慰矣。况男三次考差，两次已得；六弟初次下场，年纪尚轻，尤不必挂心也。

---

① 亢：极度，非常。

同县黄正斋,乡试当外帘差,出闱即患痰病,时明时昏,近日略愈。

　　男癣疾近日大好,头面全看不见,身上亦好九分。十八生女,男妇极平安。惟体太弱,满月当大补养。在京一切,男自知谨慎。

　　八月廿三日,折差处发第十四号信。廿七日,周缦云处寄寿屏,发十五号信。九月十二日,善化郑七处寄谙封卷六十本,发第十六号信。均求查收。

男谨禀

解读

　　曾国藩自而立之年离家,在他心中始终觉得有愧于父母长辈。因此,他自离家便开始坚持写家书,为的就是不让父母担忧。远方游子,不能近侍父母,唯有不为父母添忧,才算是尽孝。这便是孔子所言君子"不远游,游必有方"的道理,而曾国藩在这封信中,则为父母之忧开了另一道良方。

　　我们以往所言,不令父母担忧,便只能发愤图强,自己把一切都照顾妥帖。但是,人总有顺境逆境,游子在外,若遇顺境,父母在家乡自然可以安心;但若遇逆境,又该如何?这时候,我们就需要领悟到,孝并不只是单方面的道理,而是联络父母与子女的一条线。信中,曾国藩说道自己这一年没有得到什么差事,六弟的考试也没有取得名次,这一切难免会令父母生忧。

　　然而,从另一方面来看,此时,父母的无忧才可以让子女安心,也可以使子女不必为此而感到孝敬之情受到了损伤。曾国藩说，自己这几年来升迁迅速，即便自己没什么才华，可依然处在了才俊之士才可以处的位置。六弟考试，也不过才第一次而已，年纪轻轻，有的是机会。这些事情的背后，曾国藩更明白"满招损，谦受益"的道理。月盈则亏，日中则昃。曾国藩把这些道理告诉父母，不仅仅是要让父母不再担心，更是要以含蓄的方式劝谕父母从另一个角度接纳和宽容自己和六弟的事情。

很多时候，我们认为孝是单方面的，但实际上孝是双向的。子女对父母的孝敬之情，根本上来源于父母之养育。父母对子女，也万不可有过分的牵制，而应对其"放心"，父母之放心，才能获得子女的孝心。如果因为子女的一点挫折，父母便忧心忡忡，就会让子女的孝心变得唯唯诺诺。这封信，不仅是曾国藩劝慰父母莫忧心，也是父母对子女莫忧心的另一种表达。

第八篇　孝本乎情

道光二十七年丁未岁
二月十二日（1847）

原文

澄侯、子植、季洪三弟左右：

二月十一日接到三弟正月初旬手书，具悉一切。澄侯以腊月二十三至岳州，余见罗芸皋已知之。后过湖又阻风，竟走七十余天始到。人事之难测如此！吾弟此后又添了阅历工夫矣。黎樾乔托带之件，当装车时，吾语弟曰："此物在大箱旁边，恐不妥。弟明日到店，须另安置善地。"不知弟犹记得我言否？出门人事事皆须细心。今既已弄坏，则亦不必过于着急。盖此事黎樾翁与弟当分任其咎。两人皆粗心，不得专责弟一人也。

祖父大人之病久不见效，兄细思之，恐有火，不宜服热药。盖祖父体赋素强，丁酉之春以服补药之故，竟成大病。后泽六爷以凉药治好。此次每日能吃三中碗饭，则火未甚衰，恐医者不察，徒见小便太数，则以为火衰所致，概以热药投之，亦足误事。兄不明医理，又难遥度，而回忆丁酉年之往事，又闻陶云汀先生为补药所误之说，特书告家中。望与名医细商，不知有可服凉药之理否？兄自去年接祖母讣后，即日日思抽身南归，无如欲为归计，有三难焉：现在京寓欠账五百多金，欲归则无钱还账，而来往途费亦须四百金，甚难措办。一难也。不带家眷而归，则恐我在家或有事留住，不能遽还京师，是两头牵扯；如带家眷，则途费更多，家中又无房屋。二难也。我一人回家，轻身快马，不过半年可以还京。第开缺之后，明年恐尚不能补缺，又须在京闲住一年。三难也。

有此三难，是以踌躇不决。而梦寐之中，时时想念堂上老人，望诸弟将兄意详告祖父及父母。如堂上有望我回家之意，则弟书信与我，我概将家眷留在京师，我立即回家；如堂上老人无望我归省之意，则我亦不敢轻举妄动。下次写信，务必详细书明堂上各位老人之意。

祖母之葬事既已办得坚固，则不必说及他事。日前所开山向吉凶之说，亦未可尽信。山向之说，地理也；祖父有命而子孙从之，天理也。祖父之意已坚，而为子孙者乃拂违其意，而改卜他处，则祖父一怒，肝气必郁，病势必加，是已大逆天理；虽得吉地，犹将变凶，而况未必吉乎？自今以后不必再提改葬之说，或吉或凶，听天由命。即朱尧阶、易敬臣，亦不必请他寻地（尧阶二人如看得有妥地，亦不妨买）。四弟则在家帮父亲、叔父管家事，时时不离祖父左右。九弟、季弟则专心读书。只要事事不违天理，则地理之说，可置之不论不议矣。

吾身之癣，春间又发，特不如去岁之甚。面上颈上则与弟出京时一样，未再发也。六弟近日颇发愤，早间亦能早起。纪泽《诗经》尚未读完，现系竹屋教，总多间断，将来必要请一最能专馆之人。

黎樾乔御史报满引见，回原衙门行走。黄正斋之长子于正月初间失去，至今尚未归来。邓星阶就正斋之馆，李希庵就杜兰溪之馆，系我所荐。同县刘九爷、罗邹二人及新科三人皆已到京，住新馆。江岷樵住张相公庙，去我家甚近。郭筠仙尚未到。袁漱六于正月二十四到京，现在家眷住北半截胡同。周荇农尚未到。杨春皆于正月二日生一子。刘药云移寓虎坊桥，其病已全好。赵崧原之妻于正月仙逝。舒伯鲁二月出都。我家碾儿胡同房东将归，三四月必须搬家。黄秋农之银已付来，加利息十两，兄意欲退还他。

九弟、季弟读书，开口便有自画之意。见得年纪已大，功名无成，遂有懒惰之意。此万万不可。兄之乡试座师余晓邺、许吉斋两先生，会试房师季仙九先生，皆系二十六七入泮，三十余岁中举，四十余岁入词林。诸弟但须日日用功，万不能作叹老嗟卑之想。譬如人欲之京师，一步不动而长吁短叹，但曰京师之远，岂我所能到乎？则旁观者必笑之矣。吾愿吾弟步步前行，日日不止，自有到期，不必计算远近而徒长吁短叹也。望澄侯时时将此譬喻说与子植、季洪听之。千万千万！无怠无怠！

九弟信言诸妯娌不甚相能，尤望诸弟修身型妻，力变此风。若非诸弟痛责己躬，则内之气象必不改，而乖戾之致咎不远矣。望诸弟熟读《训俗遗规》《教女遗规》，以责己躬，以教妻子。此事全赖澄弟为之表率，关系至大，千万千万！不胜嘱切之至！伏惟留心自反为幸。

兄国藩手草

解读

在西方文明中，哲学家以真为追求，急迫地要寻得一个世界的本原、万物的真理。然而，中国文化自其一开始就坠入人间尘世，就要规范人与人之间的交往。于是，礼乐制，孝悌出。所以，相较于西方人的逻辑性与看似直接性，中国人的智慧里则有很多不清晰、少逻辑的含混，然而，在这些含混的背后，却隐含着人生意义的大逻辑，因此多了很多人情味、体悟话。

曾国藩这封信写于祖母身后事已定，祖父又生病卧床的时期，作为长孙，他常年客居北京，祖母去世未能回乡，如今祖父身体也遇病疾。曾国藩想回乡省亲，可现实之困难又让他踟蹰难行，可见内心还是很痛苦的。他在信中说，自己未能回乡，其困难有三，但归结下来，还是由于生活窘迫，自己也没有办法能短期内得以改善。所以肯盼家中长辈来信告知，是否需要他回乡。这一切都包含着浓厚的深情。史书上的曾国藩，是肃穆庄严、稳健冷静的谋臣，可领军征战，可权衡宦途，但家书中的曾国藩却有血有泪，有悲有忧。在信中的第二件事中更能看出他重情的一面。

早在这一年年初，曾国藩就曾写信回家商议过祖母墓地的风水问题，提议过可以寻找另一块地，"以图安葬"。但是，这封信中，曾国藩已了解祖父意愿，并建议其他兄弟也尽量顺遂老人的意愿，不再改地安葬。因为，如果违背祖父的意愿，即便是风水宝地，也会使祖父怒而郁结，导致病情加重。那么，好的风水也只会带来更糟的状况。末了，又叮嘱一句，若是所托之人有看重的地方，也不妨先买下来。可见，曾国藩不建议易地安葬，纯粹是为了祖父的情绪、身体而着想。可想其情之真之切。

在儒家看来，"礼本乎情"，礼的发用乃在于可使人顺乎人情之真。所以，孝也是人情之体现。曾国藩在这封信中，一念及长辈，梦寐思之，是情之浓烈；一忧及长辈，反复思虑，是情之真切。他以此教导四弟于家中多为照顾，更是出于真情。可见，孝只有本乎情，才能真挚而朴实。

与孝同源的悌，亦是情的体现。在信的最后一段中，曾国藩告诫九弟、季弟要努力学业，而不可囫囵吞枣，随性而为，并举京中主考官员的事例，其实也是出于对兄弟的爱护之情。

因此，人若行孝与悌，当知人情本然，才能真情流露，衷心于所为。

第九篇　切勿操劳

道光二十七年丁未岁
七月十八日（1847）

原文

男国藩跪禀父母亲大人膝下：

十六夜，接到六月初八日所发家信，欣悉一切。祖父大人病已什愈八九，尤为莫大之福。六月二十八日，曾发一信，言升官事，想已收到。冯树堂六月十七日出京，寄回红顶、补服、袍褂、手钏、笔等物，计八月可以到家。贺礼耕七月初五日出京，寄回鹿胶、高丽参等物，计九月可以到家。

四弟、九弟信来，言家中大小诸事皆大人躬亲之，未免过于劳苦。勤俭本持家之道，而人所处之地各不同。大人之身，上奉高堂，下荫儿孙，外为族郎乡里所模范。千金之躯，诚宜珍重。且男忝窃卿贰，服役已兼数人，而大人以家务劳苦如是，男实不安于心。此后万望总持大纲，以细微事付之四弟。四弟固谨慎者，必能负荷，而大人与叔父大人惟日侍祖父大人前，相与娱乐，则万幸矣！

京寓大小平安，一切自知谨慎，堂上各位大人不必挂念。余容另禀。

解读

道光二十七年（1847），曾国藩升内阁学士兼礼部侍郎，他因此向家中写了这封信承禀喜讯。与此同时，他的孝心也再一次通过劝阻父亲、叔父操劳而体现了出来。

曾国藩在信中说，家中长辈的身份，对上要侍奉老人，对下要照顾儿孙，对外则要向乡党、乡亲作表率。因此，长辈之身体的健康就很重要。这是"千金之躯"，所以需要格外珍重。孝的起点，就是长辈身体的健康。在这封信中，曾国藩更是点出了长辈需珍惜身体的原因及重要性。

而反观今日之中国，老人的晚年非但没有休息，反倒被子女的生活所捆绑。在老龄化危机愈发严重的时代，如何更好地安顿长者的晚年生活，不仅是政府所必须考虑的，同样也与每个人息息相关。曾国藩的做法，是让长辈把琐碎的家事交给四弟，让老人主持大局即可。也就是从自身做起，以实际的条件来解决老人还需要操劳的困难。

在多数是独生子女家庭的今天，老人晚年的赡养已成为极严峻的问题。没有年轻人在身边，又丧失劳动能力，部分身体欠佳的老人尤其是农村地区的老人，甚至出现了自杀等残酷现象，这不得不让我们重新去审视曾国藩所提到的这个问题。尽孝，就是要保障父母的晚年能有一个安稳的生活。随着父母的衰老，子女更应该避免让老人操劳的情况出现。如果不能在身边照顾，那也应该提前做出妥善的安置。如果是在身边照顾，则需要多注重让老人休息，而不要用自己的生活绑架老人的晚年。这便是行孝道时，勿使父母操劳的道理了。

第十篇　爱之以德

- 道光二十九年己酉岁
三月二十一日（1849）

原文

澄侯、温甫、子植、季洪足下：

正月初十日发第一号家信，二月初八日发第二号家信，报升任礼部侍郎之喜，二十六日发第三号信，皆由折差带寄。三月初一日由常德太守乔心农处寄第四号信，计托带银七十两、高丽参十余两、鹿胶二斤、一品顶戴三枚、补服五付等件。渠由山西迁道转至湖南，大约须五月端午前后乃可到长沙。

予尚有寄兰姊、蕙妹及四位弟妇江绸棉外褂各一件，仿照去年寄呈母亲、叔母之样。前乔心农太守行时不能多带，兹因陈竹伯新放广西左江道，可于四月出京，拟即托渠带回。

澄弟《岳阳楼记》，亦即托竹伯带回家中。二月初四澄弟所发之信，三月十八接到。正月十六七之信，则至今未收到。据二月四日书云，前信着刘一送至省城，共二封，因欧阳家、邓星阶、曾厨子各有信云云。不知两次折弁何以未见带到？温弟在省时，曾发一书与我，到家后未见一书，想亦在正月一封之中。此书遗失，我心终耿耿也。

温弟在省所发书，因闻澄弟之计，而我不为揭破，一时气忿，故语多激切不平之词。予正月复温弟一书，将前后所闻温弟之行，不得已禀告堂上，及澄弟、植弟不敢禀告而误用诡计之故一概揭破。温弟骤看此书，未免恨我，然兄弟之间，一言欺诈，终不可久。尽行揭破，虽目前嫌其太直，而日久终能相谅。

现在澄弟书来，言温弟鼎力办事，甚至一夜不寐，又不辞劳，又耐得烦云云。我闻之欢喜之至，感激之至。温弟天分本高，若能改去荡佚①一路，归入勤俭一边，则兄弟之幸也，合家之福也。

我待温弟似乎近于严刻，然我自问此心，尚觉无愧于兄弟者，盖有说焉。大凡做官的人，往往厚于妻子而薄于兄弟，私肥于一家而刻薄于亲戚族党。予自三十岁以来，即以做官发财为可耻，以宦囊积金遗子孙为可羞可恨，故私心立誓，总不靠做官发财以遗后人。神明鉴临，予不食言。此时侍奉高堂，每年仅寄些须以为甘旨之佐。族戚中之穷者，亦即每年各分少许，以尽吾区区之意。盖即多寄家中，而堂上所食所衣亦不能因而加丰，与其独肥一家，使戚族因怨我而并恨堂上，何如分润戚族，使戚族戴我堂上之德而更加一番钦敬乎？将来若作外官，禄入较丰，自誓除廉俸之外，不取一钱。廉俸若日多，则周济亲戚族党者日广，断不蓄积银钱为儿子衣食之需。盖儿子若贤，则不靠宦囊，亦能自觅衣饭；儿子若不肖，则多积一钱，渠将多造一孽，后来淫逸作恶，必且大玷②家声。故立定此志，决不肯以做官发财，决不肯留银钱与后人。若禄入较丰，除堂上甘

---

① 荡佚：放纵，不受约束。
② 玷：本指白玉上的污点，这里指使……有污点。大玷：指使家族声誉蒙受大的污点。

旨之外，尽以周济亲戚族党之穷者。此我之素志也。

至于兄弟之际，吾亦惟爱之以德，不欲爱之以姑息。教之以勤俭，劝之以习劳守朴，爱兄弟以德也；丰衣美食，俯仰如意，爱兄弟以姑息也。姑息之爱，使兄弟惰肢体、长骄气，将来丧德亏行。是即我率兄弟以不孝也，吾不敢也。我仕宦十余年，现在京寓所有惟书籍、衣服二者。衣服则当差者必不可少，书籍则我生平嗜好在此，是以二物略多。将来我罢官归家，我夫妇所有之衣服，则与五兄弟拈阄①均分。我所办之书籍，则存贮利见斋中，兄弟及后辈皆不得私取一本。除此二者，予断不别存一物以为宦囊，一丝一粟不以自私。此又我待兄弟之素志也。恐温弟不能深谅我之心，故将我终身大规模告与诸弟，惟诸弟体察而深思焉。

去年所寄亲戚各项，不知果照单分送否？杜兰溪为我买《皇清经解》，不知植弟已由省城搬至家中否？

京寓一切平安。纪泽《书经》读至《冏命》。二儿甚肥大。易南谷开复原官，来京引见，闻左青士亦开复矣。同乡官京中者，诸皆如常。余不一一。

兄国藩手草

解读

晚清朝局中最难的一事就是破除蔓延全国的官场陋习。咸丰帝为力除贪腐、肃清官场花了不少的力气。但即使不通过重

---

① 拈阄：音 niān jiū，即抓阄的意思。

大的贪腐案件，官员们也有不少为自身谋得财利的途径。在此种风气之下，官场的陋习也难免影响到一族一家之风气。所谓"一人得道，鸡犬升天"，似乎家中只要有一个人在京城做官，这一家也终会家财万贯。然而，在这样的世风下，曾国藩却以理学之精神严格约束自己，在这封信中，更是讲到了在家庭之孝悌慈爱之间，所应该依凭的"德"，而非个人私欲。也就是他所说的"爱之以德，不欲爱之以姑息"。

首先，官者之家更应洁身自好，因此做官发财最是可耻。曾国藩说，做官的人总是把赚到的钱留给自己的妻子、孩子，而对自己的兄弟、家中父母不闻不问，这叫私肥一家而刻薄于亲戚族党，这其实是种很大的耻辱。官者将为官所得，都积攒起来留给自己的子孙，以为是在为子孙积攒财富，可却恰恰是最可羞可恨的。曾国藩最为鄙视这种行为，所以也暗自立誓，绝不做一个自私的敛财之人。虽然每年的俸禄并不多，但曾国藩依旧坚持将钱银用来侍奉老人，分予亲族，不愿一家私自贪了去。即使以后官俸变多，也不会积蓄钱银为子孙衣食预做打算。如果孩子贤德，本就不需要做官的老子为他攒钱；如果孩子德性败坏，那么积攒再多的钱银，也毫无意义，反倒会助长他的恶习。所以，曾国藩说，做官绝对不要发财，绝对不把钱财留给子女。这样的洁身自好，在当时的风气之下，实属难能可贵。

其次，曾国藩之所以如此行事，更关键的在于，他对子女的教育、对兄弟的关爱，有着自己的标准，那就是"爱之以德"。每当人们说起对晚辈的爱时，往往会想到"要把最好的留给孩子""再苦不能苦孩子"这样的话。似乎爱的意义就在于为子女、后辈提供丰厚的物质条件。然而，这样的爱，只是私心之爱，是溺爱，是捧杀，是对子女和后辈的"错爱"。为什么呢？作为长辈，首先是晚辈的德性、人格养成最好的老师、榜样。因此，为人父若是身为官员，承担着治国安邦之责，做的却全是蝇营狗苟之事，怎样会给子女留下一个好的印象？就算并未贪腐，却在钱银上锱铢必较、专营私产，如此胸襟，如何教会子女"爱"的意义？孟子说："仁者爱人。"爱人，就是要有胸怀天下的气概，有"泛爱众而亲仁"的德性。晚辈在如此熏陶之下，自然懂得做人做事的道理，即便不留下千万家产，子女成人后也自当懂得自尊、自爱、自信、自立。反之，"爱之以姑息"，对子女、兄弟之过不发一言，就会导致晚辈们行为懒惰、傲气滋长，仗着家底放浪形骸，这样只能使晚辈丧德亏行。这样的爱，不仅不能给予人正面的力量，反倒会让人走向堕落，走向爱的反面。所以曾国藩说自己平生没有什么积攒，无非一些衣服和书籍。衣服待他解甲归田后，自当与兄弟们平分；而书籍则不可留成私物。书籍，将成为曾氏家族的藏书，后世子孙虽不可据为己有，但都可以借阅学习，这样才算是把最好的家风与家学传承了下去。

所谓爱兄弟、爱子女究竟是什么？恐怕千万人有千万人的做法。但是，无论是怎样的情感表达，都不能忘记所有的情感都是人情，在它之上还有人性的约束。所有的人情，都需要有德性的引导。所谓"爱之以德"，就是这个道理了。倒是反观当代的中国社会，所谓"官二代""富二代"频频触碰社会底线，人们冠以"富不过三代"来轻描淡写地解释，却未能真正去反思家庭教育中普遍存在的"爱之以姑息"的流弊。若不能从根本上改变家庭教育的这一思路，恐怕不仅是"官二代""富二代"会出问题，即便是普通家庭的"二代"，也会滋生不少麻烦。

第十一篇　祖父辞世

道光二十九年己酉岁

十二月初三日（1850）

原文

澄侯、温甫、子植、季洪四弟左右：

十一月十五日接到祖父大人讣音，中肠①惨痛。自以游子在外，不克佐父母襄办大事，负罪婴疢②，无可赎挽。比于十八日折差之便，先寄银百零五两，计元宝二锭，由陈岱云宅专足送至家中，不知刻已收到否？

国藩于十六日成服，十七日托军机大臣署礼部侍郎何大人（汝霖）代为面奏，请假两月，在家穿孝。自十七以后，每日吊客甚多。二十九日开吊，是早祭奠。因系祖妣③冥寿④之期，一并为文祭告。开吊之日，不收赙仪⑤。讣帖刻"谨遵遗命，赙仪概不敢领"二语，共发讣帖五百余份。凡来者不送银钱，皆送祭幛、挽联之类，甚为体面。共收祭文八篇、祭幛七十五张、

---

① 中肠：犹内心。曹植的《送应氏·其二》诗中言："爱至望苦深，岂不愧中肠？"

② 婴：缠绕。疢：愧疢。婴疢：指长久地缠绕在内心的愧疢。

③ 祖妣：已故祖母。曾国藩的祖母在道光二十七年（1847）过世。

④ 冥寿：亦称阴寿，指已经过世之人的生辰。

⑤ 赙仪：遇到丧事时，送赙仪以示哀悼。今日主要是送花圈等前去吊唁。

挽联二十七对、祭席十二桌、猪羊二付。其余香烛纸钱之类，不计其数。送礼物来者，用领谢帖；间有送银钱来者，用"奉遗命璧谢"帖。兹将讣帖等印发者，付回样子与家中一看。

各处送祭幛来者，哈喇大呢甚多，亦有缎匹江绸者。余意欲将哈喇作马褂数十件，分寄家中族戚之尤亲者。盖南中老人考终，往往有分遗念①之说。或分衣，或分银钱。重五伯祖曾以獾皮马褂一件与王高七作遗念衣，即其证也。

澄弟之信，劝我不可告假回家。所言非不是。余亦再四思维，恐难轻动。惟离家十年，想见堂上之心，实为迫切。今祖父大事既已办过，则二亲似可迎养。然六旬以上之老人，四千有余之远道，宿聚之资既已不易，身车之险尤为可畏，更不敢轻举妄动。烦诸弟细细商酌，禀知父母亲及叔父母，或告假归省，或迎养堂上，二者必居其一，国藩之心乃可少安。父母亲近来欲见国藩之意，与不愿国藩假归之意，孰缓孰急？望诸弟细细体察，详以告我。祷切望切。

国藩手草

解读

道光二十七年（1847），曾国藩祖母病逝，当时，祖父就已生病卧床。时隔两年，曾国藩又接到家中来信，祖父也驾鹤西去，这让曾国藩悲痛不已。曾国藩自三十岁离开家乡，如今已近十年光景，虽然他有念及家中长辈之心，却终究未能见面，

---

① 遗念：一指死者临终时的心愿。一指死者临终时所留下的遗物。此处当指死者临终时留下的遗物。

这种心情实在只能是远方游子才可体会的悲痛与感怀。

儒家讲孝亲，讲事亲，同样也讲祭亲。父母、祖父母生前要悉心照顾，去世后仍要坚守孝道，服丧祭奠。所以，即便身在京中，按照礼制，曾国藩仍可行丧礼之仪。

丧礼，是人生"四礼"中最重的礼，这与儒家所讲"慎终追远"的观念有着密切的联系。曾子曾经说过："慎终追远，民德归厚矣。"慎终，就是对于生命之终结保持着最为谨慎与敬重的态度，而之所以如此，是因为要有追溯家族渊源之义。这种对于过往厚重的情感，会使百姓逐渐形成厚重的德性。所以，孟子也说："是使民养生丧死无憾，王道之始也。"可见，丧礼不仅是一种对于逝者的追思，它更体现了通过仪式使德性在厚重的历史感中得到熏陶培养，使基于血缘基础的家族传统得以延续，使传统的文明得以传承。

正因如此，对丧礼的尊重、谨行，才能够完整地体现出儒家孝道文化的全貌。曾国藩在京服孝，并暂停一切公职活动，在家服丧。之后又接待前来吊唁的客人，并且谨遵祖父的遗训，坚决不收吊唁的赙仪，即吊唁时所呈上的钱银，而只是接受挽联之类。对祖父的遗训做到了一丝不苟的遵守，可见对于亡者怀着极大的敬重。

但是，即便如此，曾国藩内心的苦痛依旧难以抑制，于是他向澄弟询问，是否可以获得父母的允许，回乡省亲。或者将两位老人接到北京，以便自己能在身边奉养。我们常说的"子欲养而亲不待"的无尽遗憾及悲恸恐怕便是祖父去世后曾国藩内心最真切的感受了。所以，他迫切地希望能够尽自己的力量，切实在父母身边照顾一二。

祖父的去世，让我们看到了身处京城官场日夜不得停歇的曾国藩，内心仍有着一颗赤子之心。他的悲伤，在这封家书中字字可见。但是，作为一位深受理学影响的儒臣，他并未因此放纵自己的悲思，任性而为，而是谨遵祖父遗训，很有条理地料理丧祭；尽管极想尽快照顾父母，但依旧是去信询问，而不是贸然回乡。这些行为的背后，不难看出礼其实是对人情最好的恕道。礼，不是要抑制人情，而是疏导人情，如同宽厚的河床，让人奔涌的情绪可以依其之势，顺流而下。如果是没有礼的引导，则很多时候，人的情绪会如决堤的洪水，奔腾蔓延，最终，不仅未能真的令人情尽其性，可能还会适得其反，任情伤性。

第十二篇　丧母之痛

咸丰二年壬子岁
七月二十六日（1852）

原文

字谕①纪泽儿：

七月二十五日丑正二刻，余行抵安徽太湖县之小池驿，惨闻吾母大故。余德不修，无实学而有虚名，自知当有祸变，惧

---

① 谕：告诉，使人知道。字谕：一般指以上告下，故父亲写给儿子的信，以"字谕"开头。

之久矣。不谓天不陨灭我身,而反灾及我母。回思吾平日隐慝①大罪不可胜数,一闻此信,真无地自容矣。小池驿去大江之滨尚有二百里,此两日内雇一小轿,仍走旱路。至湖北黄梅县临江之处即行雇船。计由黄梅至武昌不过六七百里,由武昌至长沙不过千里,大约八月中秋后可望到家。一出家輒十四年,吾母音容不得再见,痛极痛极!不孝之罪,岂有稍减之处?兹念京寓眷口尚多,还家甚难。特寄信到京,料理一切,开列于后:

一、我出京时将一切家事面托毛寄云年伯,均蒙慨许。此时遭此大变,尔往叩求寄云年伯筹划一切,必能俯允。现在京寓并无银钱,分毫无出,家眷回南路费,人口太多,计须四五百金,求寄云年伯张罗。此外,同乡如黎樾乔、黄恕皆老伯,同年如王静庵、袁午桥年伯,平日皆有肝胆,待我甚厚,或可求其凑办旅费。受人恩情,当为将来报答之地,不可多求人也。袁漱六姻伯处,只可求其出力帮办一切,不可令其张罗银钱,渠甚苦也。

二、京寓所欠之账,惟西顺兴最多,此外,如杨临川、王静安、李玉泉、王吉云、陈仲鸾诸兄,皆多年未偿。可求寄云年伯及黎、黄、王、袁诸君内择其尤相熟者,前往为我展缓,我再有信致各处。外间若有奠金来者,我当概存寄云、午桥两处。有一两即以一两还债,有一钱即以一钱还债。若并无分文,只得待我起复后再还。

三、家眷出京,行路最不易。樊城旱路既难,水路尤险,此外更无好路。不如仍走王家营为妥,只有十八日旱路。到清

---

① 慝:音 tè。隐慝:指别人不知道的罪恶,不可告人的罪过。

江（即王家营也）时有郭雨三亲家在彼，到池州江边有陈岱云亲家及树堂在彼，到汉口时，吾当托人照料。江路虽险，沿途有人照顾，或略好些。闻扬州有红船最稳，虽略贵亦可雇。尔母最怕坐车，或雇一驮轿亦可（又闻驴子驮轿比骡子较好）。然驮轿最不好坐，尔母可先试之。如不能坐，则仍坐三套大车为妥（于驮轿打车之外另雇一空轿车备用，不可装行李）。

四、开吊散讣不可太滥，除同年同乡门生外，惟门簿上有来往者散之，此外不可散一分。其单请庞省三先生定。此系无途费，不得已而为之，不可滥也。即不滥；我已愧恨极矣！

五、外间亲友，不能不讣告寄信，然尤不可滥。大约不过二三十封，我到武昌时当寄一单来，并寄信稿，此刻不可遽发信。

六、铺店账目宜一一清楚，今年端节已全楚矣。此外只有松竹斋新账，可请省三先生往清，只可少给他，不可全欠他。又有天元德皮货店，请寄云年伯往清。其新猞猁狲皮褂即退还他，若已做成，即并缎面送赠寄云可也。万一无钱，皮局账亦暂展限，但累寄云年伯多矣。

七、西顺兴账，自丁未年夏起至辛亥年夏止皆有折子，可将折子找出，请一明白人细算一遍（如省三先生、湘宾先生及子彦皆可）究竟用他多少钱，专算本钱，不必兼算利钱，待本钱还清，然后再还利钱。我到武昌时，当写一信与萧沛之三兄。待我信到后，然后请寄云年伯去讲明可也。总须将本钱、利钱划为两段，乃不至胶轕①不清。六月所借之捐贡银一百二十余

---

① 胶轕：交错纷乱。

金，须设法还他，乃足以服人。此事须与寄云年伯熟计。

八、高松年有银百五十金，我经手借与曹西垣，每月利息京钱十千。今我家出京，高之利钱已无着落。渠系苦人，我当写信与西垣，嘱其赶紧寄京。目前求黎樾乔老伯代西垣清几个月利钱，至恳至恳。并请高与黎见面一次。

九、木器等类，我出京时已面许全交与寄云；兹即一一交去，不可分散，概交寄云年伯，盖器本少，分则更少矣。送渠一人，犹成人情耳，锡器、瓷器亦交与他。

十、书籍我出京时一一点明，与尔舅父看过，其要紧者，皆可带回，此外我所不带之书，惟《皇清经解》六十函算一大部，我出京时已与尔舅说明，即赠送与寄云年伯。又《会典》五十函算一大部，可借与寄云用。自此二部外，并无大部，亦无好板。可买打磨厂油箱，一一请书店伙计装好（上贯钉封皮），交寄云转寄存一庙内，每月出赁钱可也。边袖石借《通典》一函，田敬堂借地图八幅，吴南屏借梅伯言诗册，俱往取出带回。

十一、大厅书架之后有油木箱三个，内皆法帖之类，其已裱好者可全带回，其未裱者带回亦可送人。家信及外来信，粘在本子上者皆宜带回。地舆图三付，皆宜带回，又有十八省散图亦带回。字画、对联之类，择好者带回；上下木轴均撤去，以便卷成一捆。其不好者、太宽者不必带。做一宽箱封锁，与书箱同寄一庙内。凡收拾书籍、字画之类，均请省三先生及子彦帮办，而牧云一一过目。其不带者，均用箱寄庙。

十二、我本思在江西归家，凡本家亲友皆以银钱赠送，今既毫无可赠。尔母归来，须略备接仪，但须轻巧不累赘者，如毡帽、挽袖之类，亦不可多费钱。捞沙膏、眼药之属亦宜带些，高丽参带半斤。

十三、纪泽宜做棉袍褂一付,靴帽各一,以便向祖父前叩头承欢。

十四、王雁汀先生寄书,有一单,我已点与子彦看。记得乾隆二集系王世兄取去,五集系王太史敦敏向刘世兄借去,余刘世兄取去者又一片,此外皆在架上,可送还他。

十五、苗仙鹿寄卖之书:《声订》《声读表》共一种、《毛诗韵订》一种、《建首字读本》,想到江南销售几部。今既不能,可将书架顶上三种,各四十余部还他,交黎樾乔老伯转交。

十六、送家眷出京,求牧云总其事。如牧云已中举,亦求于复试后。九月二十外起行,由王家营水路至汉口,或不还家,仍由汉口至京会试可也。下人中必须罗福、盛贵,若沈祥能来更好,否则李长子亦可。大约男仆须四人,女仆须三人。九月二十前后必须起程,不可再迟。一定由王家营走,我当写信托沿途亲友照料。

解读

咸丰二年(1852)中,曾国藩被任命为江西乡试正考官,在抵达江西的途中,接到了母亲去世的消息,顿时悲恸欲绝。接连几年,曾国藩虽在宦途上升迁、进阶顺利,家中祖辈却先后离世,而母亲江氏的突然辞世,让这位不惑之年的朝廷命官,再也无法抑制内心的悲伤,太湖畔留下了这封写给儿子纪泽的家信。

正如上一封信中所述,"子欲养而亲不待"是曾国藩离乡做官最大的遗憾。之前祖父去世,他就曾期盼可以回乡,但由于家中长辈劝阻,因此一直未能回乡。在去江西复命之前的家书中，他还再次提到"余近来常思归家，今年秋间实思挈眷南旋"（咸丰二年正月初九）。然而，未及实现，母亲便辞世。曾国藩不禁叹息"余德不修"，"天不殒灭我身，而反灾及我母"。此等心情，闻者为之动容。但是，母亲的去世，为何会让曾国藩对自己有了如此之大的责备，这与传统儒家的家族伦理背景之下关于人生的认识有着极为密切的联系。

首先，儒家"慎终追远，民德归厚"的说法里，将活着的人与死去的人联系在了一起。上一封信中，我们已经提到丧礼的价值在于使家族传统和文明可以得到传承。如果我们换一个角度看，就会发现，这种解释之所以成立，是因为在儒家看来，人并不是一个孤立的个体。人是具体的人，他的出生是因为他有父母，他的成长中伴随他的有朋友、师长、妻子，他的生命的继承和延续，是由他的子女所承担的，而他生命的结束，就个人而言，是消亡，但对家族而言，则是以精神性的方式继续存在。既然是以精神性的方式存在，那么子孙便需要有祭祀、追忆。这是一种带有宗教色彩的行为，但同样也是一种教化的方式。

其次，正因为儒家眼中的人，是具体的人，是由身份、关系、情感等很多因素综合而成的人，所以，儒家看到的人的行为也都是具体的、有意义的，进而是有"果报"的。"报应"一说源自于佛教，所谓"因果报应"说的是因缘际会而产生的果报。儒家本身虽没有"报应"这一说，但却有"积善之家，必有余庆；积不善之家，必有余殃"的说法。一个人，或者说一家人行为的善恶，往往与整个家族紧密相关，若是人人行善，那么这一家族便没有不兴旺的道理；倘若人人行恶，哪怕只是一人行恶，那么这一家族也可能因此而受到牵连，走向颓势。儒家没有向着永生、来生的祈求，但却有向着死、向着子孙的紧张。每个人自己的死，不过是人之形体的消散，但是人的精神还在。《礼记·礼运》中说"人者，其天地之德，阴阳之交，鬼神之会"，讲的就是人是由阴阳二气所凝成的存在。朱熹的弟子陈淳将这句话解释为：人活着的时候，是气的伸展，从婴儿到壮年，气越来越足，越来越充裕；人死则是气的畏缩，从壮年至老年，气越来越少，越来越衰微。

最后，既然人是家族中的一员，人又是由气所组成的。那么，人生或死所承载的气都是与祖宗相同的气。宋代的儒生说，子孙和祖宗的气是一脉相承的。如果子孙可以竭尽其诚敬，那么就会使精神凝聚，此时，已去世的祖先的精神也会凝聚起来，子孙与自己的祖先便可以交感。这种说法，虽然带有一些神秘的色彩，但是，其背后要说的，还是一种承继的关系。既然是承继的关系，那么，一个人的行为若是放荡不羁，其实就是在伤害自己的精神，而这种伤害不仅是对自己的，也是对家族中其他人的，更是对祖德的伤害。虽然儒家不会有一个所谓神来降下惩罚，但是如果祖宗所积累的祖德被伤害了，那么现实中活着的人也会遭到惩罚。这种朴素的信仰观念，使得儒生们在修习进德之时，便多了几分敬畏与庄重。

正是因为这种观念，当曾国藩得知母亲去世时，才会哀叹是自己做错的事情太多，才伤害了母亲的性命。十四年的宦海生涯，曾国藩未能回乡探望母亲，从儒家所讲的孝道来看，这确实是一种极大的缺憾。这种缺憾是真切而痛苦的，它不是想象出的某种理性判断，而是真实的情感上的"苦"和"悔"。如果能够早一点回乡，如果能够侍奉膝前……在这一刻已经没有了任何假设的可能。所以，曾国藩的自责是可以理解的，他认为自己所犯的极大的错，其实并不是指具体的某一件事，而是他未能真正地尽到孝道。

阅读此信,当知曾国藩失去母亲时的悲痛与自责,亦应对阅读此信的人有个警醒。虽然时代发生了巨变,但在今天依旧会有很多人留下同样的遗憾与懊悔。孔子弟子在问三年之丧时,孔子曾痛心疾首地说过一句话:"子生三年,然后免于父母之怀。"每个人自出生至能说话、行走,至少有三年才可能离开父母之怀。而在此后的漫长岁月中,还要由父母悉心照顾,才能长大成人。如果能念及慈恩,便会发现让自己踟蹰的那些困境和问题,其实都可以迎刃而解。

第十三篇　勤以持家

咸丰四年甲寅岁
八月十一日(1854)

原文

澄候、温甫、子植、季洪四弟足下:

久未遣人回家,家中自唐二、维五等到后,亦无信来,想平安也。

余于二十九日自新堤移营,八月初一日至嘉鱼县。初五日自坐小舟至牌洲看阅地势,初七日即将大营移驻牌洲。水师前营、左营、中营自又七月二十三日驻扎金口。二十七日贼匪水陆上犯,我陆军未到,水军两路堵之。抢贼船二只,杀贼数十人,得一胜仗。罗山于十八、二十三、二十四、二十六等日得四胜仗。初四发折俱详叙之,兹付回。

初三日接上谕廷寄,余得赏三品顶戴,现具折谢恩。寄谕并折寄回。余居母丧,并未在家守制,清夜自思,局踏不安。若仗皇上天威,江面渐次肃清,即当奏明回籍,事父祭母,稍尽人子之心。诸弟及儿侄辈务宜体我寸心,于父亲饮食起居十分检点、无稍疏忽,于母亲祭品礼仪必洁必诚,于叔父处敬爱兼至、无稍隔阂。兄弟姒娣①总不可有半点不和之气。凡一家之中,勤敬二字,能守得几分,未有不兴;若全无一分,无有不败。和字能守得几分,未有不兴;不和未有不败者。诸弟试在乡间将此三字于族戚人家历历验之,必以吾言为不谬也。诸弟不好收拾洁净,比我尤甚,此是败家气象,嗣后务宜细心收拾,即一纸一缕、竹头木屑,皆宜拾捡伶俐,以为儿侄之榜样。一代疏懒,二代淫佚②,则必有昼睡夜坐、吸食鸦片之渐矣。四弟、九弟较勤,六弟、季弟较懒。以后勤者愈勤,懒者痛改,莫使子侄学得怠情样子。至要至要。子侄除读书外,教之扫屋、抹桌凳、收粪、锄草,是极好之事,切不可以为有损架子而不为也。

解读

曾国藩重视修身,尤其重视"勤"和"敬"。在孝悌之道中,他亦重视"勤敬"所体现出来的赤子之心和孝子之行。这一封信讲的就是如何将勤落实在生活的点滴之中。

---

① 姒娣:音 sì dì,指妯娌。
② 佚:音 yì,通"逸"。淫佚:放纵、放荡之意。

曾国藩在母丧期间，因太平天国起事，奉咸丰帝谕旨，于服丧期操练湘军，再次离乡。但是，丧母之痛犹在，所以曾国藩在给家中几位弟弟的信中，特别表达了这一点：虽然未能在家中守孝服丧，但是在军中则是每至夜里都清思反省，悔恨不安，希望弟弟们可以谅解他的心情。

也正是因为不能在家中守丧，作为长子的曾国藩就更加担心几位弟弟在家中的行事。所以他特别强调，要尽孝就要注意从小事做起，这个小事就是要勤快。每日侍奉父亲的起居、饮食，要勤于检查、勤花心思，不可以敷衍一二。每天为母亲献祭祭品、行礼仪，也要整洁、诚恳，不可以马虎。与叔父相处，也要能够做到尊敬、爱戴。至于兄弟、妯娌之间，更不能有半点不和睦的气象。做到这些事情，都需要于微小处着手，这岂是懒惰的人可以马虎完成的事情？

在曾国藩看来，如果能做到勤劳和互敬，哪怕只做到一点，那么这个家也会有兴旺的一天；反之，如果连一点都做不到，那么这个家则必然会衰败。和睦的家庭，总会有绵长的福泽；不和睦的家庭，则难免遭受厄运。这些道理都是曾国藩反复所强调的。

另外，勤奋与互敬更是长辈对于晚辈身体力行的教导。儒家讲"学"和"教"，其实都含有"效仿"的意思。所谓效仿，就是向有德性的人学习如何去做。所以，兄弟四人在家中的行为，也会影响到家中的儿侄一辈。长辈们勤奋了，儿侄们自然也会以此为榜样要求自己。长辈们懒惰了，孩子们也会放任自流，放浪形骸。不仅生活上不能规律自己，行为上也会出乱子。曾国藩以四弟、九弟比较勤快，而六弟、季弟略显懒惰为判，要求勤快的更勤快，懒惰的也要及时改正。如此，才可以让这位在外征战的大哥心中放心，才可使曾氏门楣光耀。所以，小辈们除了读书，也要做体力活，打扫卫生、帮做农务，都是锻炼小辈的好事情，万不可因为有损于架子就不去做。拥有这样的勤奋之道，怎会不对长辈孝敬、尊重？由此可见，勤与敬在生活中，其实并不是很难的道理，就是肯去做事情，而这才是对孝悌之道的真正落实。

第十四篇　新妇之德

咸丰六年丙辰岁
二月初八日（1856）　书于南康

原文

澄侯、温甫、子植、季洪四位老弟左右：

　　正月十九日发去家信，交王发六、刘照一送回，又派戈什哈萧玉振同送，想日内可到。正月三十日、二月一日连接澄侯在长沙所发四信，具悉一切。唐四、景三等正月所送之信，至今尚未到营。

　　江西军事，日败坏而不可收拾。周凤山腊月四日攻克樟树，不能乘势进取临江，失此机会。后在新淦迁延十余日，正月五日复回樟镇。因浮桥难成，未遽渡剿临江，而吉安府城已于二十五日失守矣。周臬司、陈太守等坚守六十余日，而外援不至。城破之日，杀戮甚惨。伪翼王石达开，自临江至吉安督战。既破吉郡，自回临江，而遣他贼分攻赣州，以通粤东之路。如使赣郡有失，则江西之西南五府尽为贼有。北路之九、南、饶本系屡经残破之区，九江早为贼据，仅存东路数府耳。

罗山观察久攻武昌，亦不得手。现经飞函调其回江救援，但道途多梗，不知文报可达否。刘印渠一军，闻湘省将筹两月口粮，计二月初启行，不知袁州等处能得手否？

余在南康，身体平安，癣疾已好十之七。青山陆军，正月十八日攻九江城一次，杀贼百余人。水师于二十九日打败仗一次，失去战舟六号。湖口陆军于初一日打胜仗一次，杀贼七八十人。省城官绅请余晋省，就近调度。余以南康水陆不放心，尚未定也。

纪泽儿定三月二十一日成婚。七日即回湘乡，尚不为久。诸事总须节省，新妇入门之日，请客亦不宜多。何者宜丰，何者宜俭，总求父大人定酌之。

纪泽儿授室太早，经书尚未读毕。上溯江太夫人来嫔之年，吾父亦系十八岁，然常就外傅读书，未久耽搁。纪泽儿上绳祖武，亦宜速就外傅，慎无虚度光阴。闻贺夫人博通经史，深明礼法。纪泽儿至岳家，须缄默寡言，循循规矩。其应行仪节，宜详问谙习，无临时忙乱，为岳母所鄙笑。少庚处，以兄礼事之。此外若见各家同辈，宜格外谦谨，如见尊长之礼。

新妇始至吾家，教以勤俭，纺织以事缝纫，下厨以议酒食。此二者，妇职之最要者也。孝敬以奉长上，温和以待同辈。此二者，妇道之最要者也。但须教之以渐。渠系富贵子女，未习劳苦，由渐而习，则日变月化，而迁善不知；若改之太骤，则难期有恒。凡此祈诸弟一一告之。

江西各属告警，西路糜烂。子植若北上，宜走樊城，不宜走浙江；或暂不北上亦可。优贡例在礼部考试，随时皆可补考。余昔在礼部阅卷数次，熟知之也。

解读

曾国藩初练湘军，道路极为坎坷。尤其在江西时，更遇骁勇善战的石达开部队，清军自是节节溃败。这些事情，在《治军卷》中再详加说明。在这封信中，曾国藩除向家中四位弟弟汇报军事情况，另一重要的事情就是曾国藩的儿子曾纪泽成婚之事。

曾国藩因在军中，无法主持儿子的婚事，所以大事都由他的父亲来决定。曾纪泽当时只有十七岁，而在咸丰元年（1851）时，也就是他尚且十一岁时，便已有了与湘潭贺氏聘姻之事。当时，曾国藩的妻子欧阳氏并不同意，认为贺家的女儿是庶出，身份不佳，还一度反对这桩婚事。而这事最后也是在曾国藩的极力劝导之下，才应允的。不过彻底定下时，都已是咸丰二年（1852）了，并且最后也确认了贺女并非庶出。

可无论如何，纪泽十七岁成婚，还是年龄太小。曾国藩在此特别叮嘱儿子，结婚后应快点去外面读书，不可因成婚而耽误。另外，到了岳父岳母家，更应该以礼相待，谨言慎行。

至于新娶进门的儿媳妇，曾国藩也有不少叮咛。这些叮咛，皆是儒家所言女德，亦可留心一二。首先，新妇到家，便要养成勤俭之德。勤俭，并不只是儒家针对女性而特别所言的德性。但是，女性应特别有勤俭的自觉。传统家庭中，一般女性不外出工作，但是却要经营家庭。家中的吃穿用度、开销结余，多由女性所掌控。女子虽不外出挣钱，却要做家里的"钱匣子"。这可不是一份简单的工作。一个家庭的收支是否平衡，全靠女性的持家之道。尚且不论会不会理财，可是若没有勤俭的德性，则恐怕难以维持一个家庭的日常生活。其次，勤俭之德的培养还需要有落实的办法，这个办法便是在"缝纫"与"做饭"上。虽然都是看起来不起眼的小事情，但是家中的事情也无非就落到个吃饭穿衣上。昔日大观园里的那些贵族小姐们，倒是不用织补、下厨，可是一旦家道中落，便是风华不再。若不是大户人家的千金，哪一位不要亲自动手的？曾纪泽娶的新妇，家中是大户，想必做女儿时也并不事事亲力亲为，如今成婚，便是"大人"了，需要承担起自己家庭的责任。所以，这些吃穿上的事情，便要一件件学起来，做起来。再次，除了生活的细节需要有所注意外，孝悌之道更是要谨记于心。"孝敬以奉长上，温和以待同辈"，其实就是在婆家也要行孝悌。待人父母如待己父母，是传统中国婚姻中的温情。当然，这些品德、行为对于一个同样年纪轻轻的女孩子来说，并非一蹴而就之事。所以，曾国藩特别提醒，家中的长辈要循循善诱，引导新妇一点一滴去养成，在日改月化中逐渐形成妇德。而不是一味苛责，故意刁难。这样的女德养成，恐怕对于女性自身也是必不可缺的。

儒家思想中的女性身份，似乎一直很模糊，也有人认为儒家对于对女性有贬低、苛责之义。其实，现实生活中，既有女性在家庭生活中自我实现的例子，同样也有自我牺牲的例子，然而无论正反，都不应该简单地把原因算到儒家的身上。儒家讲君子之德，同时也讲后妃之德。"窈窕淑女，君子好逑"，就是品德高尚的女性所散发出的魅力；"巧笑倩兮，美目盼兮，素以为绚兮"，也是以女性的纯粹之美来谈礼的质朴本质。而在后世儒学的家礼、乡约中，对于女性的品德、女性在家庭中的地位更是肯定有加。甚至，一个女子若有高洁的品质，还会影响一家之家风。可见，女性在家庭中的地位非同小可。曾国藩在这里所强调的新妇之德，并非困难之事。细究起来，也不过是女性的齐家之本。当代女性，虽身处职场，但也不应该忽略家庭。二者若能平衡兼顾，自然是最理想的状态。如果尚不足以平衡，女性在生活中时刻保持宽厚、温润的德性，勤俭、端庄的行为，亦是该有的品质。

处世卷

题解

在儒家的思维世界中，人一定不是孤立无援的存在。《论语·学而》中的"有朋自远方来，不亦乐乎"讲的是志同道合者在一起的惬意与舒适。而《颜渊》中的"四海之内皆兄弟"更是体现了儒者与他人和睦相处、其乐融融的生活状态。

儒者不仅不是孤单的，更是主动去拥抱现实世界的一群有着担当精神的大丈夫。春秋时期，礼崩乐坏，人与人之间原有的秩序体系都遭到了严重的破坏。老子出函谷关，留下五千字的真言，以遁世为其旨趣，对人间一切礼法秩序，给予了抨击，亦带走了人与人之间的温情。然而，孔子周游列国，虽身陷困顿，却矢志不移，始终要以恢复礼乐秩序为己任。说到底，就是要让人的生命不去逃避、不去隐藏，而是要坦荡荡地在人世间找到安放。这个安放，就是儒者"人能弘道"的担当精神，就是儒者"知其不可而为之"的奉献精神。于是，儒家在立教之处，就将自己的理想人格定位在了滚滚红尘之中。儒者不仅要修身养性，更要经世致用；不仅要有内圣的一面，还要有外王的抱负。

经过历代儒者的发挥与继承，儒家的处世精神与传统中国社会的政治紧密地勾连在了一起。儒者以科举为途，修习经典，再登堂入室，成为国家和社会的治理者。这中间既有欺世盗名的假道学，亦有德高为范的真君子。我们不能因为那些假道学而因噎废食，将传统社会中的种种弊端，都视为是儒者所为，亦不可以为人人都是真君子，而忽视了儒学的学政之间的紧张与张力。

儒者入仕，是其身份、信仰、责任的体现。但是，如何入仕，如何行事，却是儒者德性、智慧的体现。曾国藩作为"晚清四大名臣"之一，其一重大的成就便是入世之功，而他在处世中的点点滴滴，也被记录在了家书中，以供今人借鉴、学习。

第一篇　同道为友

道光二十二年壬寅岁
十一月十七日（1842）

原文

诸位贤弟足下：

十月二十七日寄弟书一封，内信四叶、抄倭艮峰先生日课三叶、抄诗二叶，已改寄萧莘五先生处，不由庄五爷公馆矣。不知已到无误否？

十一月前八日已将日课抄与弟阅，嗣后每次家书，可抄三叶付回。日课本皆楷书，一笔不苟，惜抄回不能作楷书耳。冯树堂进功最猛，余亦教之如弟，知无不言。可惜九弟不能在京与树堂日日切磋，余无日无刻不太息也。九弟在京年半，余懒散不努力。九弟去后，余乃稍能立志，盖余实负九弟矣。余尝语岱云曰："余欲尽孝道，更无他事。我能教诸弟进德业一分，则我之孝有一分；能教诸弟进十分，则我之孝有十分；若全不能教弟成名，则我大不孝矣。"九弟之无所进，是我之大不孝也。惟愿诸弟发奋立志，念念有恒，以补我不孝之罪。幸甚幸甚。

岱云与易五近亦有日课册，惜其识不甚超越。余虽日日与之谈论，渠究不能悉心领会，颇疑我言太夸。然岱云近极勤奋，将来必有所成。

何子敬近侍我甚好，常彼此作诗唱和。盖因其兄钦佩我诗，且谈字最相合，故子敬亦改容加礼。子贞现临隶字，每日临七八叶，今年已千叶矣。近又考订《汉书》之讹，每日手不释卷。盖子贞之学长于五事：一曰《仪礼》精，二曰《汉书》熟，三曰《说文》精，四曰各体诗好，五曰字好。此五事者，渠意皆欲有所传于后。以余观之，前三者余不甚精，不知浅深究竟如何。若字，则必传千古无疑矣。诗亦远出时手之上，必能卓然成家。近日京城诗家颇少，故余亦欲多做几首。

金竺虔在小珊家住，颇有面善心非之隙，唐诗甫亦与小珊有隙。余现仍与小珊来往，泯然无嫌，但心中不甚惬洽耳。曹西垣与邹云陔十月十六日起程，现尚未到。汤海秋久与之处，其人诞言太多，十句之中仅一二句可信。今冬嫁女二次：一系杜兰溪之子，一系李石梧之子入赘。黎樾翁亦有次女招赘。其婿虽未读书，远胜于冯舅矣。李笔峰尚馆海秋处，因代考供事，得银数十，衣服焕然一新。王翰城捐知州，去大钱八千串。何子敬捐知县，去大钱七千串。皆于明年可选实缺。黄子寿处，本日去看他，工夫甚长进，古文有才华，好买书，东翻西阅，涉猎颇多，心中已有许多古董。何世兄亦甚好，沈潜之至，天分不高，将来必有所成。吴竹如近日未出城，余亦未去，盖每见则耽搁一天也。其世兄亦极沈潜，言动中礼，现在亦学倭艮峰先生。吾观何、吴两世兄之姿质，与诸弟相等，远不及周受珊、黄子寿。而将来成就，何、吴必更切实。此其故，诸弟能直书自知之。愿诸弟勉之而已。此数人者，皆后起不凡之人才也。安得诸弟与之联镳并驾，则余之大幸也。

季仙九先生到京服阕，待我甚好，有青眼相看之意。同年会课，尽皆懒散，向十日一会如故。

余今年过年，尚须借银百五十金，以五十还杜家，以百金用。李石梧到京，交出长郡馆公费，即在公项借用，免出外开口更好。不然，则尚须张罗也。

门上陈升一言不合而去，故余作傲奴诗。现换一周升作门上，颇好。余读《易·旅卦》"丧其童仆"。《象》曰："以旅与下，其义丧也。"解之者曰："以旅与下者，谓视童仆如旅人，刻薄寡恩，漠然无情，则童仆亦将视主上如逆旅矣。"余待下虽不刻薄，而颇有视如逆旅之意，故人不尽忠。以后余当视之如家人手足也，分虽严明而情贵周通。贤弟待人亦宜知之。

余每闻折差到，辄望家信。不知能设法多寄几次否？若寄信，则诸弟必须详写日记数天。幸甚。余写信，亦不必代诸弟多立课程，盖恐多看则生厌，故但将余近日实在光景写示而已，伏维诸弟细察。

解读

在《论语》中，记录有孔子弟子司马牛感慨自己孤身一人，无法体会兄弟之乐的苦恼，子夏则告诉他："君子敬而无失，与人恭而有礼，四海之内皆兄弟也！君子何患乎无兄弟也。"意思就是一个人如果可以做到做事谨慎认真、与人相交恭敬礼貌，那么四海之内的人便都可以成为兄弟，君子怎么会担忧自己没有兄弟呢？在这里的兄弟，显然不是血缘意义上的兄弟，而是日常生活中，与自己有所交集的朋友。"人是社会的动物"，每个人在世上都处在一定的社会结构之中，一个人是否可以实现人生的全部意义，朋友间的交往是其中不可或缺的部分。传统文化重视人际交往的意义，朋友是"五伦"中重要的一伦，所以有"有朋自远方来,不亦乐乎"的同道之情,有"君子以文会友,以友辅仁"的弘道之义,有"君子之交淡如水"的境界之举。在《曾国藩家书》中,我们同样可以看到曾国藩在京数十年中虽身处宦场,却心境澄明。与朋友相交诚恳、恭敬,乐善好施,这些点滴的记载积累起来,从而成就了曾国藩丰富的人生。

十一月十七日曾国藩写了两封家信,一封向父母禀告日常琐事,另一封即是这封与贤弟书。比起对兄弟进行劝谕,这封信则显得轻松许多,曾国藩介绍了他在北京的一些友人,并对与这些友人的交往进行了简要的评价。

在信的一开始,曾国藩就未能在九弟住京时对其良善劝导进行了一番检讨,以至于九弟回乡后深感遗憾;随即谈到了与几位在京友人的唱和,并说这种感情犹如"教之如弟"。如果要在这封信中找到一条贯穿的线索,很容易发现自孝悌而恭友具有一以贯之的意义。

儒家讲"仁",孟子解释为"爱人"。这个爱人,许多儒家学者都将它解释为一种基于血亲基础的"差序之爱"。在儒家看来人性有仁义礼智四端,孟子就以"乍见孺子将入于井"的故事来解释人的这份道德自觉心。而在情感上,生民之初,最容易对与自己有着血缘关系的父母产生亲爱之情。当仁心推扩时,这种对于父母的亲爱之情,才可能进一步推到血亲关系之外的人身上。这就是"老吾老以及人之老,幼吾幼以及人之幼"的基础。如若连与自己最亲近的亲人都不能爱,则对他人的爱便显得没有根基而浮夸了。所以,曾国藩在这里说"教之如弟",就是像对待自己的弟弟那般对待自己年少的朋友。这种情感,也可以理解为心理学上的移情,然移情的基础是我们先有一份如此的关怀，才可能对他人生出同样的情感来。正是如此，在儒家的朋友一伦中，所讲求的"恭""信""敬""诚"等道德要求，都不是强加于人的戒律，反倒是由内在的情感体验而生出的一种自觉。

除了"教之如弟"这种情感的延伸，我们也可以从这封信中找到孝悌的另一层联系。曾国藩作为大哥，其尽孝的方式也包括对兄弟们的教导。所谓"教诸弟进德业一分，则我之孝有一分"蕴含着孝悌中对家族所承担的责任心。孝道之所以丰富，那是因为尽孝不仅是一份情感的表达，更是对家庭责任的承担；而对家庭责任之承担，也成为一个人培养其责任心的起点。对同族弟子的教导，是以榜样身份以身作则的表率，以兄弟情义共同进退的担当。进而，这种担当才可能延伸至更广泛的社会关系中去，待人如己，我们也可将这一延展视为孝悌之道的扩充。

曾国藩交友温柔敦厚、以诚相待，更为重要的是，所结之友皆是同道之人。他谈何子贞时，就特别赞赏他的学问。何子贞（1799—1873），名绍基。他是晚清时期著名的诗人、画家和书法家。曾国藩对何绍基的书法尤为推崇，这位擅长草书的书法家，为后世留下不少书联，被誉为"书联圣手"。何绍基不仅天赋异禀，且勤学刻苦，曾国藩所记，每日临七八页，可见用功之深。而二人又皆喜作诗，何绍基更是钦佩曾国藩的诗文，志趣相投，才可成为情同手足的朋友。

但人际交往中，难免遇到"道不同不相为谋"之人，像曾国藩在信中所提到的汤海秋，就因诞言过多，而难以结为至交好友。儒家讲"见贤思齐焉，见不贤则内自省也"，友人往往是人生中的一面镜子。如黄子寿，涉猎广博，可知何谓胸有成竹；如何子贞，沉稳踏实，可知何谓大器将成。曾国藩在信中称愿与弟弟们共勉，便是从友人身上学到了投射出的优秀品质。

信的最后,有一则趣事值得思考。曾国藩因《易·旅》而联想到换仆人之事。旅卦说的是如果将下人视为随时会离开的旅人,则主仆间的情分便由此丧失了。曾国藩自问并未对下人刻薄,然而却不免将其视为随时离开之人,未尝于心上加以关心。之前以为是下人一时意气,一言不合便拂袖离去,读完旅卦才解原来是自己未尝待其如家人手足一般。曾国藩以此劝谕弟弟们,与人交往,难免与之在身份、地位上有所差异,若居于人上,则万不可骄傲轻浮,更应处处谨慎,避免有"逆旅"之心。我们常说"谦谦君子",君子以谦虚温润为貌,与人交往更是以道为谋,以情相悦,以心相待。如此,才是为友之道。

第二篇　施教以爱

道光二十三年癸卯岁
二月十九日(1843)

原文

男国藩跪禀父母亲大人万福金安:

正月十七日,男发第一号家信,内呈堂上信三页,复诸弟信九页,教四弟与厚二从汪觉庵师,六弟、九弟到省从丁秩臣,谅已收到。二月十六日接到家信第一号,系新正初三交彭山屺者,敬悉一切。

去年十二月十一,祖父大人忽患肠风,赖神灵默佑,得以速痊,然游子闻之,尚觉心悸。六弟生女,自是大喜。初八日恭逢寿筵，男不克在家庆祝，心尤依依。

诸弟在家不听教训，不甚发奋，男观诸弟来信，即已知之。盖诸弟之意，总不愿在家塾读书。自己亥年男在家时，诸弟即有此意，牢不可破。六弟欲从男进京，男因散馆去留未定，故彼时未许。庚子年接家眷，即请弟等送，意欲弟等来京读书也。特以祖父母、父母在上，男不敢专擅，故但写诸弟，而不指定何人。迨九弟来京，其意颇遂，而四弟、六弟之意尚未遂也。年年株守家园，时有耽搁；大人又不能常在家教之；近地又无良友；考试又不利。兼此数者，怫郁难申，故四弟、六弟不免怨男，其可以怨男者有故。丁酉在家教弟，咸克厥爱，可怨一矣；己亥在家未曾教弟一字，可怨二矣；临进京不肯带六弟，可怨三矣；不为弟另择外傅，仅延丹阁叔教之，拂厥本意，可怨四矣；明知两弟不愿家居，而屡次信回，劝弟寂守家塾，可怨五矣。惟男有可怨者五端，故四弟、六弟难免内怀隐衷。前此含意不申，故从不写信与男。去腊来信甚长，则尽情吐露矣。

男接信时，又喜又惧。喜者，喜弟志气勃勃不可遏也；惧者，惧男再拂弟意，将伤和气矣。兄弟和，虽穷氓小户必兴；兄弟不和，虽世家宦族必败。男深知此理，故禀堂上各位大人俯从男等兄弟之请。男之意实以和睦兄弟为第一。

九弟前年欲归，男百般苦留，至去年则不复强留，亦恐拂弟意也。临别时，彼此恋恋，情深似海。故男自九弟去后，思之尤切，信之尤深。谓九弟纵不为科目中人，亦当为孝弟中人。兄弟人人如此，可以终身互相依倚，则虽不得禄位，亦何伤哉！

恐堂上大人接到男正月信必且惊而怪之，谓两弟到衡阳、两弟到省，何其不知艰苦，擅自专命？殊不知男为兄弟和好起见，故复缕陈一切；并恐大人未见四弟、六弟来信，故封还附呈。总愿堂上六位大人俯从男等三人之请而已。

伏读手谕,谓男教弟宜明言责之,不宜琐琐告以阅历工夫。男自忆连年教弟之信不下数万字,或明责,或婉劝,或博称,或约指,知无不言,总之尽心竭力而已。

男妇孙男女身体皆平安,伏乞放心。

男谨禀

解读

这封家信,写于曾国藩入京后的第四年。之前三年,曾国藩每年寄回家书已二十余封,每信或百字,或千言,涉及汇报自己的近况、关心族中长辈和指导家中弟弟们种种。可谓琐碎详细,尽心尽责。但是,即便如此,在这封信中,曾国藩亦悔恨于弟弟们对他的"五怨",由此得见,与人之相处,并非有一颗真挚之心即可。相处之道,细致而为,归根结底,在于一"爱"字,这就是这封信中曾国藩所吐露的心意。

信中第三段,曾国藩对弟弟们对他的"五怨"一一说明。昔日在家中指导弟弟们学习,威严过甚,缺少慈爱,这是弟弟对他有所怨之一。乙亥年因私事过甚,又未能对弟弟的学习进行指导,这是所怨之二。临进京时,又未能带六弟一同进京,这是所怨之三。没有为弟弟另外选择师傅,仅聘丹阁叔为其指导,既耽误了弟弟的学业,又违背了弟弟的意愿,所怨之四。明知弟弟们不愿在家中就学时,却又多番劝阻,所怨之五。这五怨,在先前的家书中其实都有所涉及,当时的曾国藩所为也是为了弟弟们着想,然而却造成了兄弟之间的怨恨。

此时,曾国藩得知这五怨,虽忧虑重重,但还是由自身而发,对自己的行为进行了反思。兄弟之和,对于家庭极为重要,前已详述,但是如何才能让兄弟间和睦,则是处世的大学问。而这个大学问,只能通过对生活的审慎才可以了解。曾国藩自问教弟的信件不下万言,有责备、劝诫、讽喻,知无不言,尽心尽责,因此兄弟间的间隙,则是方式之不当所致。所以,他同意弟弟的请求,不再遏制弟弟们求学之意气,从而不再妨碍和气。换句话说,之前的曾国藩,在教导弟弟时是站在自己的立场而出发的,因此,难免有苛责之处。此次觉悟,是站在弟弟们的立场而出发的,待人以爱,就是以对方所期待的方式去对待,并在此基础上,提出自己的建议,这才真正做到了对别人的尊重,既不失自己的本意,又不至于伤害和气。

所以,这封信看似在说兄弟和则虽是贫穷小户依旧可以兴旺的道理,但在这背后更透露出若要兄弟和睦,必须注意相处的方式方法。能够"教人以爱"才能真的实现循循善诱、助人成材的目的。

第三篇　处世以谦

道光二十三年癸卯岁
三月二十三日(1843)

原文

孙男国藩跪禀祖父母大人万福金安:

二月十九日,孙发第二号家信。三月十九日发第三号,交金竺虔,想必五月中始可到省。孙以下阖家皆平安。

三月初六日奉上谕,于初十日大考翰詹①,在圆明园正大光明殿考试。孙初闻之心甚惊恐,盖久不作赋,字亦生疏。向来大考,大约六年一次。此次自己亥岁二月大考,到今仅满四年,万不料有此一举。故同人闻命下之时无不惶悚。孙与陈岱云等在园同寓。初十日卯刻进场,酉正出场。题目另纸敬录,诗赋亦另誊出。通共翰詹一百二十七人,告病不入场者三人(邵灿,己亥湖南主考。锡麟。江泰来,安徽人),病愈仍须补考。在殿上搜出夹带比交刑部治罪者一人,名如山(戊戌同年)。其余皆整齐完场。十一日皇上亲阅卷一日。十二日钦派阅卷大臣七人,阅毕拟定名次进呈。皇上钦定一等五名,二等五十五名,三等五十六人,四等七名。孙蒙皇上天恩,拔取二等第一名。湖南六翰林,二等四人,三等二人,另有全单。十四日引见,共升官者十一人,记名候升者五人,赏缎者十九人(升官者不赏缎)。孙蒙皇上格外天恩,升授翰林院侍讲。十七日谢恩。现在尚未补缺,有缺出即应孙补。其他升降赏责,另有全单。湖南以大考升官者,从前(雍正二年)惟陈文肃公(名大受,乾隆朝宰相)一等第一以编修升侍读,近来(道光十三年)胡云阁先生二等第四以学士升少詹,并孙三人而已。孙名次不如陈文肃之高,而升官与之同。此皇上破格之恩也。孙学问肤浅,见识庸鄙,受君父之厚恩,蒙祖宗之德荫,将来何以为报!惟当竭力尽忠而已。

金竺虔于昨二十一日回省,孙托带五品补服四付、水晶顶

---

① 翰詹:清代对翰林和詹事的并称。翰林,清时期延续明制,翰林主管编修国史,记载皇帝言行的起居注,进讲经史,以及草拟有关典礼的文件;詹事,清时期的詹事实际上是翰林官员的预备升迁,并无实职。

予自三十歲以來即以做官發財為可恥以官囊積金遺子孫為可羞可恨故私立誓總不靠做官發財以遺後人

歲次丙申年初秋 簡山

孝敬以奉長上
温和以待同輩

歲次丙申年荷月於京大霖书屋
楊寶平

善非道義可得者則不可輕
易受此要做好人第一要在此
處下手能令鬼服神欽
則自然後日進氣日剛否則
不覺墜入卑污一流必有被
人看不起之日不可不慎

歲次丙申年季夏 楊寶平

古之成大事者規模遠大與綜理密微二者闕一不可

丙申暑月於京華 楊寶平

戴二座、阿胶一斤半、鹿胶一斤、耳环一双。外竺虔借银五十两，即以付回。昨于竺虔处寄第三号信，信面信里皆写银四十两。发信后渠又借去十两，故前后二信不符。竺虔于五月半可到省，若六弟、九弟在省，则可面交；若无人在省，则家中专人去取，或诸弟有高兴到省者亦妙。今年考差大约在五月中旬，孙拟于四月半下园用功。

　　孙妇现已有喜，约七月可分娩。曾孙兄妹并如常。寓中今年添用一老妈，用度较去年略多。此次升官，约多用银百两。东扯西借，尚不窘迫。不知有邯郸报来家否？若其已来，开销不可太多。孙十四引见，渠若于二十八以前报到，是真邯郸报，赏银四五十两可也。若至四月始报，是省城伪报，赏数两足矣。但家中景况不审何如，伏恳示悉为幸。

孙跪禀

解读

　　道光二十三年（1843）三月初十日，曾国藩入京第四年的年初，他通过了大考，获得了翰林院侍讲之职，结束了前三年坐馆、修业的生活，真正开始了他的官场生涯。这一封信，就是他向祖父母禀报这一喜讯而作。

　　若说曾国藩入京前三年的境况，真可谓是窘迫至极。在本卷第一篇中的仆人陈升，就是因为钱银之事与曾国藩发生了口角，这事激得曾国藩还作诗一首，以泄心中怒气。可见，曾国藩此前的生活确实非常困窘。而此次升迁，才算是真正有了官职，所以向祖父母禀报，也是极为重大的消息。

　　但是，即便曾国藩的为官之途真的开始了，生活的境况也因连升四级而得到暂时的缓解，但他处世的态度却保持了一直以来的内向谦和。在这封信中，我们除了读到他升迁的喜悦外，更多的则是以谦逊、平和的心态来禀报此事。

在信中，他说自己考试时"心甚惊恐"，想必对自己的诗赋并非志得意满。而获得皇上提拔之后，又言"破格之恩""受君父之厚恩""蒙祖宗之德荫"；对自己的评价也不过是"学问肤浅，见识庸鄙"。这时的曾国藩，将这些话写进家书，恐怕不是为了以自谦而沽名，而是他自己谦卑性格的真实体现。

虽一日间官升四级，但曾国藩并未因此而骄傲自得，而是处处以不如人来警示自己。所以要求自己一定要"竭力尽忠"。这种待事谦卑之态度，足以见得他的修养功夫极深。

《易》之谦卦，有所谓"谦谦君子""谦尊而光"的说法，意谓君子之道，需有谦虚、尊重之心，才可得以彰显。《左传·昭公七年》"一命而偻，再命而伛，三命而俯"中"三命而俯"的典故，更是指随着官职的上升，态度需要更加谦虚。处世以谦，才可踏实稳健，做到司其职而尽其责。

第四篇　待人以善

道光二十四年甲辰岁
三月初十日（1844）

原文

孙国藩跪禀祖父母大人万福金安：

二月十四，孙发第二号信，不知已收到否？孙身体平安，孙妇及曾孙男女皆好。孙去年腊月十八曾寄信到家，言寄家银一千两，以六百为家中还债之用，以四百为馈赠亲族之用，其分赠数目，另载寄弟信中，以明不敢自专之义也。后接家信，知兑啸山百三十千，则此银已亏空一百矣。顷闻曾受恬丁艰，其借银恐难遽完，则又亏空一百矣。所存仅八百，而家中旧债尚多，馈赠亲族之银，系孙一人愚见，不知祖父母、父亲、叔父以为可行否？伏乞裁夺。

孙所以汲汲馈赠者，盖有二故。一则我家气运太盛，不可不格外小心，以为持盈保泰之道。旧债尽清，则好处太全，恐盈极生亏；留债不清，则好中不足，亦处乐之法也。二则各亲戚家皆贫，而年老者，今不略为伙助①，则他日不知何如。自孙入都后，如彭满舅曾祖、彭王姑母、欧阳岳祖母、江通十舅，已死数人矣。再过数年，则意中所欲馈赠之人，正不知何若矣！家中之债，今虽不还，后尚可还。赠人之举，今若不为，后必悔之！

此二者，孙之愚见如此。然孙少不更事，未能远谋，一切求祖父、叔父做主，孙断不敢擅自专权。其银待欧阳小岑南归，孙寄一大箱，衣物银两概寄渠处，孙认一半车钱。彼时再有信回。

孙谨禀

解读

曾国藩入主翰林侍讲后方得俸禄，生活情况略为好转。由

---

① 伙：音 cì。伙助：帮助，资助。

此于第二年初，开始凑钱还债。与此同时，曾国藩念及族中长辈，有的家中甚为贫寒，有的老人其晚辈尚未尽孝便已离世，便属意要再寄一部分钱，去资助族中其他人家。对于这个做法，家中弟兄并不太能理解，所以曾国藩同日给兄弟们写了一封信，来详谈自己的修身之道。而在此，他写信给祖父母，说了自己这么做的原因，通过他的解释，我们也可以了解曾国藩"待人以善"的处世原则。

曾国藩在欠债未还清的状况下，却要赠予别人钱银，他的考虑有二。第一，就是事不可尽全的原则。根据这个原则，曾国藩提到了"旧债尽清，则好处太全，恐盈极生亏"的理财观念。以当代的财务观点来看，借债人和债权人之间，应是义务与责任的对等，所借债务应当以诚信原则为基础，在规定的期限内，偿还本金与利息。"借钱不还"是现代社会所反对的理财观念。但是，曾国藩在这里，却偏偏要等一等再还钱，而非尽早一次还清，与当代的观念有点"格格不入"。但是，如果根据曾国藩的原则，"留债不清"乃是为了"好中不足"，不将债务清理干净，是根据持盈保泰之道，乃是于好中留有不足，如此才不会物极必反。虽然当代的理财观下，不易认同曾国藩的留债不清的做法。但是，他的留债不清，并不是赖着不还，而是因为钱财应有钱财的"应许之用"。在规定的限期之内，如果这笔钱财有更重要的用途，而之后又有新的补充，可以在限期内将债务还清，那么用这笔钱财去做更重要的事情，则未尝不可。换言之，正是未能将债务完全结清，使债务人在诚信为本的原则下，有一定的责任压力，从而可以更好地将钱财用于合理合宜的地方，而不至于挥霍浪费。

那么，对于曾国藩而言，这个比还钱更重要的用钱途径，便是馈赠族中贫寒家庭。曾国藩初入京时，族中长辈对其给予了极大的期许，尤其是在改善本族境况上，族人们难免误会京官收入颇丰，可以转变家运。岂知曾国藩入京三年，自己都困窘不堪，何况于帮助族中其他的长辈，以至于一些老人，在几年内已相继过世。曾国藩自言，若今日不给予一定的捐赠，他日一定会后悔。所以，便在不着急还钱的情况下，专门分拨出一部分钱，赠予贫寒的族中他人。此番心意，不得不让我们感慨曾国藩待人以善的举动。

当代人倡言慈善，然所谓慈善似乎只是富裕阶层的作为，甚至被视为富人所必须尽的责任。这样，恰恰是误解了慈善之义。儒家之慈善，有两层意义。从道德本心上来说，慈善即是待人以善，也就是仁爱之心的体现。孟子所谓"人不独亲其亲，不独子其子"，当仁爱之心可以由己向人推扩出去，便是慈善之举，便可以做到"老吾老以及人之老，幼吾幼以及人之幼"。这种慈善，并不需要做的人有多少财富，它所看重的是人有多少可以发明本心、推扩此心的修养。而从社会公平上来讲，孔子说的"有国有家者，不患寡而患不均，不患贫而患不安。盖均无贫，和无寡，安无倾。夫如是，故远人不服，则修文德以来之。既来之，则安之"，是要让人意识到贫富差距可能带来的社会危害。一人之贫富、一家之贫富，乃至一国之贫富，往往是多种原因共同作用而造成的。当面对贫富不均时，国家可以从制度上加以调整，而社会则需要有每一个人的自觉行为，才可以缓解这一困境。每个人的自觉，就是要看到多寡不均时，有意为之，调节这种状况。如曾国藩所为，自家状况变好后，就自觉地要去帮助比自己更为贫穷的人。只有这样，这个社会才不会出现"仇富"心理，也不会走向"我弱我有理"的极端。社会的运行，应基于大多数人之间的安定和睦。曾国藩的理财观念，并不是斤斤计较的算计。但恰是这样一种包含着待人以善的理财观，才可能助力其家族日益兴旺。当然，如果空有一番待人以善的良知，而未能建立其待人以善的良政，恐怕也最终会戕害这一良知，从而使社会丧失行善的良能。

第五篇　联姻之道

道光二十五年乙巳岁
三月初五日（1845）

原文

四位老弟足下：

　　二月有折差到京。余因眼蒙，故未写信。三月初三接到正月二十四所发家信，无事不详悉，忻喜之至。此次眼尚微红，不敢多作字，故未另禀堂上。一切详此书中，烦弟等代禀告焉。

　　去年所寄银，余有分馈亲族之意。厥后屡次信问，总未详明示悉。顷奉父亲示谕，云皆已周到，酌量减半。然以余所闻，亦有过于半者，亦有不及一半者。下次信来，务求九弟开一单告我为幸。

　　受恬之钱，既专使去取，余又有京信去，想必可以取回，则可以还江岷山、东海之项矣。岷山、东海之银，本有利息，余拟送他高丽参共半斤，挂屏、对联各一付，或者可少减利钱，待公车归时带回。父亲手谕要寄银百两回家，亦待公车带回。有此一项，则可以还率五之钱矣。

率五想已到家，渠是好体面之人，不必时时责备他，惟以体面待他，渠亦自然学好。兰姊买田，可喜之至。惟与人同居，小事要看松些，不可在讨人恼。

欧阳牧云要与我重订婚姻，我非不愿，但渠与其妹是同胞所生，兄妹之子女，犹然骨肉也。古者婚姻之道，所以厚别也，故同姓不婚。中表①为婚，此俗礼之大失。譬如嫁女而号泣，奠礼而三献，丧事而用乐，此皆俗礼之失，我辈不可不力辨之。四弟以此义告牧云，吾徐当作信复告也。

罗芸皋于二月十八日到京，路上备尝辛苦，为从来进京者所未有。于二十七日在圆明园正大光明殿补行复试。湖南补复试者四人。余在园送考，四人皆平安，感余之情。今年新科复试，正场取一等三十七人，二三等人数甚多。四等十三人，罚停会试二科。补复者一等十人，二三等共百六十人。四等五人，亦罚停二科。立法之初，无革职者，可谓宽大。湘乡共到十人。邓铁松因病不能进场。渠吐血是老病，或者可保无虞。

芸皋所带小菜、布匹、茶叶俱已收到，但不知付物甚多，何以并无家信？四弟去年所寄诗已圈批寄还，不知收到否？汪觉庵师寿文，大约在八月前付到。

五十已纳征②礼成，可贺可贺。朱家气象甚好，但劝其少学官款，我家亦然。啸山接到咨文，上有祖母已没字样，甚为哀

---

① 中表：古代称母亲的姐妹所生子女为内兄弟姐妹，父亲的姐妹所生子女为外兄弟姐妹。中为内，表为外，合称为"中表"。即是今天所称的表亲和堂亲。

② 纳征：纳币，古代婚礼六礼之一。

痛，归思极迫。余再三劝解，场后即来余寓同住。我家共住三人。郭二于二月初八到京，复试二等第八。上下合家皆清吉。余耳仍鸣，无他恙。内人及子女皆平安。树堂榜后要南归，将来择师尚未定。

六弟信中言功课在廉让之间，此语殊不可解。所需书籍，惟《子史精华》家中现有，准托公车带归。《汉魏百三家》，京城甚贵，余已托人在扬州买，尚未接到。《稗海》及《绥寇纪略》亦贵，且寄此书与人，则必帮人车价。因此书尚非吾弟所宜急务者，故不买寄。元明名古文尚无选本。近来邵蕙西已选元文，渠劝我选明文，我因无暇尚未选。古文选本，惟姚姬传先生所选本最好。吾近来圈过一遍，可于公车带回。六弟用墨笔加圈一遍可也。

九弟诗大进，读之为之距跃三百，即和四章寄回。树堂、筠仙、意诚三君，皆各有和章。诗之为道，各人路径不同，难执一之成见以概论。吾前教四弟学袁简斋，以四弟笔情与袁相近也。今观九弟笔情，则与元遗山相近。吾教诸弟学诗无别法，但须看一家之专集，不可读选本，以汩没性灵。至要至要。吾于五七古学杜、韩，五七律学杜，此二家无一字不细看。外此则古诗学苏、黄，律诗学义山，此三家亦无一字不看。五家之外，则用功浅矣。我之门径如此，诸弟或从我行，或别寻门径。随人性之所近而为之可耳。

余近来事极繁，然无日不看书。今年已批韩诗一部，正月十八批毕。现在批《史记》已三之二，大约四月可批完。诸弟所看书望详示。邻里有事，亦望示知。

国藩手草

解读

　　曾国藩二十岁出头，参加湘乡县试，考取进士。同时，他和跟父亲有着至交关系的欧阳沧溟之女成婚。此后历年，曾氏夫妻感情和睦，曾夫人亦随曾国藩北上入京。道光二十五年（1845），曾国藩已有子女可订约，于是收到曾夫人兄弟欧阳牧云来信，请求订婚约。曾国藩借此谈了自己对于婚姻之道的看法，并以中表不婚之原则，婉拒了欧阳牧云的请求。而在这之前，曾国藩就曾在家书中，谈到了婚姻之道。借此，我们也由此展开一些对古之婚姻制度的介绍。

　　婚姻之道，合两姓之好，成继承之道。是古代社会生活中最为重要的礼制内容。即使到今天，婚姻仍是人之大事。对婚姻的认识，传统社会中首先以此为人伦之基础。夫妻乃是五伦之一，同时也是最基本的小家庭结构的组成单位。《礼记·经解》有："昏姻之礼，所以明男女之别也……故昏姻之礼废，则夫妇之道苦，而淫辟之罪多矣。"曾国藩在信中说，"古者婚姻之道，所以厚别也"，将男女之别更递进了一层，就是别同姓。"同姓不婚"的原则，早在周代就已出现。"同姓不婚，恶不殖也"（《国语·晋语》），"男女同姓，其生不蕃"（《左传·僖公二十三年》），同姓之婚在遗传上的影响已经被周人注意到。除此之外，同姓之婚，很容易造成对伦常秩序的扰乱，这对于礼的戕害也很严重。

　　从礼制秩序而言，遵守一定的原则，是为了维护更为良好的婚姻环境，这一点古今相同，不必多言。但是，曾国藩曾在另一封信中也谈到过婚姻之道，其看法与当代所流行的"爱情"是婚姻的基础，则有几分差异。在《劝学卷·学忌空言》中，曾国藩曾提到常家欲与曾家结亲的事情，对此，曾国藩非常谨慎，且不是很同意。他自言原因是："恐其家女子有宦家骄奢习气，乱我家规，诱我子弟好佚耳。"因为常家家势似显赫而张扬，日间行事高调奢靡。其兄经常仰仗父亲的声名而作威作福，穿戴光鲜亮丽，出行有众多仆人随从。如此行为，想必家教多有欠缺。这样家庭出来的女子，恐怕也有骄奢气息。"昏礼者，礼之本也。"娶妻之事，非同小可，《新唐书》中说"礼本于夫妇"，一家一国之治乱兴衰皆由婚姻为根基。正因如此，夫妻双方之品格、教养，必须要有所考察，才可能保证婚姻之长久。曾国藩再三跟弟弟说，婚姻之事，他不应干预，但是对于对方家中的情况，则不可不详明。这里说的亲家情况，非其钱财，亦非官名，而是日常品行，其中尤其以是否食鸦片为要。若是食鸦片则万万不可。

传统婚姻不是今日之自由恋爱，对于年轻人的婚姻之事，也绝非尽随个人心意。这是我们最需反对的传统婚姻之处。但是，传统婚姻也绝非不讲人情的冰冷关系。婚姻大事之前，两家自有一番沟通，对对方之情况也绝非完全不知。能与门当户对、品行高洁之人婚配，便是传统婚姻之道。这其中既有对个人的尊重，同时也有对礼法的遵从。

此外，这封信中，曾国藩还特别强调了对于古礼的尊重。若表亲、堂亲成婚，便是很严重的违背礼的做法。而习以为常的"嫁女而号泣，奠礼而三献，丧事而用乐"其实都是违背于礼的做法，但是民间已不知其本貌。曾国藩在此特别强调对于礼之用，一定要谨慎、省察，不可因无知而行悖礼之事。

第六篇　勿贪小利

道光二十七年丁未岁
六月二十七日（1847）

原文

澄侯、子植、季洪三弟足下：

　　自四月二十七日得大考谕旨以后，二十九日发家信，五月十八又发一封，二十九又发一信，六月十八又发一信，不审俱收到否？二十五日接到澄弟六月一日所发信，具悉一切，欣慰之至。

　　发卷所走各家，一半系余旧友，惟屡次扰人，心殊不安。我自从己亥年在外把戏，至今以为恨事。将来万一作外官，或督抚，或学政，从前施情于我者，或数百，或数千，皆钓饵也。渠若到任上来，不应则失之刻薄，应之则施一报十，尚不足满其欲。故兄自庚子到京以来，于今八年，不肯轻受人惠，情愿人占我的便益，断不肯我占人的便益。将来若做外官，京城以内无责报于我者。澄弟在京年余，亦得略见其概矣。此次澄弟所受各家之情，成事不说，以后凡事不可占人半点便宜，不可轻取人财。切记切记。

　　彭十九家姻事，兄意彭家发泄将尽，不能久于蕴蓄，此时以女对渠家，亦若从前之以蕙妹定王家也。目前非不华丽，而十年之外，局面亦必一变。澄弟一男二女，不知何以急急定婚若此？岂少缓须臾，即恐无亲家耶？贤弟行事，多躁而少静，以后尚期三思。儿女姻缘前生定，我不敢阻，亦不敢劝，但嘱贤弟少安无躁而已。

成忍斋府学教授系正七品，封赠一代，敕命二轴。朱心泉县学教谕系正八品，仅封本身，父母则无封。心翁之父母乃貤封①也。家中现有《搢绅》，何不一翻阅？

牧云一等，汪三入学，皆为可喜。啸山教习，容当托曹西垣一查。

京寓中大小平安。纪泽读书，已至"宗族称孝焉"，大女儿读书，已至"吾十有五"。前三月买驴子一头，顷赵炳堃又送一头。二品本应坐绿呢车，兄一切向来简朴，故仍坐蓝呢车。寓中用度比前较大，每年进项亦较多（每年俸银三百两、饭银一百两），其他外间进项尚与从前相似。

同乡诸人皆如旧。李竹屋在苏寄信来，立夫先生许以乾馆。余不一一。

兄国藩手草

解读

曾国藩为官简朴、清廉，这大抵在当时的官场是非常难能可贵的。这并非源于曾国藩对于"官德"情有独钟，邀约名声，而是源于他对于自身德性的格外紧张。但是，君子的品德并不只是一种道德上的洁癖，而是一种能够知人论世、入世救弊时

---

① 貤封：在清制中，官员获得封诰之后，请求移授亲族尊长。

还可以克己复礼的德性。

官场复杂,犹若江湖,人与人之间的关系尤其会因为复杂的利益变得繁杂起来。人的德性有两重面向,有"门内""门外"之分。在门内,即在亲族关系以内,恩情更为重要;在门外,即在朋友、社团中,义气则更为重要。儒家的君子,不仅仅是抽象的道德模范,更是经国济世的人才。正因如此,本性的纯善在接触到江湖的刀光剑影时,便不得不面临一个最紧要的命题。在复杂的环境中,究竟是随波逐流,保全自身,还是应该秉持刚正,改变世界?然而,问题并非只有一种解决办法,非此即彼有违儒家的中庸之道。寒门士子,苦读八股,然而,一入官场,内心原本的抱负却极易失衡。钱穆就曾说过,科举虽然让平民阶层的学子进入了官僚体系,但是,这个群体缺乏政治环境的熏陶,政治经验相比那些门阀士族而言,还是少了很多。曾国藩入京十来年,官运亨通也只是发生在后几年。而在此之前,曾国藩的生活都是很困窘的。在窘迫之下,曾国藩难免要拜托京中友人相助,之后作为学政,也有不少工作是请人相助而完成的。

受人之惠,自当回报;但若受人之惠过多,所要求的回报自然也会增多。陆桴亭《思辨录》中说"利与义合",是说当利益与道义相合的时候,才会达到和谐的状态。受人之惠,就是从别人那里得到了利益;作为回报,也应使别人获得利益。然而,正当的利益需要与道义相合,欠人情分过多,回报时难免会遇到不合于道义的利益。曾国藩告诫九弟,在这个方面定要注意。若曾有人施惠给自己,自当回报,不回报会被人视为刻薄,而且回报应该加倍。《大学》中讲"格物致知",朱熹解释为需要"即物"才可以明白道理。人有道德感并非难事,但是按着道德之心做事，在待人接物时还能够涵养持敬，那就不是容易的事情了。

　　曾国藩告诫九弟不要贪占小便宜，看起来是不要让自己日后反遭麻烦，但根本上讲的还是君子内在的德性应该在为人处世时，表现出来，以道德心去约束自己的行为，这才是真正的君子处世之道。

第七篇　蠖屈存身

道光二十八年戊申岁
六月十七日（1848）

原文

澄侯、子植、季洪三弟左右：

　　五月二十四发第八号家信，由任梅谱手寄去。高丽参二两、回生丸一颗、眼药数种、膏药四百余张，并白菜、大茄种，用大木匣盛好寄回，不知已收到否？六月十六日接到家信，系澄侯五月初七在县城所发，具悉一切。月日京寓大小平安。予癣疾上身已好，惟腿上未愈。六弟在家一月，诸事如常。内人及儿女辈皆好。郭雨三之大女许配黄莆卿之次子，系予作伐柯人①，亦因其次女欲许余次子故，并将大女嫁湖南。此婚事似不

---

① 伐柯：出自《诗经·豳风·伐柯》："伐柯如何？匪斧不克。取妻如何？匪媒不得。"伐柯人：指男女婚嫁中的媒人。

可辞，不知堂上大人之意云何？

　　澄侯在县和八都官司，忠信见孚于众人，可喜之至。朱岚轩之事，弟虽二十分出力，尚未将银全数取回。渠若以钱来谢，吾弟宜斟酌行之，或受或不受，或辞多受少，总以不好利为主。此后近而乡党，远而县城省城，皆靠澄弟一人与人相酬酢。总之不贪财、不失信、不自是，有此三者，自然鬼服神钦，到处人皆敬重。此刻初出茅庐，尤宜慎之又慎。若三者有一，则不为人所与矣。

　　李东崖先生来信，要达天听，予置之不论。其诰轴，则杜兰溪即日可交李笔峰。刘东屏先生常屈身讼庭，究为不美。澄弟若见之，道予寄语，劝其"危行言孙①，蠖屈存身②"八字而已。墓石之地，其田野颇为开爽（若过墓石而至胡起三所居一带尤宽敞）。予喜扩荡眼界，可即并田买之，要钱可写信来京。凡局面不开展。眼鼻攒集之地，予皆不喜，可以此意告尧阶也。何子贞于六月十二丧妻，今年渠家已丧三人，家运可谓乖舛。季弟考试万一不得，亦不必牢骚。盖予既忝窃侥幸，九弟去年已进，若今年又得，是极盛，则有盈满之惧，亦可畏也。同乡诸家，一切如常。凌迪舟近已移居胡光伯家，不住我家矣。书不十一，余俟续具。

兄国藩手草

---

　　① 危：正直。孙：通"逊"，谦逊。危行言孙：指行为正直，言语谦虚。
　　② 蠖：音huò，出自《周易·系辞下》："尺蠖之屈，以求信也；龙蛇之蛰，以存身也；精义入神，以致用也。"尺蠖指尺蠖蛾的幼虫，蠕动着前行，形态一屈一伸，简称蠖。蠖屈：指尺蠖行动的样子。

解读

　　《易·系辞下》中说："尺蠖之屈，以求信也；龙蛇之蛰，以存身也。"尺蠖，一种昆虫类的小虫子，若要前进，首先要先把身体屈起来，才能够伸长，才算是向前行了一步。龙蛇之类，看似是庞大的动物，但是却要蛰伏起来，才能够保存生命。尺蠖和龙蛇的生存之道，便是教导人们以退为进、以守为攻的隐忍之力。曾国藩一生处世，都时刻以蠖屈存身的道理警醒自己，如此才能够在清廷动荡的局势中，始终尽量保持着自己作为臣的忠道和作为儒生的正道。在这封信里，曾国藩就将此道理告诉给三位弟弟，以提醒年龄尚轻的三位弟弟，学会韬光养晦之道。

　　对于儒家士子而言，少年时学习小学之道，进而修习大学之道；成年后入则孝亲养家，出则处世治国。这是每个深受儒家传统熏陶的传统士人的人生之途。年轻时读书要好，是因为学而优则仕，学是成人的前提和手段。成年后，更看重的便是做人做事的方式。曾国藩九弟国荃在捐官之后，便开始了自己的宦场仕途。曾国藩在信的第二段中表扬他，在初入官场的几桩官司中，都表现尚佳。当事之人，可能会向国荃献钱以示感谢。"君子无功不受禄"，国荃虽有功于官司，但收受他人的馈赠，则不可贪婪任性。所以，曾国藩提醒他，要不要接受馈赠，需要以"不好利"为准则。这是做事的基本准则。做事时以"义"为担当，而不贪图利益，才可以做到"不贪财、不失信、不自是"三点，这对于与自己关系亲近的乡党，或不熟悉的县城之人，都要一视同仁，皆以这三点为准则。初出茅庐时，做事一定要谨慎，只有这样秉正公允，才会获得所有人的认可。

入世做事，当以"义"为先。但是，世事复杂，又不是只能讲道理而不讲策略。因此，在原则允许之下，做人做事必要懂得韬光养晦的道理。春秋时期，吴越二国对立，年轻的越王勾践未能听从范蠡的进谏，以精兵进攻吴国，遭吴王夫差之兵围困会稽。此后，勾践屈辱求和，卧薪尝胆、励精图治多年，最终东山再起，灭吴称霸，成为春秋五霸中的最后一霸。勾践年轻时，做事锋芒毕露，不懂得隐藏自己的实力，以为先发制人是良计，结果却身陷囹圄。经历过灭国之痛的勾践，能够懂得收藏锋芒、以退为进、蠖屈存身之理，最终使越国成为春秋一霸。做人也是如此，初入职场，年轻气盛，言语与行为都难免失准。愈是在这样的情况之下，就愈要以正直的行为和言谈来约束自身，以谦卑谨慎的态度为人处世。这便是曾国藩在此封信中所讲的"蠖屈存身"的道理了。

第八篇　勿与人争

道光二十九年己酉岁
十月初四日（1849）

原文

澄侯、温甫、子植、季洪四位老弟足下：

八月十二日发第十五号家信，九月二十二日发第十六号家信，想次第收到。十月初二日接到澄弟八月二十六一书，具悉一切。是日又从岱云书内见《南省题名录》，三弟皆不与选，为之怅喟①。

吾家累世积德，祖父及父、叔二人皆孝友仁厚，食其报者，宜不止我一人。此理之可信者。吾邑从前邓、罗诸家，官阶较大，其昆季子孙皆无相继而起之人。此又事之不可必者。吾近于宦场，颇厌其繁俗而无补于国计民生，惟势之所处，求退不能。但愿得诸弟稍有进步，家中略有仰事之资，即思决志归养，以行吾素。今诸弟科策略迟，而吾在此间公私万事丛集，无人帮照。每一思之，未尝不作茫无畔岸之想也。吾现已定计于明年八月乞假归省，后年二月还京，专待家中回信详明见示。

今年父亲六十大寿，吾意不克在家叩祝，悚疚②之至。十月初四日，奉旨派作较射大臣③。顺天武闱乡试，于初五六马箭，初七八步箭，初九十技勇，十一发榜，十二复命。此八日皆入武闱，不克回寓。父亲寿辰，并不能如往年办面席以宴客也。然予既定计明年还家庆寿，则今年在京即不称觞，犹与吾乡多重逢一不重晋十之例相合。

家中分赠亲族之钱，吾恐银到太迟，难于换钱，故前次为书寄德六七叔祖，并办百折裙送叔曾祖母。现在廷芳宇桂尚未起行，大约年底乃可到湖南。若曾希六、陈体元二家必待照到乃送钱来，则我家今年窘矣。二家捐项，我在京共去京平足纹二百四十一两六钱，若合南中漕平，则当二百三十六两五钱。渠送钱若略少几千，我家不必与之争。盖丁酉之冬，非渠煤拢则万不能进京也。明年春间应寄家用之钱，乞暂以曾、陈捐项

---

① 喟：叹气的样子。怅喟：指怅然若失。
② 悚：俱也。疚：愧疚。悚疚：指内心惭愧至极。
③ 较射：比赛射技。较射大臣：指在武举中考查考生较射的官职。

用之。我上半年只能寄鹿茸，下半年乃再寄银耳。

《皇清经解》一书，不知取回否？若未取回，可令人去取。盖此等书，诸弟略一涉猎，即扩见识，不宜轻以赠人也。明年小考，须进十千，大场又须送十千。此等钱家中有人分领，便是一家之祥瑞，但澄弟须于在省城时张罗此项，付各考者，乃为及时。

京寓大小平安。纪泽儿已病两月，近日全愈，今日已上书馆矣。纪鸿儿极结实，声音洪亮异常。仆婢辈皆守旧。同乡各家，亦皆无恙。邹墨林尚在我家。

张雨农之子闱艺甚佳而不得售，近又已作文数首，其勇往可畏爱也。

书不详尽，写此毕即赴武闱，十二始归寓。余俟后报。

国藩手草

解读

道光二十三年（1843），曾国藩任乡试主考；道光二十六年（1846），任会试正总裁和殿试读卷大臣。写这封信的时候，是在道光二十九年（1849），他又奉命主持武举的射技考试。这一段时间的主要工作，都是围绕着科举展开的。正因为对科场士子接触频繁，曾国藩对于人才的选择、任用极为重视，这也是他日后幕僚众多的原因之一。同时，也让他对于科举取士有着较他人更为深刻的理解。

在信的第二段，他对于当时的官场积弊表达了自己的厌恶情绪，官场的繁文缛节使得官员真正的办事效率并不高，这使得曾国藩对于科举取士之后，士所承担的真正的治国理政的责任担当产生了质疑。官场的各种积弊，对于国计民生全无帮助，然而，已通过科举的人，又不得不在自己的位子上消磨意志。这时，他要逃脱这种困境的愿望是极其强烈的，只能在信中劝谕各位弟弟能有所进步，获得养家之技能，这样也好让他能够全身而退。而弟弟们的科场成绩，对于曾国藩而言，也不再是所鼓励的那般，是弟弟们精忠报国的途径，而是已将这一路看做是养家糊口的出路。从对科举抱定理想主义的色彩到对科举采取功利性的态度，可见，身在官场的曾国藩，已丧失了当初的抱负；然而，情绪之外的曾国藩，并未能深入一层再去思考，官场毒瘤究竟缘何而成。或许是对于理学的服膺，曾国藩只求可回乡照顾家人，修养身心，而对宦途了无兴趣了。

另一方面，对于官场的失望根本上还是基于曾国藩的理想与清朝政治现实之间的冲突。他的回乡，不是要放弃理想，而是要远离宦场。确切地说，还是要以儒家的理想作为自己生活的准则。正因如此，曾国藩也告诫弟弟们不要以利当先，而应在做人做事时，以"义"为重，做到"不与人争"。曾国藩在京的时候，曾帮助曾希六、陈体元两家捐官，如今两家要将欠款送至曾氏老宅，曾国藩叮咛弟弟们不要与之相争。因为，在多年前，曾国藩进京所用煤火皆是由他们所资助的。为人要真挚善良，更何况是昔日曾给予自己帮助的人，更应知恩图报。

清朝政局本就存在着诸多权势的争执，官员的生活处境本就充满了危机，而道光帝的节俭的经济政策，更是让下层官员的生活时常陷入困境。然而，即便是在这样的背景之下，曾国藩也特别给家中写信说明不可与别人在钱银上有所争执，而是以感念之心对待曾帮助过自己的人。仅就这一点而言，曾国藩在当时的官场上，就具有清流之风骨，在天下间熙熙攘攘，皆为利来皆为利往的时代中，显得尤为可贵。

第九篇　为人磊落

道光三十年庚戌岁
正月初九日（1850）

原文

澄侯、温甫、子植、季洪四位老弟足下：

正月初六日接到家信三函：一系十一月初三所发，有父亲手谕温弟代书者，一系十一月十八所发，有父亲手谕植弟代书者，一系十二月初三澄弟在县城所发一书，甚为详明，使游子在外，巨细了然。

庙山上金叔，不知为何事而可取腾七之数？若非道义可得者，则不可轻易受此。要做好人，第一要在此处下手，能令鬼服神钦，则自然识日进气日刚。否则，不觉堕入卑污一流，必有被人看不起之日，不可不慎！诸弟现处极好之时，家事有我一人担当，正当做个光明磊落神钦鬼服之人，名声既出，信义既著，随便答言，无事不成，不必受此小便宜也。

父亲两次手谕，皆不欲予乞假归家。而予之意，甚思日侍父母之侧，不得不为迎养之计。去冬家书，曾以归省、迎养二事与诸弟相商。今父亲手示，既不许归省，则迎养之计更不可缓。所难者，堂上有四位老人，若专迎父母而不迎叔父母，不特予心中不安，即父母心中亦必不安；若四位并迎，则叔母病未全好，远道跋涉尤艰。予意欲于今年八月初旬，迎父亲、母亲、叔父三位老人来京，留叔母在家，诸弟妇细心伺候。明年正月元宵节后，即送叔父回南，我得与叔父相聚数月，则我之心安；父母得与叔父同行数千里到京，则父母之心安；叔母在家半年，专雇一人服侍，诸弟妇又细心奉养，则叔父亦可放心。叔父在家抑郁数十年，今出外潇洒半年，又得观京师之壮丽，又得与侄儿、侄妇、侄孙团聚，则叔父亦可快畅。在家坐轿至湘潭，澄侯先至潭雇定好船，伺候老人开船后，澄弟即可回家。船至汉口，予遣荆七在汉口迎接。由汉口坐三乘轿至京，行李婢仆，则用小车，甚为易办。求诸弟细商堂上老人，春间即赐回信。至要至要。

李泽昱、李英灿进京，余必加意庇护。八斗冲地，望绘图与我看。诸弟自侍病至葬事，十分劳苦，我不克帮，心甚歉愧。

京师大小平安。皇太后大丧已于正月七日二十七日满，脱去孝衣。初八日系祖父冥诞，我作文致祭。即于是日亦脱白孝，以后照常当差。

心中万绪，不及尽书，统容续布。

兄国藩手草

解读

朱熹在讲儒家的君子修身时，首先就是要"收敛"。何谓"收敛"？从内心而言，收敛就是懂得保持自己身心的一致，不要有邪念和贪欲生出来。时刻保持自省的状态，这样在意念的发端上便可做到收敛。从外在而言，收敛则是要时刻以"礼"来约束自身的行为，不可做下流龌龊之事。曾国藩在这封信中，讲的便是要弟弟们学会收敛，尤其是在做事的时候，要以收敛来约束自己的行为，做到光明正大。

　　写这封信的缘由是庙山金叔要拿他人财物，曾国藩因不详事情的来龙去脉，于是只好在信中以是否符合道义来判断。如果是符合道义的，便是可以取的；反之，则不能够轻易放任自己做这样的事情。曾国藩所讲的道理是很简单的，即每个人都希望自己做一个好人。然而，好人究竟要怎样做？难道是时时刻刻地做忧国忧民的事情吗？这其实是人们心中的"道德幻想"。好人，没有那么不切实际。做一个好人，无非就是做一个光明正大、遵循道义的人。曾国藩说，只有从这个地方着手，才能够让鬼神感到钦佩，那么人的气质也会日日变化。

　　宋代的理学家把人性分为受到上天赐予的天命之性和后天沾染了尘世习气的气质之性。做一个好人，就是要在为人处世的过程之中，尽量改善自己的气质之性。宋明理学家说之所以这世间有好人，亦有坏人，并不是因为人从本质上有什么差别，而是因为每个人因为后天的禀赋不同，所以有人是君子之才，有人则坠入卑污之流。如果想改变这样的困境，那就需要不断地去修身，从而改掉自己气质之性中的浊气，恢复清明之气，这样也就回到了天命之性上来，成就了君子的德性。怎么去改变自己的气质呢？朱熹说每个人都好像是珍珠一样，本来都是至真至贵的人，却因为沾染了污泥而丧失了光芒。改变气质，就是要将珍珠放进清水中，不断冲洗、浸泡，将身上的污浊洗去了，便可以重新发出珍珠的光芒。曾国藩将这一改变气质的方法，落实到生活中去，那就是做光明正大的人。

　　行事光明的人，所求只为心安。在信的第三段中，曾国藩再次提出了邀请父母和叔父母来北京休养的请求。邀请长辈长途跋涉入京，自然要做好万全的准备，而这准备不为求得表扬，只是为了心安而已。父母能到自己身边，则作为儿孙的感到心安；迎接父母和叔父母周全细致，则父母感到心安；安排叔父外出散心的同时，也安排好照顾叔母的人，则叔父一家放心。种种细节，均显示出曾国藩行事坦荡、真挚诚恳。

如果说这封信的前一半是曾国藩对弟弟们做事要光明正大的说教，那么后一半则体现出曾国藩处世时所透露出的大气的风骨。将道德的自觉，落实到行动上，这便是曾国藩的"知行合一"，同样也是作为长子长孙的他，为晚辈做出的榜样。

第十篇　隐忍乱世

咸丰五年乙卯岁
四月初八日（1855）

原文

澄侯、温甫、子植、季洪足下：

凌问樵来，接澄弟信，知勇劫粮台事办有头绪，澄弟已归去矣。甚慰甚慰。当此乱世，黑白颠倒，办事万难，贤弟宜藏深山，不宜轻出门一步。澄弟去年三月在省河告归之时，毅然决绝，吾意其戢影家园，足迹不履城市矣。此次一出，实不可解。以后务须隐遁，无论外间何事，一概不可与闻。即家中偶遇横逆之来，亦当再三隐忍，勿与计较。吾近来在外，于忍气二字加倍用功。若仗皇上天威，此事稍有了息之期，吾必杜门

凡將才有の大端
一曰知人善任二曰善覘
敵情三曰臨陣膽識
四曰營務整齊

簡山

宦海風波安危
莫卜卑官小吏
尤多危機每
見佐雜未秩下
場鮮有好者

歲次丙申季夏 楊寶平

凡行公事須深謀遠慮凡人無不可為聖賢絕不系乎讀書之多寡

楊寶平

利則久戰不利則退

歲次丙申年季夏楊寶平書

养疾，不愿闻官事也。

癣疾近日大发，懒于治事。自二十七日至吴城镇，迄今已满十日。罗山于二十一日克复弋阳，二十三日克复兴安，二十五六两获大胜，克服广信府城。智亭军门尚扎九江。水师前队扎南康府，李次青率陆勇护之，后队扎吴城，均尚安吉，家中不必挂念。莘田在营，甚为安雅，拟留二三月遣归。魏荫亭近日即当告归。余不一一，即候近好。

付去谕旨一本、奏章一本，幸好为收存。向来寄回家中之奏稿，不知收置一处否？以后望作箱存之为要。诸惟心照。

解读

咸丰五年（1855），曾国藩率领的湘军已与太平军酣战数年，年前战事惨烈，湘军损失惨重。而在江西时，地方官员与曾国藩率部之间，矛盾重重，也令曾国藩抑郁不已。曾国藩对此最大的感触便是，身处乱世，万般困难。

孔子曾说过："邦有道则仕；邦无道，则可卷而怀之。"同时，在《论语》中还有"天下有道则见，无道则隐"的说法。我们一般认为，儒家的君子有治国平天下的志向，所以有着强烈的治世的抱负。但是，如果遇到不清明的时代，也即君子身处乱世，究竟应做出什么选择？在儒家的理想中，其实是有区分的。当乱世之中，有治乱的宗主，有治乱的理想，那么虽家国混乱，但仍旧可以出仕，以治乱为理想。但是，如果在看起来歌舞升平的治世之中，实则施行的是苛政，那么在儒家看来，仍旧是无道之邦，此时君子仍可以退隐于世。以往，我们将这样的观念理解为儒家在社会秩序良好的时期，才出来做官，这其实是一种误解。孔子在这里说的有道无道，其实是在说政治观念是否合理。虽然处于社会结构的调整阶段，社会中有不良的秩序，但是政治理念是合理的，制度是合理的，政府行政的权力也是合理的，那么其实根本上也是符合"道"的。因为有道就是能以百姓为本。换言之，所谓君子卷而怀之，是在天下的大道被真的放弃之后的退隐。

在这里，曾国藩说的隐退之意，则难免有些不同。在曾国藩看来，政治理想是一方面，而政治实践则在很多时候需要做出"权变"。几年的军旅生涯，已经让他感受到了中央与地方之间关系的复杂性。而太平军的进攻一波未平一波又起，社会的基本结构已经遭到了破坏。从政治环境而言，这是确凿的"乱世"了。但是，对于这个乱世当政者究竟是在励精图，还是在助纣为虐呢？在曾国藩的观念中，此事要从两个方面去说。

第一，当时的政治环境是比较恶劣的，各级官员之间毫无协同之意，他在江西操练湘军，处处受到地方官员的为难，军饷竟也一时凑集不齐，境况窘迫。这令他对政治环境深感悲哀。曾国藩的乱世，也是从这个层面上说的。在这样的情况之下，他对弟弟的劝告乃是"隐忍"。这个忍耐，即是一种决心，既表现了他要励精图治的决心，又表现出他不愿与官场同流合污的决心。所以，虽遭遇颠倒黑白，但事情还是要去做。隐忍，就是避免冲突，专心做事。这既是一种态度，也是一种策略。

第二，曾国藩在信中说："若仗皇上天威，此事稍有了息之期，吾必杜门养疾，不愿闻官事也。"就是说对于皇帝的权威，他还是表现出了绝对的忠诚。他之所以可以在乱世中治理军纪，其中一个原因就在于他并没有对其所处时代的政治权威感到彻底绝望。在他看来，虽是乱世，但邦国依旧有道，至少君主仍然有道，他还是要尽臣子之忠的。

从这封信中，我们可以感受到传统儒臣在个人与政治的纠葛中，所做的权衡和努力。政治的腐败让人心寒，但仍有饱含政治理想的儒臣在努力扭转局面，这时以隐忍之心，面对官场的弊政，其实是一种对于自身理想人格的保全，是在"以德抗位"。此时的儒家大臣依旧对传统的政治理想深信不疑，忠贞不贰。他们并没有提出要改变制度本身来治理乱世，而在四十余年后，一场深刻的变革则在这个群体中掀起了轩然大波，改变了中国历史的走向。

第十一篇　用人之道

咸丰七年丁巳岁
正月二十六日（1857）

原文

沅浦九弟左右：

二十四日专人至，接来件，知接战获胜。水师虽未甚如意，然已夺船数号，亦尚可用。水师自近日以来法制大备，然其要全在得人。若不得好哨好勇，往往以利器资寇。弟处以全副精神注陆路，以后不必兼筹水师可也。

用绅士不比用官，彼本无任事之责，又有避嫌之念，谁肯挺身出力以急公者？贵在奖之以好言，优之以廪给，见一善者则痛誉之，见一不善者则深藏而不露一字。久久善者劝，而不善者亦潜移而默转矣。吾弟初出办事,而遽扬绅士之短,且以周梧冈之阅历精明为可佩,是大失用绅士之道也,戒之慎之。

余近发目疾,不能作字,率布数行,惟心照。

解读

曾国藩一介文士,却成了清朝最著名的军队统帅之一,他所领导的湘军,成为清廷当时唯一具有战斗力的军队。曾国藩的成功,并非其一人之功,其中一个重要的原因在于他有着极为独到的用人智慧。左宗棠、李鸿章、彭玉麟、郭嵩焘、丁日昌等清朝重臣,或出于曾国藩的幕府之中,或是与曾国藩私交甚密之人,他们从不同的层面影响或帮助曾国藩完成了自己的事业。在这封信中,曾国藩就向九弟曾国荃谈到善于用人的重要性。

曾国荃入仕已有年月,咸丰五年(1855),曾国荃考取优贡生,并和曾国潢、曾国华一同在家乡办理团练。曾国藩对曾国荃入仕以来的所作所为,评价还是甚高的。次年,太平军的攻势加紧,八月时,曾国藩在江西孤居南昌,周围八府五十余座县城均被太平军攻陷。此时的曾国荃,为解兄忧,毅然以"自立一军,赴国家急"为誓,要领军征战。湖南巡抚骆秉章命曾国荃募两千人,与周凤山部属共同攻占吉安,其部队号"吉字营"。可见,曾国荃的行事能力、军事才华还是不容小觑的。

咸丰六年(1856)初,吉字营已阻挡了太平军的多次进攻,成为湘军中战斗力极强的一支队伍。但是,随着日益壮大,吉字营也面临着对各方势力的整合。曾国荃必须要有自己的幕僚为其出谋划策,同样也需要整合地方势力,为部队筹措军饷。

所以，曾国藩在信中告诫九弟，在用人时不仅要识人善用，而且对于不同的人，也要有不同的交往策略。例如，用绅士便与用官不同。绅士，即是当地的乡绅，他们中虽有优秀之人，在乡里中德高望重，但是，实际上却不承担任何的责任，也没有朝廷赋予的权力。对于来剿杀太平军的湘军，乡绅们的态度并不明确。咸丰三年（1853）的时候，为了筹措军饷，咸丰帝颁布诏谕要求各地的富绅捐款，作为回报，清廷也相继增加了乡试的名额，其实还是在以"捐官"的方式来实现军饷的筹措。如此一来，乡绅们的捐助从根本上而言，无非也只是为获得一个功名而已。对于太平军和湘军，地方的百姓的态度是很暧昧的。战争所带来的损害，落实到个人头上，其实都可能是命运的极大挫折，甚至是性命之忧。乡绅们不仅要为自己家族的兴衰担忧，有责任抱负之人，也会为当地的安定感到担忧。从这个层面而言，未必会帮助太平军。但是，太平军起事，也获得了部分乡绅的同情，清廷对于地方社会的治理及苛政，激化了民间的矛盾，太平军的反抗，也事出有因。对太平军一味进行剿杀，也并非乡绅之愿。乡绅暧昧不明的态度，成为交战双方都希望争取的力量。对于太平军而言，起义的其中一个目的就是对富有阶层进行打击，这使得不少富绅在战争中受到了严重的威胁；对于清廷的军队而言，要抗击太平军，自身贫瘠的国库是难以支撑军事行动的，必须要依靠富绅的捐助才能赢得战争。这也是曾国藩对九弟强调拉拢乡绅的背景原因。

但是，富绅态度暧昧，立场摇摆，既不想受到战事的侵扰，又不想与朝廷官员走得过于紧密。于是，对于招募富绅作为有用之人的技巧，就特别需要注意。曾国藩的意见简单而言，就是要隐恶扬善。对于富绅投身"公"事，他并不十分信任。但是，富绅需要引导，对于能够大力捐助的富绅，应该给予褒奖。哪怕只有一点点善举，也要大力赞誉。但是，若是并不支持清廷，也毫无善举，也并不要直接去批评。只要对善行，进行鼓励，就会形成一定的风气。当风气渐成时，那么对于不善者也会产生一种潜移默化的影响。用人之道，往往便是如此。鼓励做得好的人，那么做得不好的人也会受到影响，从而有所转化。但是，若是对于做得不好的人，从一开始就大加批判，这样在一定程度上会影响人的信心，对于用人而言，这是极大的损伤。

无论是在何等情况下，作为一位决策者，必须要懂得用人之道。用人时不仅要知人善用，用之不疑，还要注意对整体风气的改善。当风气形成时，则会涌现出更多可用之才。曾国藩正是用这样的办法，笼络了一批杰出人士围绕其左右，他将这一原则教给九弟，也是希望九弟能够在军中成就一番功业。这封书信被保留下来，成了当代的用人指导，实属可贵。

第十二篇　心小志大

咸丰七年丁巳岁
十月初四日（1857）

原文

沅浦九弟左右：

　　二十二夜灯后佑九、金八归，接弟十五夜所发之信，知十六日已赴吉安。屈指计弟二十四日的可抵营，二十五六当专人归来，今日尚未到家，望眼又复悬悬。

　　吉字中营尚易整顿否？古之成大事者，规模远大与综理密微二者阙一不可。弟之综理密微精力较胜于我。军中器械其略精者，宜另立一簿，亲自记注，择人而授之。古人以铠仗鲜明为威敌之要务，恒以取胜。刘峙衡于火器亦勤于修整，刀矛则全不讲究。余曾派褚景昌赴河南采买白蜡杆子，又办腰刀分赏各将弁，人颇爱重。弟试留心此事，亦综理之一端也。至规模宜大，弟亦讲求及之。但讲阔大者，最易混入散漫一路。遇事颟顸①，毫无条理，虽大亦奚足贵？等差不紊，行之可久。斯则器局宏大，无有流弊者耳！顷胡润芝中丞来书，赞弟有曰"才大器大"四字。余甚爱之。才根于器②，良为知言。

　　湖口贼舟于九月八日焚夺净尽，湖口梅家洲皆于初九日攻克。三年积愤，一朝雪耻，雪琴从此重游浩荡之宇。惟次青尚在坎窞③之中，弟便中可与通音问也。润翁信来，仍欲奏请余出东征。余顷复信，具臣其不宜。不知可止住否？彭中堂复信一缄，由弟处寄至文方伯署，请其转递至京。或弟有书呈藩署，未添一笔亦可。李迪庵近有请假回籍省亲之意，但未接渠手信。渠之带勇，实有不可及处。弟宜常与通信，殷殷请益。

　　弟在营须保养身体。肝郁最易伤人，余平生受累以此，宜和易以调之也。

---

① 颟顸：音 mān hān，指糊涂而马虎。
② 器：此处指人的度量、才干。
③ 窞：音 dàn。坎窞：指深坑。

解读

咸丰七年（1857）二月初，曾国藩的父亲曾麟书去世，曾国藩立即携弟曾国华从瑞州大营回乡奔丧；二十三日，曾国荃回乡奔丧，吉字营暂时由文翼代统。六个月后，曾国荃面对吉字营的溃败及江西巡抚耆龄的奏请，拖着病体再赴吉安。此时，曾国藩已获得咸丰帝恩准，在家服丧。曾氏一族中，曾国荃的军事才华开始逐渐为世人所知，他在三十四岁时全面开始了自己的为官之途。

十月初四，是曾国荃离家一月后的日子，此时曾国藩写信给弟弟，可见大哥对九弟挂心急切。而另一方面，太平军在吉安附近破城攻地，对吉安构成了围困的局面，情势对吉字营而言非常不利。曾国藩在此情况之下，写信给九弟，从"心小志大"中，向九弟传授处理军政的智慧。

所谓心小者，即是心思缜密、注意细节的行事办法。曾国藩将此办法称为"综理微密"。何谓"综理密微"呢？就军政上的一件事而言，那就是对最基本的兵器要很重视。"工欲善其事，必先利其器。"兵器乃是军中作战的首要法宝。曾国藩认为，作为主帅，军中的器械应该了然于心，最好能将其做成备注的手册，遇到合适的人才，就教给他。兵器不仅是有助于战事的武器，同时，也是威吓对方的手段之一。赵匡胤当年征战时，就要求一定要铠仗鲜明，以此来震慑对方。曾国藩以此来告诫九弟，对于刀矛也要有所讲究。不能随随便便，糊涂了事。这就是综理的一端。以今天的话说，便是于细节处求胜。

当然，战争毕竟是两军对垒、兵刃相接，拼得不仅是气势，更重要的还有战法、能力。一旦上了战场，能够制胜的便是将领对于战争局势的预判。而军中战事的预判，则取决于指挥者的"规模"。曾国藩在综理之外，又以"规模"宜大警示九弟。既能把握主宏观，又能于微观处入手，这样的方法，不仅适用于战争之中，即便用于日常行事，也能达到事半功倍的效果。

第十三篇　吉凶同域

咸丰八年戊午岁
十二月十六日（1859）

原文

澄侯、沅甫、季洪老弟左右：

十五日接澄、沅冬月二十九、三十两函，得悉叔父大人于二十七患病，有似中风之象。

吾家自道光元年，即处顺境，历三十余年均极平安。自咸丰年来，每遇得意之时，即有失意之事相随而至。壬子科，余典试江西，请假归省，即闻先太夫人之讣。甲寅冬，余克武汉田家镇，声名鼎盛，腊月二十五甫奉黄马褂之赏，是夜即大败，衣服、文卷荡然无存。六年之冬、七年之春，兄弟三人督师于外，瑞州合围之时，气象甚好，旋即遭先大夫之丧。今年九弟克复吉安，誉望极隆，十月初七接到知府道衔谕旨，初十即有温弟三河之变。此四事者，皆吉凶同域，忧喜并时，殊不可解。

现在家中尚未妄动，妥慎之至！余在此则不免皇皇①。所寄各处之信，皆言温弟业经殉节，究欠妥慎，幸尚未入奏，将来拟俟湖北奏报后再行具疏②也，家中亦俟奏报到日乃有举动。诸弟老成之见，贤于我矣。

叔父大人之病，不知近状如何？兹专法六归，送鹿茸一架，即沅弟前次送我者。此物补精血远胜他药，或者有济③。

迪公、筱石之尸，业经收觅，而六弟无之，尚有一线生理。若其同尽，则六弟遗骸必去迪不远。沅弟信言家庭不可说利害话，此言精当之至，足抵万金。余生平在家在外，行事尚不十分悻谬④，惟说些利害话，至今悔恨无极！

解读

曾国藩修身、学习、治家与处世，最大的特点就是善于反思。曾子曾言："吾日三省吾身。"对曾国藩而言，这也恰恰是他个人修养锤炼的最大法宝。早在曾国藩入京之初，他就自撰修身《五箴》以做自省，从自身的立志、修养、为人等方面来自我反思、自我要求。至于之后统领湘军，位高权重之时，他依然以此为个人的准则，凡事从自身反思，故而在遭遇世道变化、福祸相倚的困境时，仍能保持自身的冷静与深思。在这一

---

① 皇皇：此处指心神不安。
② 具：完备。疏：上报皇帝的书信。具疏：即奏疏、奏折。
③ 济：补益。
④ 悻：音 xìng，原指刚直，引申为固执、怨愤。谬：指错误的、不合情理的。悻谬：指一个人满腹抱怨，对他人有诸多言辞上的批评。

封信中，曾国藩就反思了福祸相倚之理，并从中体悟出为人之道。

《老子》有言："祸兮福之所倚，福兮祸之所伏。"道出了福祸相倚的道理，以福祸之关联来表明所谓福祸的相互转化乃是一种生命中的常态，是一种辩证的生活智慧。但是，与老子所言不同，在曾国藩这封论述福祸关联的信中，我们则看到了另一种生活必有所缺的常态，以及如何面对这种常态时的智慧。

道光年间以来，曾氏家族时常处于顺境，三十余年人事皆平安无忧。但是自咸丰年以来，则福报越多，灾祸便越随即而至。此事细数，大约有四件。其一，曾国藩得典试江西之职，本可回乡省亲，探望多年未见的家中长辈，怎料母亲辞世。其二，曾国藩所率湘军取得了田家镇之役的胜利，声名大噪，亦获得黄马褂之重赏。然而，旋即战事大败，所有嘉奖都被剥夺。其三，曾氏兄弟三人，共同督导湘军，正是湘军蓬勃发展之时。然而此时，却遭遇父亲的离世。其四，当九弟国荃仕途顺利，赞誉加身之时，却遭遇了温弟遇难的消息。此四事，乍看毫无关系，然而，细看则发现都是生命中所不可避免的遭遇。幸运的事发生之后，总会有不幸的事情发生，在曾国藩看来，这便是命运的必然。命运中的吉凶，往往是同时存在的。忧喜并存，实在是人力所无法改变的生命的常态。

面对如此境遇，曾国藩感慨道，万事必须要"妥慎之至"。妥，即妥帖；慎，即谨慎。《诗经·小雅·小旻》中说道："战战兢兢，如临深渊，如履薄冰。"在《论语》中曾子引用这首诗，表示君子的行为就应该如同面临着深渊，行走于薄冰之上一样，要非常小心谨慎。曾国藩在面对生命之多变无常时，也强调要妥慎，可见君子在面对生活中的变化时，应首先持守中正，继而使自身谨慎、庄重，而不要遇事慌不择路，情绪放任乖张。

　　正是因为有一种君子所为应当谨慎、谦虚的自觉，所以在信的最后，曾国藩也对自己曾经在家书中诸多对弟侄们的批评作了深刻的反思。曾国荃说，在对家中的人说话时，不要说太过厉害的话，言下之意，亲人之间不责善，语词更要注意温婉、柔和。在这一点上，或许是作为长子长孙，或许是与曾国藩严格谨慎的个性有关，曾国藩的家书中难免会出现对后辈严肃的批评。曾国藩也曾意识到自己的这一不足，所以在此面对国荃的说法，感到惭愧不已。这也是曾国藩日日自省的一种谦虚态度的表现。

　　总而言之，君子之德表现为一种向内的收敛，一种谦逊的态度，一种谨慎的克制。如能做到以上三点，则即便遭遇命运中的福祸巨变，也能够宠辱不惊，临危不惧。

第十四篇　福祸之理

咸丰九年己未岁
正月十三日（1859）

原文

澄侯、沅甫、季洪老弟左右：

　　初十日接胡中丞信，迪庵及温弟已奉旨优恤，迪公饰终之典至隆极渥①。其灵柩二十五日到湖北，二十六日宣读恩旨，二十九日请官中堂题主，正月初三日起行还湘，备极哀荣。温弟与之同一殉难，而遗骨莫收，气象迥别②。予于十一日具折奏温弟殉节事，盖至是更无生还之望矣。恸哉！家中此刻已宣布否？若尚未宣布，则请更秘一月，待二月间杨镇南等归来，我折亦奉批转来。如实寻不得，则招魂具衣冠以葬。余上无以对祖考妣及考妣，下无以对侄儿女。自古皆有死，死节尤为忠义之门，弈世③有光，本无所憾，特以骸骨未收，不能不抱憾终古。

沅弟近日出外看地否？温弟之事，虽未必由于坟墓风水，而八斗冲屋后及周壁冲三处皆不可用，子孙之心，实不能安。千万没法，不求好地，但求平妥。洪夏之地，余心不甚愿。一则嫌其经过之处山岭太多，一则既经争讼，恐非吉壤。地者，鬼神造化之所秘惜，不轻予人者也。人力所能谋，只能求免水、蚁、凶煞三事，断不能求富贵利达。明此理，绝此念，然后能寻平稳之地。不明此理，不绝此念，则并平稳者亦不可得。沅弟之明，亮能了悟。余在建尚平安，惟心绪郁悒④，不能开怀，殊褊⑤浅耳！

解读

曾国藩父亲共育有子女九人，儿子五人，其中第三子曾国

---

① 渥：音 wò，浓，厚。
② 迥：音 jiǒng。迥别：区别很大。
③ 弈：通"奕"，累积。弈世：指累世、世世代代。
④ 悒：音 yì。郁悒：指内心抑郁、苦闷。
⑤ 褊：狭小。殊褊：此处意指心中郁闷。

华过继给曾国藩的叔父曾骥云作儿子。曾国华（1822—1858），字温甫，行六，所以曾国藩又称他作"温弟"或"六弟"。曾国华年少时，虽然在众弟兄中表现出聪颖过人的特点，但是科场应试却不顺利。为此，曾国藩曾多次对六弟进行劝诫，一方面鼓励他应该坚持不懈地发愤读书；另一方面，也暗示六弟不可锋芒早露，而应谦虚谨慎。

咸丰五年（1855），石达开率领的太平军攻陷江西，曾国藩腹背受敌，湘军局势危机。曾国华立即动身赴武昌，"祈师以拯兄"，与胡林翼部队一同反攻咸宁，乘胜追击武昌。曾国藩之困局得以解救。这也是曾国华在湘军中最重要的一次战功。此后，曾国华随长兄回乡悼念亡父，咸丰八年（1858）再入湘军，协办军务。然而，这一次却是他在湘军中的最后一程。该年十月初十日，曾国华在三河镇之战中不幸殉难，且尸首难寻。曾国藩初闻此消息后，并不确信，还派人多方打听，下令说，若是已战死，也定要寻得尸首回来。然而，事与愿违，时隔一年，曾国华尸首还未找到，失弟之痛也始终萦绕在曾国藩胸中，难掩哀伤。这封信，便是在寻找国华尸首未果，而朝廷下令对曾国华给予追奖后，曾国藩给其他三位弟弟写的信。

一般来说，中国人对于生活中所不能预知的那些突如其来的灾难的看法与西方人士大相径庭，对于死亡一事的看法也由此而产生很多不同来。在中国人看来，死亡并非一件不可接受的事情，曾子说"慎终追远"，看待死亡在态度上要谨慎、情感上要真切，然而也不沉溺在失去亲友的过分情绪之中。死亡，意味着躯体的消亡，但是灵魂的归宿，则是儒家所不论及的。孔子的弟子子贡说，孔子很少说关于"命"的事情。人的命，是很多偶然因素的促成。寿命有长有短，其中的玄机是儒家不常讲的。但是,《易》则谈到很多。其中卦象的变化,背后都蕴含着物极必反、起承转合的命运之妙。孔子不谈命,是因为命难以谈;孔子读《易》,也是到六十岁以后。可见,虽然古人的智慧中讲过关于"命"的道理,但是,这又是很难把握和理解的。

在一般人的世界中,"命"是难以预知的,但是人的福祸夭寿却在一定程度上与人活着时的德性、行为息息相关。在这封信中,曾国藩叮嘱弟弟们,要重新去勘查家中坟地的风水,实在也是因遭受了国华的离世而生出的担忧。其实,坟地的勘定,早在曾国藩母亲去世时,就已有争论,但一直未能迁移。然而,几年间,父亲去世,六弟战亡,亲人的相继离世加之战争过程中生死的无常,令曾国藩不得不对此感到紧迫。如果从理性上而言,曾国藩对于风水,未必是笃定深信的,否则的话,母亲去世后他便会急于办成此事。他在信中说"子孙之心,实不能安",可见,求的还是一个"心安"。心的安放与平静,对于生者而言,是极为重要的。这是一份对于亡逝故人深刻的惦念与缅怀,并可从这些人生的经历中体会出生死的意义来,以便更为认真努力地活着。所以,风水的事情,归根结底是情感的安放、情绪的疏导。

曾国藩说,安置墓葬的大地,是鬼神造化的秘密所在,人怎么能够轻易地掌握?人所能依靠自己能力掌握的,不过就是要使墓葬避免水冲、蚁噬和天灾的降临。如果人想要通过安葬祖先坟墓的风水来达成自己求得富贵利禄的目的,则是万不可能实现的。明白了这个道理,就应该断除这样的念头,之后才可以平稳踏实地过生活。反之,则不仅不会获得所谓"庇佑",即便是实实在在的现实的生活,也是过不好的。

富贵、长寿皆是人之所欲，古今中外无异。但是，人所欲求的生活并非就是人所应当过的生活。儒家传统，是来自于对生活经验和人情世故的高度总结与练达。人时常在这种经验中反省自身，便会体悟到生命的真谛。曾国华的猝然离世，带给曾国藩的除了伤痛外，还有对"活着"的再一次深刻的体认。这便是孔子所说的"未知生，焉知死"。对于人的经验世界之外的"彼岸"，儒家怀的是敬而远之的态度，那是不可知的，只需抱着敬畏之心便好。此岸才是生命的安顿，才是生活的依靠。福祸之理，不在鬼神之为，而是全部取决于人自身的行为。这才是曾国藩让弟弟们要明白的道理。

第十五篇　治家之道

咸丰十年庚申岁
闰三月二十九日（1860）

原文

澄侯四弟左右：

二十七日接弟信，欣悉各宅平安。沅弟是日申刻到，又得详问一切，敬知叔父临终毫无抑郁之情，至为慰念！

余与沅弟论治家之道，一切以星冈公①为法，大约有八字

---

① 星冈公：曾国藩的祖父曾玉屏，字星冈，后人尊称其"星冈公"。

诀。其四字即上年所称书、蔬、鱼、猪也，又四字则曰早、扫、考、宝。早者，起早也；扫者，扫屋也；考者，祖先祭祀，敬奉显考①、王考②、曾祖考，言考而妣可该也；宝者，亲族邻里，时时周旋，贺喜吊丧，问疾济急。星冈公常曰："人待人，无价之宝也。"星冈公生平于此数端最为认真。故余戏述为八字诀曰：书、蔬、鱼、猪、早、扫、考、宝也。此言虽涉谐谑，而拟即写屏上，以祝贤弟夫妇寿辰，使后世子孙知吾兄弟家教，亦知吾兄弟风趣也。弟以为然否？

解读

咸丰十年（1860），曾国藩年五十。孔子曾经说过君子三十而立，四十而不惑，五十而知天命。这一年，曾国藩依然身处军中，此时的他已成为了湘军统领，名噪四方。也是这一年，曾国藩的叔父溘然离世，继曾国藩的母亲、祖父、父亲的相继离开，叔父的辞世意味着曾氏家族中的长子——曾国藩必须承担起重任，成为曾家的顶梁柱。

在儒家传统中，治家是治国平天下的前提。曾国藩虽然已在官场多年，身在外乡依然以书信向家中子弟传授治家经验，但是，此时已知天命的曾国藩，才真正要承担起治家的责任。虽然不在家中，但是他仍要以简要的字眼来提炼曾氏家族的治

---

① 考：祖庙之称。显考：后世指子女对亡父的敬称。
② 王考：有两种说法。一说是去世的祖父的尊称，见《礼记·祭法》；另一说指对去世的父亲的尊称。王肃在注《孔子家语》时，说祖父往往也合于父庙之中，可见王考指对父系一支去世的父、祖父之称。

家之道。这简短的提炼，被曾国藩认为虽有点打趣，但却极为关键。对于农户出身的曾氏家族而言，简单的"八字诀"体现了传统社会农村家族的治家之道。

首先，治家并不只是进行道德规训。我们今天讲曾氏家族有非常好的家教传统，往往指从曾国藩的祖父算起，就已经有了很多对子孙后代的教育。但是，这样的说法并不全面。一个家族的壮大、发展、继承，绝非只有道德教育就可以了。根据学者张宏杰的考察，曾国藩曾经在《大界墓表》中提到过"吾曾氏家世微薄，自明以来，无以学业发名者"。什么意思呢？就是说曾国藩祖上贫寒，是实实在在的普通乡野百姓，没有什么达官显贵，也未曾有通过科举而扬名立万者。这样的一个家族，所能依靠的只有"勤奋"二字。这个勤奋，说的并不只是在学习上，更是在生活中，也就是孜孜不倦地劳动，才可能获得整个家族的生存所需。所以，曾氏治家的"八字诀"首要的四个字便是：书、蔬、鱼、猪。书，即读书。读书是曾氏家族改变命运的最重要的任务。从明到清，数百年来，曾氏家族中并未出过一位依靠读书而中举得官之人，这决定了曾氏家族虽然可以在不同的地区流动，但是这个流动只是平面的，而非立体的。也就是说总是处在下层的社会之中，然而，要想成为古代社会中的上层人士，非读书中举不可。曾国藩的父亲曾麟书是曾氏家族中第一位中举的秀才，这也让曾氏家族开始产生了重要的变化。但是，作为农耕世家，曾国藩早先也在家书中提到过，要以农为本。这就是接下来所谈到的蔬、鱼、猪三件事情，而这也是曾国藩的祖父最为强调的治家之本。根据记载，曾国藩的祖父在年轻时并未刻苦读书，而是时常跑去县城玩耍，但三十五岁后却突然醒悟，在乡下辛劳务农。正是通过曾国藩祖父的辛勤耕耘，曾氏家族的家境才开始好转。有了曾国藩祖父的积累，曾氏家族的命运才开始逆转。曾国藩的父亲得以入学读书，身份也从农民转而成为读书人。在曾麟书的教导之下，曾国藩及几位弟弟才能够读书求学，以科举为目标，逐渐成长为家国栋梁。

其次，只有将家族传统继承下去，才能形成一家一族的家风。中国人重视家族的意义，其中一个原因是将家看作是一个人出生、成长、成熟的最重要的教育之所。家族内父辈的行为、举止直接影响着家族内晚辈的为人、德性。故而，曾国藩在这里将祖父的治家之道总结成八字要诀，令诸弟子侄继承下去，因为这看似简单的八字要诀，其中蕴含着曾氏家族勤奋、刻苦、踏实、"为仁由己"的家风。曾氏子弟要在这样的家风中，浸润沾染，从而形成自己的品德与追求。今天的社会，大的家族虽然已经解体，但是即便是小的家庭，也会因其独特的家风而塑造出不同的人来。家风温润者，大多品格端正、为人和善；家风凌厉者，待人接物直率坦诚，虽然有时会过于锋利，但也多少透露着英气；家风萎靡者，则看起来士气不足；家风骄奢者，则只能是令人侧目的"暴发户""富二代"。

家庭，是一个人最初的诞生之地，也是塑造一个人成人最为重要的教育之所。家风如何，关系到个人成长的点点滴滴，关系到人格品性的塑造。家风，并不是什么深奥难懂的哲理，它只是家中世代经营保存下来的生活智慧，这些生活智慧往往被浓缩在简短的词句之中。然而，能够参悟这简单的话语，传承古老的智慧，才可能治好家，做好人。

第十六篇　履信思顺

咸丰十年庚申岁
六月二十七日（1860）

原文

季弟左右：

顷接沅弟信，知弟接行知，以训导加国子监学正衔，不胜欣慰。官阶初晋，虽不足为吾季荣，惟弟此次出山，行事则不激不随，处位则可高可卑，上下大小，无人不翕然悦服。因而凡事皆不拂意，而官阶亦由之而晋。或者前数年抑塞之气，至是将畅然大舒乎？《易》曰："天之所助者顺也，人之所助者信也。"我弟若常常履信思顺，如此名位岂可限量？

吾湖南近日风气蒸蒸日上。凡在行间，人人讲求将略，讲求品行，并讲求学术。弟与沅弟既在行间，望以讲求将略为第一义，点名、看操等粗浅之事必躬亲之，练胆料敌等精微之事必苦思之。品、学二者，亦宜以余力自励。目前能做到湖南出色之人，后世即推为天下罕见之人矣。大哥岂不欣然哉！哥做几件衣道贺。

沅弟以陈米发民夫挑壕，极好极好！此等事，弟等尽可作主，兄不吝也。

解读

曾国荃，曾氏家族继曾国藩之后第二位叱咤清廷的重臣。曾国荃用兵、治国皆颇有智慧，可与其兄比肩；然而，道德操行上曾国荃则不及曾国藩一世省察自身，在为官的数十载中，亦有贪、嗔之时。这封信是曾国荃初为国子监官员时，曾国藩的祝贺信。在祝贺之余，曾国藩更是苦口婆心地训诫国荃在为官之时，亦要持中守正，以君子之道严于律己。曾国藩将这一道理解释为"履信思顺"。

什么是履信思顺？履，就是行的意思，在《说文解字》中，履被引申为"训践"的意思，指君子日常所践行的行为。信，就是诚信、不欺的意思。君子的行为，不可有任何欺骗，既不欺骗他人，也不欺骗自己的良心。《中庸》中讲"诚"，认为诚是天地之间最高尚的德性，君子的作为也应该是至诚的表现。履信，就是要时时刻刻以真诚、诚信来约束自己的行为。思，就是感念、思想的意思；顺，就是顺利、和顺之意。当君子以诚信为首要的德性来规范自己的行为时，实际上是为了获得和顺的人生。曾国荃初入国子监，令曾国藩感到非常欣慰，这是九弟事业的起步。但是，官场复杂、钩心斗角，那么如何依旧以君子的德性要求自己？曾国藩说道，做事情不能过于偏激，亦不可随波逐流；对自己的身份不要过于高傲，亦不可过于自卑；对待他人要注意上下之分、大小之别。只有如此，才能使人悦然心服。这些处世的智慧，都应以履信思顺为准则。在曾国藩的处世智慧中，这绝不是所谓官场厚黑学，而是君子"时权"的体现。

古希腊哲学家亚里士多德曾将知识分为三类，其中之一就是与伦理生活和政治生活紧密相关的"实践"的智慧。曾国藩自然未曾读过亚氏的学说,但是他们对于"实践"的智慧则有着跨越时空的相似。实践的智慧,首先是符合伦理德性的,所以君子即便身处红尘之中,也会以"出淤泥而不染"的自律精神来约束自己的行为。官场中纵然有复杂、多变的情形,也可以和而不同的智慧来处理各类纷争。在符合伦理的原则之上,政治生活更要求有实践的智慧。所谓君子时中,就是说君子可以顺应时代,随机应变而不失分寸。

所以曾国藩以《易》为训诫,强调天所帮助的人只是顺应天道的人,人所帮助的人乃是有诚信之人。前者是实践智慧的根基,后者是实践智慧的体现。这一道理不仅对初入官场的曾国荃意义重大,对于每一位身处社会之复杂性中的现代人而言,都是一种睿智的见解。

在信的第二段,曾国藩针对湘军的发展,对九弟提出了特别的要求,那就是要有"将略"。将略一词,出自《三国志》,讲的是用兵的谋略,说的是三国时期诸葛亮的用兵才华。自湘军出,清廷才有了可与太平天国对抗的军队,而湘军以湖南为大本营,笼络了当时湖南的名士人才。此时的湘军,蓬勃发展的同时,亦遇到了对人才的渴求。故而,曾国藩特别强调九弟诸辈要培养治军的才能,一般看来的军事训练,需要亲自去领导,这样才能与将士们有所接触和了解。胆识、料敌等能力,也一定需要仔细思量才能有所体悟。至于作为将领的品行、学识,更要自己在练兵之余勉励自学,不可荒废。只有在将略、品学上皆能出众,才会成为湖南的出色人才,成为天下的罕见之人。

曾国藩对于九弟等弟弟们的期望,不可谓不高,但是也从中道出了传统社会中儒者肩挑天下的责任与担当意识。国荃虽不负兄之望,亦成为一代名将,但是,其品行觉悟,到底还是未能超越其兄,可见凡事说到底还是需要个人的觉悟,若无个人的觉悟,哪怕他人的教导再深刻,也只能是纸上谈兵,而难以落实到自己的生命体认之中,成就自己的人生。

为政卷

题解

孔子曾言："为政以德，譬如北辰，居其所而众星共之。"是说为政，就要以德作为第一要义，德政之行，就好像是北极星那样，处在自身所在的位置，而众星围绕其周围。由此可见，德治是儒家政治哲学的根本要义。那么，怎样的治理才可被称为德治？孔子又言："政者，正也。"政治的根本，就是为了实现"正"。这个正，是正义、正道、正确、端正之义。所谓为政，就是要以正义、正道为原则，以端正的态度，做正确之事，这样才能称得上有德性。到了孟子，德治的思想有了更为切实的落实，那就是用"以民为本"来权衡正义、正道的原则，以百姓福祉为根本来判断是否行了"德治"。这是传统中国政治的最高要求，同样也成为"学而优则仕"的儒臣们的为政原则。

曾国藩身处清朝由鼎盛向衰败急促转变的关键时期，经历了太平天国对清朝统治的猛烈冲击，他的"为政"既要考虑到政权的稳固、社会的稳定，同样也要实现"为政以德"的理想。这就让他的为政生涯，充满着矛盾与挑战。《曾国藩家书》中切近的表白，为我们展示出曾国藩以德立身、以事为官的为政之道。同时，这些书信也可以帮助我们重新发现清朝政治、军事、社会变化背后的一些隐微要义。

第一篇　时局初变

道光二十二年壬寅岁
二月二十四日（1842）

原文

男国藩跪禀父母亲大人万福金安：

正月十七日发第二号家信，不知已收到否？男身体平安，男妇亦如常。九弟之病自正月十六日后，日见强旺，二月一日开荤，现已全复元矣。二月以来，日日习字，甚有长进。男亦常习小楷，以为明年考差①之具。近来改临智永《千字文》帖，不复临颜、柳二家帖，以不合时宜故也。孙男身体甚好，每日佻达欢呼，曾无歇息。孙女亦好。

浙江之事，闻于正月底交战，仍尔不胜。去岁所失宁波府城、定海镇海二县城，尚未收复。英夷滋扰以来，皆汉奸助之为虐。此辈食毛践土，丧尽天良，不知何日罪恶贯盈，始得聚而歼灭！湖北崇阳县逆贼钟人杰为乱，攻占崇阳、通城二县。

---

①　考差：科举制度中对各省乡试正副主考官的选拔考试，全称为"考试试差"，也简称为"考差"。该制度始创于清雍正年间，经乾隆、嘉庆各朝不断完善。在考差中，除了要考察主考官是否公正廉洁，同时，也要考察主考官的学识水平，从而更好地选拔人才。考差须从京官中进行选拔，正主考官主要从翰林院中选拔，考试由皇帝亲自命题，考核诗、论各一，考中者则赴地方负责各地乡试。

裕制军即日扑灭，将钟人杰及逆党槛送京师正法，余孽俱已搜尽。钟逆倡乱不及一月，党羽姻属，皆伏天诛。

黄河去年决口，昨已合龙，大功告成矣。九弟前病中思归，近因难觅好伴，且闻道上有虞，是以不复作归计。弟自病好后，亦安心不甚思家。李碧峰在寓住三月，现已找得馆地，在唐同年（李杜）家教书，每月俸金二两，月费一千。男于二月初配丸药一料，重三斤，约计费钱六千文。

男等在京谨慎，望父母亲大人放心。

男谨禀

解读

这封信写于1842年，此时的中国正在遭遇着"三千年未有之变局"的序幕。英军进攻长江一带，且势如破竹，而此时身在京师的曾国藩尚未意识到这将改变中国之命运，仍以"英夷滋扰"来看此事，不得不让人唏嘘扼腕。在信中，曾国藩首先谈到自己与九弟国荃的学业情况，禀明了自己练习小楷，并准备参加考差。第二段谈到了英军进犯长江及国内叛乱诸事。第三段则谈到了黄河决堤之事。从这封信中，我们虽然可以看到曾国藩兄弟精于学业的日常，但是，如果将目光投向更为广阔的天地，则可发现自道光以来，康乾盛世的表面繁华已经被外扰内乱剧烈地冲破，一个即将发生巨变的新时代，正在向深谙旧传统的清廷及其掌权者涌来。

第一个问题涉及科举制度在清代的日趋完善和日益腐败的吊诡。中国自隋设立科举取士以来，创立了世界上最为先进的选拔官员的制度。经过唐代的完善，至武则天时期还设立了武举，科举已成为国家选拔人才的主要渠道。至于宋、明，科举的内容日趋精细、完整，逐渐影响到学校教育，上至州府大员、下至乡野小民，都可以通过科举而成为国家的权力阶层。科举制度一方面促进社会阶层的不断流动，为很多寒门之士提供"学而优则仕"的机会，另一方面如一把双刃剑，其所带来的利禄名誉的诱惑，也使得科场成为滋生腐败的土壤。清朝自入关以来，基本继承了明代的科举制度，然而面对层出不穷的科场弊端，清代对于科举制度在监管方面上进行了进一步的加强。其中"考差"制度的设立就是一项重要的举措。考差制度，重点在于对考官的选拔。在雍正之前，乡试的考官主要以官员的个人品性为选拔标准。乡试人数众多，有时一场乡试的考生人数竟能达到两万余人；同时，乡试时间较长，共有九天六夜。考试过程中，夹带作弊、徇私舞弊之举又频频发生。因而，对于主考官的个人品性是一次极为艰巨的考验，主考官必须要做到严格、公正，才可能保证考试的公平结果。然而，即便一个考官清正廉明，但若在学问上毫无建树，也可能导致有才华的考生无法中第。因而，考官的人品与学品必须并重，才有可能进一步阻断科场鄙陋，曾国藩入京刚两年，为图事业精进，准备此番考试也就不足为怪了。当时士人应试，多以楷书为主，这也是受到当时书学风尚的影响所致。清初尚习颜、柳，书法大家王铎的楷书就在颜、柳基础上，有所承继和创新。至道光年间，则风气有所变，故曾国藩在此说"不合时宜"。

第二个问题涉及清政权始终面临的攘外与安内的困境。英国在工业革命中迅速发展为称霸于当时世界的大帝国，对殖民地的渴求，使其将战火烧到了古老的东方。1840年的鸦片战争犹如炸裂了传统中国的动脉,英军由南向北,一路北上,最终将枪炮对准了富庶的江南腹地。在同年正月十八的家书中,曾国藩就提到"英逆去秋在浙滋扰,冬间无甚动作。若今春不来天津,或来而我师全胜,使彼片帆不返"。然而,时隔一月,形势便已发生很大的变化,英军入浙江,迅速夺取了宁波、定海、镇海三地。清廷于道光二十一年(1841)秋委派皇侄奕经为扬威将军,可是此人对于军事一窍不通,又迷信卜卦,在关键时刻听信谗言,延误战机。最终于第二年春遭遇了惨败。奕经出逃杭州。至五月形势更为紧迫,英军占领了乍浦,道光帝不得不再次妥协。战事失利,完全出乎曾国藩的预计。然而,在此他并没有将英军视为带着现代特色的西方工业化的产物,而是以"英夷"来称呼。"华夷之辨"的图景此时还停留在曾国藩的脑海中,而此夷已非彼夷。是年,魏源编纂《海国图志》,开眼看世界,而这毕竟是少数。曾国藩还未能以"世界"的眼光来看到"浙江之事",因此他将此事的败因归结于"汉奸助之为虐"。这里提到的钟人杰本是湖北崇阳县秀才,道光二十一年(1841)十二月因反对官方的强征暴敛,聚众抗粮,与陈宝铭等人联合起来,聚集民众上千人,攻城破狱。随后,这支义军声势愈发猛烈,欲"破通城,有钱粮;破通山,有硝磺;破蒲圻,有战场;破咸宁,下武昌,下到武昌做国王",召集民众上万人。清廷调集多路人马,以湖广总督裕泰为首,对钟人杰及其党羽进行了围剿。钟人杰、陈宝铭等被俘,四月于北京被斩首。此次事件就此结束。英军北上,其攻击在江南;钟人杰叛乱在南方,其对象为清廷地方政权。此二者之联系,并不明确,钟人杰也未必与英人勾结。然而,曾国藩判其为"汉奸",就其根源或可认为是因内乱而削弱了与英军交战的清廷的实力。"攘外必先安内",是曾国藩忠君爱国的政治判断。然而,他未曾料到,内忧外患下的清廷,所面临的已不再是"攘外""安内"的困境,而是由新世界、新纪元带来的新问题。曾国藩没有意识到《海国图志》的意义,而一水之隔的日本却由此书滋养了明治维新的新浪潮。内乱虽以大量兵力得以平息,然外辱却日益加剧,最终英军于当年七月兵临南京,迫使清政府签订了《南京条约》,中国社会就此进入风雨如晦的动荡时代。但此时的京城人士,乃至乡间,并不知道浙江之陷的危机,反倒是"京城人心安静如无事时,想不日可殄灭也"(《曾国藩家书》同年四月二十七日)。

第三个问题是黄河决口之事。清廷在政治、外交上的困境,只是其治理的一个短板。自然环境、人口问题像是从根上发出的腐烂,吞噬着清王朝的"千秋大业"。黄河治理在财政、人力等方面,几乎拖住了整个清王朝的发展。黄河以"善淤、善决、善徙"而著称,向有"三年两决口,百年一改道"之说。早在康熙、乾隆、嘉庆三朝,黄河决口的问题就已日益突出,黄河决口而改道,经徐州南下夺泗夺淮,造成江苏、皖北与山东多地连年遭遇水患。至道光年间,黄河治理已千疮百孔,治理河工的总督,几乎年年更换。每遇决口,都需要修筑堤坝,加高、加固、加长河工,即便大功告成,也要付出大量白银。加之与西方签订一系列不平等条约中的赔款,清朝的经济根基千疮百孔,社会治理也一蹶不振。

此时的曾国藩,还只是一个初入京的底层官员,在政事上,他保持着自己严格的忠义观和朴素的民本情怀。至于他之后对这些重大的历史事件的看法,是否有了新的转向,则需要从他之后的书信中略窥一二。

第二篇　和戎之策

道光二十二年壬寅岁
九月十七日（1842）

原文

孙男国藩跪禀祖父母大人万福金安：

九月十三日接到家信，系七月父亲在省所发，内有叔父信及欧阳牧云致函。知祖母于七月初三日因占犯致恙，不药而愈，可胜欣幸。

高丽参足以补气，然身上稍有寒热，服之便不相宜，以后务须斟酌用之。若微觉感冒，即忌用。此物平日康强时，和入丸药内服最好。然此时家中想已无多，不知可供明年一单丸药之用否？若其不足，须写信来京，以便觅便寄回。四弟、六弟考试又不得志，颇难为怀，然大器晚成，堂上不必以此置虑。闻六弟将有梦熊之喜，幸甚。近叔父为婶母之病劳苦忧郁，有怀莫宣。今六弟一索得男①，则叔父含饴弄孙②，瓜

---

①　一索得男：出自《易·说卦》："震，一索而得男，故谓之长男。"王弼注："索，求也。以乾坤为父母而求其子也。"后因以"一索得男"谓初生得子。亦作"一索成男"。

②　饴：麦芽糖。含饴弄孙：含着糖逗小孙子玩。出自《后汉书》，形容老人照顾孙子，其乐融融的晚年生活。

瓞①日蕃,其乐何如?唐镜海先生德望为京城第一,其令嗣②极孝,亦系兄子承继③者。先生今上六十五岁,得生一子,人皆以盛德之报。

英夷在江南,抚局已定。盖金陵为北咽喉,逆夷既已扼吭而据要害,不得不权为和戎之策④,以安民而息兵。去年逆夷在广东曾经就抚,其费去六百万两。此次之费,外间有言二千一百万者。又有言此项皆劝绅民捐输⑤,不动帑藏⑥者。皆不知的否。现在夷船已全数出海,各处防海之兵陆续撤回,天津亦已撤退。议抚之使,系伊里布、耆英及两江总督牛鉴三人。牛鉴有失地之罪,故抚局成后即革职拿问。伊里布去广东代奕山为将军,耆英为两江总督。自英夷滋扰,已历二年,将不知兵⑦,兵不用命⑧,于国威不无少损。然此次议抚,实出于不得已。但使夷人从此永不犯边,四海宴然安堵,则以大事小,乐天之道,孰不以为上策哉!

---

① 瓜瓞:音 guā dié,比喻子孙繁衍,相继不绝。出自《诗经·大雅·緜》:"緜緜瓜瓞,民之初生,自土沮漆。"此处指六弟得子,子孙繁衍,人丁兴旺。
② 令嗣:对他人之子的敬称。
③ 兄子承继:指兄弟的儿子(侄子)过继给叔父。曾国藩六弟曾国华,为曾国藩父亲第三个儿子,在所有子女中排行第六,出生后过继给叔父曾骥云当儿子。
④ 和戎之策:战国时期晋国魏绛所提出的制服戎狄的办法,即以和谈代替征伐,与戎狄通商,德化戎狄。
⑤ 捐输:即捐纳,当国难之时向国家捐赠财物。
⑥ 帑藏:音 tǎng cáng,亦作"帑藏",指国库。
⑦ 知兵:通晓军事,这里是说将领不通晓军事。
⑧ 用命:效忠、听命,这里指士兵不听从。

孙身体如常，孙妇及曾孙兄妹并皆平安。同县黄晓潭荐一老妈吴姓来。渠在湘乡苦请他来，而其妻凌虐婢仆，百般惨酷，黄求孙代为开脱。孙接至家住一日，转荐至方夔卿太守（宗钧）处，托其带回湖南。大约明春可到湘乡。

　　今年进学之人，孙见题名录，仅认识彭惠田一人。不知二十三四都进入否？谢宽仁、吴光照取一等，皆少年可慕。一等第一，题名录刻黄生平，不知即黄星平否？

　　孙每接家信，常嫌其不详，以后务求详明。虽乡间田宅婚嫁之事，不妨写出，使游子如神在里门。各族戚家，尤须一一示知。幸甚。

　　敬请祖父母大人万安。余容后呈。

孙谨禀

解读

　　这封曾国藩写给祖父母的信件，写于《南京条约》〔道光二十二年（1842）七月二十四日〕签订之后。既是一封向祖父母禀报近况、请安问好的家信，又是一封记录了中英《南京条约》订约时种种情状的书信。全信分为三个部分：第一部分谈养生之道；第二部分谈四弟、六弟近况；第三部分则是讲订约之事。

　　第一，养生之事不仅是曾国藩个人非常注重的修身事宜，同样也是对祖父母非常关切的事情。得知祖母有恙，曾国藩自是非常牵挂。但对于养生，又不可进补过速，这里透露着传统中医中阴阳调和、切忌"过犹不及"的"中庸"之道。高丽参虽是进补之物，但于本身体虚的人而言，则有强攻的刺激，非但不可治病，还可能会加重病症。所以，只适宜在身体健康、强壮时，辅以滋补。

第二，四弟、六弟的科场状况，在《劝学卷》中已有介绍。在这里曾国藩向祖父母汇报此事，以"大器晚成"为语，可以见得他对于二位弟弟之才学信心十足，也并请祖父母不需为此事操心。但六弟得子，在曾国藩看来则是非常可喜之事。一来，添丁是家庭生活中最有朝气、活力，象征家族枝繁叶茂的喜事；二来，曾国藩六弟曾国华是过继给叔父曾骥云的儿子，这也使叔父一家能增添很多喜气。"过继"在强调宗族观念的中国社会中，是常见的现象。如果同一血缘下，旁系血亲没有子嗣继承，则可以收养同宗之子作为后嗣，以便延续香火。在当代关于收养的法律中，也规定了三代以内同辈旁系血亲的收养规范。"过继"作为一种由风俗而形成的规范，较好地维护了宗族的发展与完整性。

第三，《南京条约》订约之事。曾国藩在这里特别强调，这样的"抚局"也是出于"不得已"，但也是"上策"。为何这么说呢？关键点有两个：首先，这是延续了一种传统政治智慧的"和戎之策"。和戎之策，本身是针对外族对中原侵扰而制定的"和谈"的策略。曾国藩此处以"和戎之策"来评价订约的事情，显然是还未能从新的世界观去看待爆发工业革命的英国。相较于少数民族对中原的侵扰，英国对中国沿海的侵扰，从目的上有着根本的区别。落后于中原的少数民族，以兵戈侵扰中原，是为了"生存"；而英国则是为了发掘"世界市场"。但是，受到时代的限制，曾国藩等清代重臣还未曾看到二者之间的差别。在曾国藩看来，这并非战争的前奏，而是与历史经验中通过武力达成贸易往来、获得利益的少数民族侵扰行为无甚差别。

所以能有效地满足对方的需求，省去战争的损失，自然是"上策"。其次，清廷虽因此受到了不少牵连，但赔款由绅民捐赠，并未影响国库；及时停战防止了兵力的损失；最后也对当地的百姓起到了保护的作用。我们不能从"后来人"的眼光去看待历史，因为，所有历史都与当时发生的具体情形和决策者的智识水平有关。曾国藩的理解，代表着当时不少仁人志士的看法。在中国当时并非没有开眼看世界的人，然而，新的世界观尚未形成。清朝的疆域还在稳固政权的控制之下，英军的进逼，并没有颠覆整个政权的力量。而这种外敌入侵的历史在漫长的中国史中并不少见，天下主义背后的华夏中心主义已成为一种固定的观念被沉淀于文化的血脉之中。透过曾国藩对此事的总结，不难看出，以"华夷之辨"的政治智慧去处理国际关系的新变局，依旧是当时大多数人的观念。

第三篇　国库事件

道光二十三年癸卯岁
四月二十日（1843）

原文

男国藩跪禀父母亲大人万福金安：

三月二十日，男发第三号信，二十四日发第四号信，谅已收到。托金竺虔带回之物，谅已照信收到。男及男妇、孙男女皆平安如常。男因身子不甚壮健，恐今年得差劳苦，故现服补药，预为调养。已作丸药二单。考差尚无信，大约在五月初旬。

　　四月初四，御史陈公上折直谏。此近日所仅见，朝臣仰之如景星庆云。兹将折稿付回。三月底盘查国库，不对数银九百二十五万两。历任军官及查库御史，皆革职分赔，查库王大臣亦摊赔。此从来未有之巨案也。湖南查库御史有石承藻、刘梦兰二人，查库大臣有周系英、刘权之、何凌汉三人。已故者，令子孙分赔。何家须赔银三千两。

　　同乡唐诗甫（李杜）选陕西靖边县，于四月二十一出京。王翰城选山西冀宁州知州，于五月底可出京。余俱如故。

　　男二月接信后，至今望信甚切。

男谨禀

解读

　　道光登基时，康乾盛世背后的积弊与危机逐步显露。道光帝为救社稷，也只能以强硬手段惩治腐败，试图从内部进行一次深刻的改革，稳固清廷的统治。而初至京师的曾国藩，也第一次遇到"未有之巨案"。而在这一贪腐案背后，我们也能看到清代政治制度自身的缺陷和惩治腐败的重重阻力。

　　家书中第二段写道，是年四月初四日，有御史陈公上折直谏。御史谏政是自秦代起便有的政治传统，清廷不过延续了这一制度。历史上最多的御史谏政集中在宋朝出现。因此，这并不是稀奇之事。然而，曾国藩却记录道，这一直谏是近日之"仅见"，而朝臣则仰之如"景星庆云"。这一反常的政治表现，恰恰说明至少在道光年间，御史之职责已成空职。而清朝的"文字狱"所导致的紧张的政治气氛，也使得御史丧失了直谏的勇气和责任。所以，一旦有直谏，就会在朝臣之中引起如此之大的反响。然而，从朝臣以"景星庆云"叹服陈公之举，恰说明了朝臣们很欣赏这样的举动。从内在的期许来说，朝臣多由科举而出，亦是受着儒家士大夫精神的影响而出仕从政的；然而在进入权力结构之中后，这种原本所具有的批判时政与权贵的理想，却在现实政治的阴暗气氛之下而被绞杀了。陈公的直谏，能受到如此之高的评价，曾国藩还将此奏折寄回家中，以示族人，便可见得这是多么难得的政治行为。朝臣们有此心，却无此举，是因为被权力所赋予的便利所吸引，从而放弃了本有的以天下兴亡为己任的理想，还是被权力所制造的恐惧所震慑，从而不再敢于提出自己的观点？这个问题是极为复杂的，虽然并非一时可解，但至少由此事可看出，道光帝时期，政治之风气虽略有开放，然而，长期的历史积弊，已经导致清朝官员这种素餐尸位的积习成为道光帝力图改革的重重阻碍。

正是在这样的环境下，国库巨案便显得既是意料之外，却又是情理之中了。清查国库在道光年间，并不是一项特殊的政治任务，而是每年的例行公事。这一举措从嘉庆五年（1800）开始，已经有四十三年之久。然而，所谓清查库银，不过流于形式。但1843年时的清朝，已不比往昔。鸦片战争虽在朝中未能真正激起轩然大波，然而鸦片战争所耗费的钱财、赔款所支付的白银，再加之黄河水患，清朝的经济出现了重大的危机。就在此时，道光帝依然坚信国库充足，可备后用。然而，一桩捐官的腐败案件，却粉碎了道光帝重整国体的愿望。在《劝学卷》中，我们已介绍过清朝的捐官制度，此制度本是为了充实国库，但实际上却成了官员们中饱私囊之手段。根据喻大华

《道光皇帝》一书所记："户部银库的库兵张诚保侄子捐官，之后虽开了收据，但实际上钱并没有收。"此事后因为"复杂的人事关系和利益分配"而揭发出户部银库的黑幕，所谓"库吏分银不均，内自攻讦，其事不能复蔽，达于天庭"。此事使道光帝下定了彻查国库的决心，但是经查才发现国库中竟有九百万两白银不翼而飞。此事不仅涉及一位官员的玩忽职守，而且涉及整个库兵团体的集体盗用，且涉事年份已久。面对这种集体腐败之困境，道光帝虽有谕令要抓、要杀，但实际上并未曾真正地追查这一事件背后的主导者及制度漏洞。但九百万两的库银不翼而飞，对清朝的经济造成了无法估计的损失。根据曾国藩的记录，最终的解决方案只能是将历任的库官和查库御史"革职"并令其"赔款"。若是官员已经离世，也当由其子孙赔款，譬如何家就需要赔款三千两。这些官员也未必可以轻松拿出巨额赔款，道光帝的解决办法最终流于形式，这笔库银也未能追回。

　　此处，我们更关心的是，这样的解决，并没有真的揭露出库银被监守自盗过程中所存在的利益纠葛和制度漏洞，也没有实现道光帝整顿吏治、惩治腐败的愿望。另一方面，此时的曾国藩也只是初入京师的士子，他只震惊于国库案的巨大数额，却未对此有所评价，不免令人生疑。这是出于谨慎，抑或身份的限制？他对黄河决堤之事的高度敏感，对鸦片战争、国库亏空的略欠思索，是否也反映出当时清朝官员身处清制之中，虽有忠君爱国之抱负，却未能自觉是时之国，已在危机的深渊边缘呢？

第四篇　为官不易

道光二十四年甲辰年
八月二十九日（1844）

原文

孙国藩跪禀祖父母大人万福金安：

八月二十七日接到七月十五、二十五两次所发之信，内祖父母各一信，父亲母亲叔父各一信，诸弟亦皆有信，欣悉一切，慰幸之至。叔父之病，得此次信始可放心。祖父正月手书之信，孙比收他处，后偶忘之，近亦寻出。孙七月二十发第九号信，不知到否？

八月二十八日，陈岱云之弟送灵榇①回南，坐粮船。孙以率五妹夫与之同伴南归。船钱饭钱，陈宅皆不受。孙送至城外，率五挥泪而别，甚为可怜。率五来意，本欲考供事，冀得一官以养家。孙以供事必须十余年乃可得一典史，宦海风波，安危莫卜，卑官小吏，尤多危机，每见佐杂末秩下场鲜有好者。孙在外已久，阅历已多，故再三苦言劝率五居乡，勤俭守旧，不必出外做官。劝之既久，率五亦以为然。其打发行李诸物，孙一一办妥，另开单呈览。

---

① 榇：音 chèn。灵榇：指棺材。另，古代多以梧桐木做棺材，因此也代称梧桐。此处指灵柩。

孙送率五归家，即于是日申刻生女，母女俱平安。前正月间，孙寄银回南，有馈赠亲族之意，理宜由堂上定数目，方合《内则》"不敢私与"之道。孙此时糊涂，擅开一单，轻重之际，多不妥当，幸堂上各大人斟酌增减，为为得宜。但岳家太多，他处相形见拙，孙稍有不安耳。

率五至家，大约在春初可以到家。渠不告而出，心中怀惭，到家后，望大人不加责，并戒家中及近处无相讥诮为幸。

孙谨禀

解读

上一篇中，曾国藩记录了道光年间国库亏空九百万两白银的巨大案件，于其中即已显示出清代政治结构中的种种漏洞。此封家书中，则又透露出清代底层公职人员的困窘生活。曾国藩的五妹夫本是有志之青年，离家赴京，希望能够找到一官半职的公差，可以养家糊口。

但是，在信中第二段，曾国藩详述了他对于五妹夫的劝阻。供事，是在京师衙门内最小的雇员，相当于各府最低的办事员。这类职位，不能算作是正式的官员，任职有一定的期限。期满后若表现俱佳，则有可能转为低级官员。据《清会典·吏部·验封清吏司》载："凡京吏之别三：一曰供事，二曰儒士，三曰经承。"注："宗人府、内阁、上谕馆、文渊阁、翰林院、詹事府、中书科、内廷三馆及修书各馆，各衙门则例馆，皆曰供事。"三者都是比较底层的办事人员。曾国藩说供事之职，要做十年才可得一典史，转入正式的官员体系。可见，对于底层的公职人员而言，若要升迁其实是件极难的事情。我们所熟悉的科举所取之士，如曾国藩，取得科名后，可以作为储备干部，留待京中调配。但未经科举而进入官府的，只做底层的事，而不能真正进入核心的权力阶层。供事经过数十年的工作后，才可能有一官职。然而，曾国藩对此也并不认同，因为"卑官小吏，尤多危机"。越是底层公职人员，其生活越无保障，同时还要承担不同程度的政治风险。如上一篇中的管理库银的库吏，已是底层官职中占有较多资源的团体，但一旦出现任何违法事件，便并不能得到公正的查处，上层的责任会转嫁到他们身上，以底层官吏作为惩戒的对象。

　　从这里可以看出，官员结构在清朝一代，已经出现了很大的问题。上层官员中，满汉官员分配不均这是第一重问题；汉族官员通过科举而获得升迁者，又凤毛麟角；一般书生即便获得功名，也要等待机会才可能有职位可寻，在此之间或滞留京中，或返回原籍，生活得不到保障，连此前之理想也被磨灭殆尽。下层官吏，或以捐官而得，初入官场便沾染了贪腐的不良习性；进入官场后，又承担最繁重的公职任务，俸银有限，便与贪污者同流合污，以权谋私；若出现政治危机，则又成为替罪羊，毫无法规约束。如此一来，清朝的官员结构内部已漏洞百出。底层者，皆以谋食为业；上层官员则处处受到牵制，凡事先为自己打算。如此的官员体系，自然无正气可言。这亦是道光帝时期改革所遭遇的内部阻碍。

第五篇　以德配位

道光二十五年乙巳岁
五月初五日（1845）

原文

四位老弟足下：

四月十六日，余寄第三号交折差，备述进场阅卷及收门生诸事，内附寄会试题名录一纸。十七日朱啸山南旋，余寄第四号信，外银一百两、书一包计九函、高丽参一斤半。二十五日冯树堂南旋。余寄第五号家信，外寿屏一架、鹿胶二斤一包、对联条幅扇子及笔共一布包。想此三信，皆于六月可接到。

树堂去后，余于五月初二日新请李竹坞先生（名如篦，永顺府龙山县人，丁酉拔贡，庚子举人）教书。其人端方和顺，有志性理之学，虽不能如树堂之笃诚照人，而已为同辈所最难得者。

初二早，皇上御门①办事。余蒙天恩，得升詹事府右春坊右庶子。次日具折谢恩，蒙召见于勤政殿，天语垂问共四十余句。

---

① 御门：指皇帝亲自在宫门理政。清承旧制，据王士禛《居易录》所记，"御门听政，冬春辰初三刻，夏秋辰正三刻"。御门理政时，各部大臣皆到场，奏事、提本、除售、引见皆于此办理。御门在咸丰后逐渐取消。御门的政策，方便了更多底层官员面见皇帝，也成为提拔之便宜之途。

是日同升官者：李菡升都察院左副都御史，罗惇衍升通政司副使，及余共三人。

余蒙祖父余泽，频叨非分之荣。此次升官，尤出意外。日夜恐惧修省，实无德足以当之。诸弟远隔数千里外，必须匡我之不逮，时时寄书规我之过，务使累世积德不自我一人而堕。庶几持盈保泰，得免速致颠危。诸弟能常进箴规，则弟即吾之良师益友也。而诸弟亦宜常存敬畏，勿谓家有人作官，而遂敢于侮人；勿谓己有文学，而遂敢于恃才傲人。常存此心，则是载福之道也。

今年新进士善书者甚多，而湖南尤甚。萧史楼既得状元，而周荇农（寿昌）去岁中南元，孙芝房（鼎臣）又取朝元，可谓极盛。现在同乡诸人讲求词章之学者固多，讲求性理之学者亦不少，将来省运必大盛。

余身体平安，惟应酬太繁，日不暇给，自三月进闱以来，至今已满两月，未得看书。内人身体极弱，而无病痛。医者云必须服大补剂，乃可回元。现在所服之药与母亲大人十五年前所服之白术黑姜方略同，差有效验。儿女四人皆平顺，婢仆辈亦如常。去年寄家之银两，屡次写信求将分给戚族之数目详实告我，而至今无一字见示，殊不可解。以后务求四弟将帐目开出寄京，以释我之疑。又余所欲问家乡之事甚多，兹另开一单，烦弟逐条对是祷。

兄国藩草

解读

曾国藩在道光二十三年（1843）升为翰林侍讲后，很快便担任乡试正考官，赴四川任职。是年十二月又充文渊阁校理。仕途之路渐趋顺遂。然而，官运亨通之时的曾国藩并未因名誉加身而迷失自我。越是得到朝廷重用，曾国藩的自省就越是深刻。在这封信中，我们看到了他对于"以德配位"的认识。

《论语·里仁》中提到："不患无位，患所以立。"将"位"与"德"的关联明确地表述了出来。位，简单地说就是职分、官职。人在社会中，总会有他的职业、位置。所以是"不患无位"。但是，虽然人有职位分别，但能够以相当的德性配得上自己所在的位置，才是问题的关键，因而"患所以立"。这个"立"就是指立身的根基，就是指人的品德行为。

当曾国藩得到皇帝垂问后，虽然官运就此亨通，但是否有足够的德性配上自己的官位，则是最大的问题。曾国藩在信中感慨之所以能够这么快在京城有所发展，归根结底还是在于祖父的庇护，才能让自己有"非分"之荣。所谓"分"，就是应分、应得的意思。之所以是"非分"的，就是曾国藩感觉到自己的德性还有欠缺，还不足以获得这么高的职位。因此，他写信给四位弟弟，请求他们能够在千里之外还对自己有所鞭策、监督，使他不至于在仕途亨通时得意而忘形，品行上有所堕落。

曾国藩将自己的这种觉悟推己及人，也提醒家中子弟不可因为他在北京做了官，就仗着自家"朝中有人"而飞扬跋扈；也不可因为读了几本书，就恃才傲物。这种骄傲、蛮横的行为，都与君子的德性不相配，若是如此行事，则必然会招致祸患。

以德配位是儒家思想中对君子德性与责任、职分与义务相统一的一种观念。孔子所言"不在其位，不谋其政"是从反面的意义上来讲述德位的关系的。从正面而言，就是要在其位而谋其政。人在现实的社会中，总是处于一定的位置，在当代就是职业的分工。每一个位置上的人，都应有一种以德配位的自觉，这样才能将承担这一职位责任的认识转化为一种内在的自觉与义务，才能做好自己的工作。对于为官者而言，德位统一更是对自身素养的要求。汉代儒者认为孔子一生所为皆为圣王所为，但是却没有做过圣王，是德位不相符，因此便称孔子为"素王"。而在此之后的儒家看来，君主作为天子，其位之高意味着承担的责任之大，天子就是要承担天下之道的人。所以，德位的关系又成为对天子德性的约束和监督。

  以德配位的自觉在政事之中，更是一种责任意识和担当精神。为官之道，不在于由此获得名利地位，而在于通过为官实现自己的抱负。前者透露了一种利益为上的心态，后者则是一种富有理想色彩的担当精神。只有自觉意识到这种担当精神和责任，才有可能做一位"好官"，一名君子。

第六篇　公私分界

道光二十五年乙巳岁
十月初一日（1845）

原文

侄国藩谨启叔父母大人万福金安：

  九月十八日发第十三号信，是呈叔父者，二十一日发十四号信，是寄九弟者，想俱收到。二十三日四弟、六弟到京，体气如常。

  二十四日皇上御门，侄得升翰林院侍讲学士。每年御门不过四五次，在京各官出缺①，此时未经放人者，则侯御门时特简放②，以示爵人于朝与众共之意。侄三次升官，皆御门时特擢。天恩高厚，不知所报。

  侄合室平安。身上疮癣尚未尽净，惟面上于半月内全好。故谢恩召见，不至陨越③以贻羞④，此尤大幸也。

  前次写信回家，内有寄家毅然宗丈一封，言由长沙金年伯家寄去心斋之母奠仪三十金，此项本罗苏溪寄者，托侄转交，故侄兑与周辑瑞用，由周家递金家。顷闻四弟言，此项已作途费矣。则毅然伯家奠分必须家中赶紧办出付去，万不可失信。谢兴岐曾借去银三十两，若还来甚好；若未还，求家中另行办去。又黄麓西借侄银二十两，亦闻家中已收。

  侄在京借银与人颇多，若侄不写信告家中者，则家中不必收取。盖在外与居乡不同，居乡者紧守银钱，自可致富；在外者有紧有松，有发有收，所谓大门无出，二门亦无入。全仗名声好，乃扯得活；若名声不好，专靠自己收藏之银，则不过一年，即用尽矣。以后外人借侄银者，仍使送还京中，家中不必收取。去年蔡朝十曾借侄钱三十千，侄已应允作文昌阁捐项，家中亦不必收取。盖侄言不信，则日后虽有求于人，人谁肯应

---

① 出缺：职位空缺。
② 简放：指经过考察而派出任道府以上的外官。
③ 陨越：跌倒，摔跤，引申为失职。此处特指为臣者担心冒犯皇帝的一种谦词。
④ 贻羞：使……蒙受羞辱。

哉？于侄银钱之间，但求四处活动，望堂上大人谅之。

又闻四弟、六弟言父亲大人近来常到省城县城，曾为蒋市街曾家说坟山事，长寿庵和尚说命案事。此虽积德之举，然亦是干预公事。侄现在京四品，外放即是臬司①。凡乡绅管公事，地方官无不衔恨。无论有理无理，苟非己事，皆不宜与闻。地方官外面应酬，心实鄙薄，设或敢于侮慢，则侄觍然②为官而不能免亲之受辱，其负疚当何如耶？以后无论何事，望劝父亲总不到县，总不管事，虽纳税正供，使人至县。伏求堂上大人鉴此苦心，侄时时挂念独此耳。

侄谨启

解读

这是一封曾国藩写给叔父的信，虽然曾国藩与叔父的通信不多，但每每写信给叔父时，他总有一些亲切之语向叔父汇报，可见曾国藩与家中长辈的感情非常深厚。

在这封信中，曾国藩首先禀报了自己得以升职的种种，还特别提到了自己三次晋升都是在皇帝御门之时。将这些消息汇报给叔父，当然不是为了炫耀一番，而是为了让家中其他长辈也感到欣慰和骄傲。可见，在曾国藩的信中，家族的荣誉至高无上，自己所获得的名誉，其价值并不仅限于对自己的肯定，而更在于光宗耀祖。

除此之外，曾国藩在这封信中还提到一件非常重要的事情，

---

① 臬司：各省提刑按察使司的简称，主要负责一省的刑狱诉讼事务。
② 觍然：音 tiǎn，形容惭愧。

那就是行事要有分寸，尤其要注意"公私之分"。1902年，梁启超开始在《新民丛报》上撰写《新民说》，他认为中国人必须要经历一场关于"公德"的道德启蒙，以往的国人都不明白公私之分，以至于几千年来的儒家道德学说，虽然内容丰富而庞大，但说到底不过还是个"私德"，丝毫找不到"公德"的身影。尽管在1906年完稿时，梁启超的想法已经不似几年前那么激进，但是随着对现代价值，尤其是关于"公共领域"中的公德、公权、公共性的关注，中国人对于公私一直聚讼纷纭。但是，关于"公"的理解在中国传统中果真如此匮乏吗？答案显然是否定的。

　　儒家传统对于公、私有着一套自己的处理智慧。在出土的郭店竹简《六德篇》中有一句话："门内之治恩掩义，门外之治义断恩。"这里的门内与门外，实际上就是关于私与公的一个分界，而其治理之法则是有着很大的差别。在门内即私的领域，其治理之道在于情，因此在很多时候是可以任情而为、随机应变的。因为依靠血缘亲情所建立起来的家族内部，重点还是要讲感情的。而对于门外，即公共的领域而言，治理的原则更在于符合于义。换言之，公共领域的治理一定要遵循一定的规范。但是，在曾国藩给叔父的这封信中，我们看到曾国藩的父亲在一段时间里，因为自己德高望重的乡绅身份，经常去县城为人断案。按理来说，断案之事属于公共领域，它应当由拥有公权力的公职人员，即地方官来执行。听讼断案之事，既是地方官的职责所在，也是地方官治理公共领域的公权力的体现。但是，古代中国社会结构比较特殊，乡绅作为德高望重者，虽然并无公职，却能获得不少百姓的认可。所以，在公权力无所涉及的地方，往往是由乡绅进行治理、调节的。但是公权力可以覆盖到的地方，它就是行政管理层面的公共领域，乡绅在此一无职位、二无权力,是不适合参与其中的。如果乡绅参与其间,那么只能判定他们是以个人之好恶来决断公共事务的。对于此种情形,虽然在乡间屡见不鲜,但曾国藩还是恳请叔父劝父亲莫要再去做这样的事情。一来,无论是否在理,都会招致地方官的怨恨;二来,若是因为参与断案而遭受轻慢,也会让身在京城身居高位的曾国藩感到难堪。

当然,在这里,曾国藩所劝阻的事情,还不是从现代意义上的公私之辨出发的。但是,从这封信中,我们可以明确地看到在传统社会中,公私并非全然无分界,对公私的分别处理也有着基本的准则。但是,这其间没有明显的界线,亦没有严格的分判,作为底层社会最具影响力的乡绅,在不同的情境下,总是面临着转换身份的选择。或为官府,或为百姓,扮演着权力界限不明显的中间地带的裁判员。这种裁判是很不好做的,他需要很多政治的、生活的智慧,但也正是乡绅使得古代社会的底层有着不同于今天的生命与活力。

第七篇　乡绅之义

道光二十六年丙午岁
正月初三日(1846)

原文

男国藩跪禀父母亲大人万福金安:

乙巳十一月二十二日发家信十七号。其日同乡彭棣楼放广西思恩府知府。二十四日，陈岱云放江西吉安府知府。岱云年仅三十二岁，而以翰林出为太守，亦近来所仅见者。人皆代渠庆幸，而渠深以未得主考、学政为恨。且近日外官情形，动多掣肘①，不如京官清贵安稳，能得外差，固为幸事，即不得差，亦可读书养望，不染尘埃。岱云虽以得郡为荣，仍以失去玉堂为悔。自放官后，摒挡②月余，已于十二月二十八出京。是夕渠有家书到京，男折开。

接大人十一月二十四所示手谕，内叔父及九弟季弟各一信、彭莦庵表叔一信，具悉家中一切事。前信言莫管闲事，非恐大人出入衙门，盖以我邑书吏欺人肥己，党邪嫉正，设有公正之乡绅，取彼所鱼肉之善良而扶植之，取彼所朋比之狐鼠而锄抑之，则于彼大有不便，必且造作谣言，加我以不美之名，进谗于官，代我构不解之怨。而官亦阴庇彼辈，外虽以好言待我，实则暗笑之而深斥之，甚且当面嘲讽。且此门一开，则求者踵至，必将目不暇给，不如一切谢绝。今大人手示，亦云杜门谢客，此男所深为庆幸者也。

男身体平安。热毒至今未好，涂药则稍愈，总不能断根。十二月十二，蒙恩充补日讲起居注官。二十二日，又得充文渊阁直阁事。两次恭谢天恩，兹并将原折付回。讲官共十八人，满八缺，汉十缺。其职司则皇上所到之处，须轮四人侍立。直阁事四缺，不分满汉，其职司则皇上临御经筵之日，四人皆侍立而已。

四弟、六弟皆有进境。孙男读书已至《陈风》，男妇及孙女等皆好。

---

① 掣肘：音 chè zhǒu，比喻工作受到牵制，难以展开。
② 摒挡：音 bìng dàng，指收拾、筹措。

欧阳牧云有信来京，与男商请封及荐馆事。二事男俱不能应允，故作书宛转告之。外办江绸套料一件、高丽参二两、鹿胶一斤、对联一付，为岳父庆祝之仪。恐省城寄家无便，故托彭棣楼带至衡阳学署。

朱尧阶每年赠谷四十石，受惠太多，恐难为报，今年必当辞却。小米四十石，不过值钱四十千，男每年可付此数到家，不可再受他谷，望家中力辞之。毅然家之银想已送矣；若未送，须秤元银三十二两，以渠来系纹银也。

男有挽联，托岱云交萧辛五转寄毅然家，想可无误。岱云归，男寄有冬菜十斤、阿胶二斤、笔四枝、墨四条、同门录十本。彭棣楼归，男寄有蓝顶二个、四品补服四付，俱交萧辛五家转寄。伏乞查收。

男谨禀

解读

上封信谈到曾国藩写信给叔父，请叔父劝阻父亲不要去县城参与衙门公案。这一封信中，曾国藩得到了父亲的答复，已经谢绝来客，信中一下轻松了下来。同时，曾国藩又再次提到了乡绅的处世之道。在这其中，我们亦感到了一丝身处宦场的艰难和乡绅身份的复杂性。

首先，乡绅者，乡间较有文化、财力，德高望重之人。古代社会有"皇权不下县"的说法，虽然这个说法不完全准确，但是却可以基本上概括古代社会，尤其是乡村社会的基本样貌。乡间的治理一般都是自治，所谓自治其实是基于习俗、辈分等约定俗成的规矩和权威而建构起来的一套治理模式。在这个模式中，起到最重要作用的就是乡绅。也就是秦晖教授所说的

"宗族皆自治，自治靠伦理，伦理造乡绅"。或者像费孝通先生所总结的那样："皇权统治在人民实际生活上看，是松弛和微弱的，是挂名的，是无为的。"在乡村社会，乡绅是权威、伦理、先进的象征。正是因为如此，乡间之事多由乡绅处理。可是，这种处理权的获得，并未在政治体制中获得充分的认可，也就是说权力的行使界限实际上是非常模糊的。有些事情，乡绅可以管也可以不管；有些事情，是官府要来处理的，那么乡绅就不能够轻易插手。这个界限究竟是什么？其实是没有明确划分的，尤其是涉及税收、征粮、征兵等关乎老百姓生存的原则性问题时，乡绅的权限就显得非常微弱。曾国藩在信中说到当时的地方官员"党邪陷正"，可见下层官场的风气是极为恶劣的。在这种恶劣的情形下，税收、征粮等事，在暗处往往有着一套"潜规则"，说白了就是鱼肉老百姓。乡绅作为德行表率，自然会对这样的事情感到愤慨，然而一旦介入，只能是与官府之间形成矛盾。说到底，乡绅的权力只是宗族里的人所赋予的，并不受到政治制度的保障。一旦与官府冲突起来，乡绅也会直接受到牵连。这是曾国藩担忧的第一点。

其次，乡绅在判案断事时往往以理为准，以情为则，情理之间往往牵扯不清，并不能完全按照一定的规则处理纠纷事件。并且乡绅身份的获得和家族中的达官显贵关系密切。虽然乡绅自身可能并不是朝中官员，但子弟、父兄却多与权力直接有关。此时，乡绅若过多地介入权力机构的纠纷中去，对朝中族人的不利影响也是显而易见的。出于自保，乡绅也难以真正地替民请愿。他们所做的工作，最多的只能是调和、协调。如果官场清明，乡绅在乡间实施自治，当然是最理想的状态。小诉小讼，都可以不伤情的方式合理解决。然而，一旦政治环境污秽，官吏贪得无厌，那么夹在其间的乡绅也不免左右为难。瞿同祖先生说士绅在中国传统的社会中拥有的是"非正式的权力",他们与官府可以形成两股互相制约的势力,但是清代以来的社会结构已经不再如以前那么稳定,民间爆发的叛乱,令士绅的地位及权力不断受到挑战。曾国藩说要"谢绝"一切求访,其中有无奈、有软弱,也有不可抗拒的外力作用。如果说传统社会中,士绅是"学而优则仕"的民间力量,那么自清以来,士绅的力量则愈发受到挑战。士绅阶层也在社会变革的洪流中,重新寻找着自己的位置。

但是,总体而言,士绅阶层是古代中国社会乡村中的伦理典范,他们有着较高的学识、过人的才智、正直的品格和乐善好施的德性。正因如此,乡绅才能够成为古代社会中民间治理的主要力量。中国农村今日的建设,仍需要从传统思想中吸取源泉。在较小的社会范围内,德高望重的权威和习惯成自然的礼俗,仍旧能在很大程度上成为人们生活中的模范,成为协调、稳定乡村结构的力量。

第八篇　京官之困

道光二十九年己酉岁
七月十五日（1849）

原文

澄侯、温甫、子植、季洪四位老弟足下：

七月十三日接到澄弟六月初七所发第九号家信,具悉一切。

吾于六月共发四次信，不知俱收到否？今年陆费中丞丁忧，闰四月无折差到。故自四月十七发信后，直至五月中旬始再发信，宜家中悬望也。

祖父大人之病，日渐增加，远人闻之，实深忧惧。前六月二十日所付之鹿茸片，不知何日可到？亦未知可微有功否？

予之癣病，多年沉痼，赖邹墨林举黄芪附片方，竟得全愈。内人六月之病亦极沉重，幸墨林诊治，遂得化险为夷，变危为安。同乡找墨林看病者甚多，皆随手立效。墨林之弟岳屏四兄，今年曾到京，寓圆通观，其医道甚好，现已归家。予此次以书附墨林家，书内求岳屏至我家诊治祖父大人，或者挽回万一，亦未可知。岳屏人最诚实而又精明，即周旋不到，必不见怪。家中只须打发轿夫大钱二千，不必别有所赠送。渠若不来，家中亦不必去请他。

乡间之谷贵至三千五百，此亘古未有者，小民何以聊生！吾自入官以来，即思为曾氏置一义田，以赡救孟学公以下贫民；为本境置义田①，以赡救二十四都贫农。不料世道日苦，予之处境未裕。无论为京官者，自治不暇，即使外放，或为学政，或为督抚，而如今年三江两湖之大小水灾，几于鸿嗷半天下②。为大官者，更何忍于廉俸之外多取半文乎？是义田之愿，恐终不能偿。然予之定计，苟仕官所入，每年除供奉堂上甘旨外，或稍有赢余，吾断不肯买一亩田积一文钱，必皆留为义田之用。此我之定计，望诸弟皆体谅之。

今年我在京用度较大，借账不少。八月当为希六及陈体元

---

① 义田：泛指为赡养族人和贫困者而置的田产。
② 鸿：指大雁。嗷：指雁鸣。鸿嗷半天下：形容哀鸿遍野的惨状。

捐从九品，九月榜后可付照回，十月可到家，十一月可向渠两家索银，大约共须三百金。我付此项回家，此外不另附银也。

率五在永丰有人争请，予闻之甚喜。特书手信与渠，亦望其忠信成立耳。

纪鸿已能行走，体甚壮实。同乡各家如常。同年毛寄云于六月二十八日丁内艰。陈伟堂相国于七月初二仙逝，病系中痰，不过片刻即殁。江南、浙江、湖北皆展于九月举行乡试。闻江南水灾尤甚，恐须再展至十月。各省大灾，皇上焦劳，臣子更宜忧惕之时，故一切外差，皆绝不萌妄想，望家中亦不必悬盼。书不详尽。

兄国藩手草

解读

清朝政权是满族政权，初入关时，对汉族知识分子虽偶有礼遇，但总体上还是因为满汉分野，对汉族官员多生出几分忌惮和猜疑。至道光年间，虽然官场上满汉官员比例已趋向均等，但是皇权的日益加重、地方生员间的门户嫌隙，乃至清朝统治下整个社会的衰微，都令官员们愈发感到日子吃紧。初入京城不久的曾国藩，虽官阶提升迅猛，仍不免感到日子仓促狼狈，为官不易。

在这封信中的文字间，我们可以生动地感受到曾国藩一方面力图通过官职上的优待实现济世的抱负，一方面又因经济条件的拮据，难以自洽地忧虑。他在信中说，自入京后，就很想置办义田。所谓义田，就是指专门为贫苦族人置办的田地。有了这些田地，族人就有可能解决自己的困难，至少勉强维生。

曾氏家族当时已经是乡间的显赫一族，义田的置办是乡绅士族的一项责任，也可以说是一项义务。但是，曾国藩想置办义田的念头，很快遭到了打击。首先，是物价的飞涨。"乡间之谷贵至三千五百"是亘古未有的事情，可见物价的飞升已经让这位朝中大员感到震惊。在曾国藩道光年间的所有家书中，我们都能看到曾国藩的京官生活十分窘迫。张宏杰说"借贷和哭穷一直是他（曾国藩）在翰林院中经济生活的主旋律"，确乎如此。从张宏杰对曾国藩京官时期收入的计算来看，曾国藩在道光二十一年（1841）时一年的薪俸总数为 119.25 两。[①] 到了京官晚期，也就是道光二十七年（1847）之后，曾国藩官位一路上涨，薪俸也变得不错，至少可以达到刚到京城时的四五倍。薪俸虽有上涨，也有其他的一些捐赠，但是花费也变得更多。除了寄给家中的高丽参等补品，购置的衣服、寄给族人的钱财等，在京的消耗也非常大。比方说道光二十四年（1844）至二十七年（1847），曾国藩就多次搬家，一是因为家中人口越来越多，所以必须要搬家，二来随着官阶的上升，总需要租住大一些的宅子才能更便于工作。他初次搬到内城时，年租金就要 251.04 两[②]，道光二十七年（1847）曾国藩再次搬家，这次的新宅子有四十几间房，更为气派，租金当然也更高。对比曾国藩的收入，房租已占到近半，再加之其他的费用，生活之窘迫便也不是轻易说说而已。

既然薪俸这么少，怎能实现自己济世的抱负呢？曾国藩是

[①] 参见张宏杰：《给曾国藩算算账——一个清代高官的收与支（京官时期）》，43 页，北京，中华书局，2015。

[②] 参见上书，54 页。

清廷的清流党，坚持以理学修身，尤其注意自己的品节，不愿贪占便宜。如此一来，筹买义田就只能依靠节衣缩食省下的钱。所以曾国藩对弟弟们说，每年的收入除去寄回家中赡养老人的以外，其余皆用于筹买义田，不作半分自留。在治家的经验中，曾国藩也曾对钱财的用途有过明确的阐明，表明君子不应为自己留有存款，而应将其财富全部都捐献给需要的族人。

总而言之，一边是救世的抱负，另一边却遭遇着现实的窘迫。即便曾国藩已成为京中要员，然而生活的窘迫依然时时将他逼入为难之中。在这种京官难做的困境中，他还洁身自好，将所有盈余筹措起来购买义田，实属难能可贵；也正是因为如此，他才能够成为君子立德、立功、立言的典范。

第九篇　尽忠直言

咸丰元年辛亥岁
五月十四日（1850）

原文

澄侯、温甫、子植、季洪四位老弟足下：

四月初三日发第五号家信。厥后折差久不来，是以月余无家书。五月十二折弁来，接到家中四号信，乃四月一日所发者。具悉一切。植弟大愈，此最可喜。

京寓一切平安。癣疾又大愈矣，比去年六月更无形迹。去年六月之愈，已为五年来所未有，今又过之。或者从此日退，不复能为恶矣。皮毛之疾，究不甚足虑，久而弥可信也。

四月十四日考差，题"乐民之乐者，民亦乐其乐"，经文题"必有忍，其乃有济；有容，德乃大"，赋得"濂溪乐处"得"焉"字。

二十六日，余又进一谏疏，敬陈圣德三端，预防流弊。其言颇过激切，而圣量如海，尚能容纳，岂汉唐以下之英主所可及哉！余之意，盖以受恩深重，官至二品，不为不尊；堂上则诰封三代，儿子则荫任六品，不为不荣。若于此时再不尽忠直言，更待何时乃可建言？而皇上圣德之美出于天亶自然，满廷臣工遂不敢以片言逆耳，将来恐一念骄矜，遂至恶直而好谀，则此日臣工不得辞其咎。是以趁此元年新政，即将此骄矜之机关说破，使圣心日就兢业而绝自是之萌。此余区区之本意也。现在人才不振，皆谨小而忽于大，人人皆习脂韦唯阿之风。欲以此疏稍挽风气，冀在廷皆趋于骨鲠，而遇事不敢退缩。此余区区之余意也。

折子初上之时，余意恐犯不测之威，业将得失祸福置之度外矣。不意圣慈含容，曲赐矜全。自是以后，余益当尽忠报国，不得复顾身家之私矣。然此后折奏虽多，亦断无有似此折之激直者。此折尚蒙优容，则以后奏折，必不致或触圣怒可知。诸弟可将吾意细告堂上大人，毋以余奏折不慎，或以戆直干天威为虑也。

父亲每次家书，皆教我尽忠图报，不必系念家事。余敬体吾父之教训，是以公尔忘私，国尔忘家。计此后但略寄数百金偿家中旧债，即一心以国事为主，一切升官得差之念，毫不挂于意中。故昨五月初七大京堂考差，余即未往赶考。侍郎之得差不得差，原不关乎与考不与考。上年己酉科，侍郎考差而得者三人：瑞常、花沙纳、张芾是也。未考而得者亦三人：灵桂、福济、王光荫是也。今年侍郎考差者五人，不考者三人。是日题"以义制事以礼制心论"，试题"楼观沧海日"得"涛"字。五月初一放云贵差，十二放两广、福建三省，名见京报内，兹不另录。袁漱六考差颇为得意，诗亦工妥，应可一得，以救积困。

朱石翘明府初政甚好，自是我邑之福。余下次当写信与之。霞仙得县首，亦见其犹能拔取真士。

刘继振既系水口近邻，又送钱至我家求请封典，义不可辞。但渠三十年四月选授训导，已在正月二十六恩诏之后，不知尚可办否？当再向吏部查明。如不可办，则当俟明年四月升祔恩照，乃可呈请。若并升祔之时推恩不能及于外官，则当以钱退还。家中须于近日详告刘家，言目前不克呈请，须待明年六月乃有的信耳。

澄弟河南、汉口之信，皆已接到。行路之难，乃至于此！自汉口以后，想一路载福星矣。刘午峰、张星垣、陈谷堂之银皆可收，刘、陈尤宜受之，不受反似拘泥。然交际之道，与其失之滥，不若失之隘①。吾弟能如此，乃吾之所以欣慰者也。西垣四月二十九到京，住余宅内，大约八月可出都。

此次所寄折底，如欧阳家、汪家及诸亲族不妨抄送共阅。见余忝窃高位，亦欲忠直图报，不敢唯阿取容②，惧其玷辱宗族，辜负期望也。余不一一。

兄国藩手草

---

① 与其失之滥，不若失之隘：比喻交友不应过于泛滥，而应当少而精。

② 阿：音ē，阿谀奉承，曲意迎合世俗。取容：博得别人的欢欣，取悦他人。唯阿取容：指违背自己的道德原则去迎合、奉承他人。

解读

  《孝经》中说，君子的修身"始于事亲，中于事君，终于立身"，《庄子》中评价儒家是"内圣而后外王"。儒家的理想人格必然是与君臣关系、治国理政分不开的。以何种道德事君，在儒家看来就涉及"忠"。在这封信中，曾国藩字字句句都透露着对于清帝的忠诚，这不仅是他作为一名深受理学影响的儒臣的内在修养，亦源自于家庭的教育。

  但是，"忠"这个观念，对于现代人而言，似乎总会与"愚忠""愚孝"联系在一起，尤其是民族国家成立之后，那句著名的"爱国家不等于爱朝廷，更不等于爱皇帝"（梁启超语），不仅推翻了几千年帝制体系中君臣关系的合法性，甚至将"忠"这个观念也彻底推翻了。虽然，现在人不再需要忠诚于皇帝，但是"忠"这种传统的道德观念，在现代社会依旧是极为重要的。

  首先，做人要坚持忠义为本。在信的一开始，曾国藩讲述了自己第一次给咸丰帝上折子的种种心路历程。他说在折子中，他对皇帝进行了直言相谏。起初他对于自己这样的耿直言论，其实内心是有些担忧的。所以是"恐犯不测之威"，但是在这些担忧发生的同时，他依旧坚持上了一封这样的折子。当时的清廷，皇权的枷锁已如病毒一样侵蚀人心，满朝的大臣都谨小慎微、趋炎附势，没有人敢真正向皇帝提出什么谏言。而这种风气早在曾国藩初入京时就已形成。那时，曾国藩遇到过有臣子直言相谏，他在当时的家书中就曾感慨过此人之举绝无仅有。正因政治环境如此死气沉沉，所以趁着新帝登基，曾国藩主动要向这一潭死水般的政治环境投入一颗石子。此时的他，尽管有忐忑、有不安，但仍旧正直敢言，因为在他看来，如果新帝在日后变得骄傲自矜，就一定是做臣子的失职。这种以国家社稷为重的忠心，正是一种做人以忠义为本的胆魄。孟子所说的"威武不能屈"，就是这样一种忠肝义胆的气概。

其次，忠义应以秉公为根。当代人对于"忠"的误解，很多来源于忠的对象，认为臣子忠于君主，是对皇权的屈服。这恰恰是对古代政治结构的误解。虽然传统社会以皇权为最高的政治权威，但是所有的治道都应符合于"政道"。政道，就是儒家所提倡的正义之道，就是以百姓为本的良好的仁政。臣的"忠义"，根据的是政道最高的原则。所以，曾国藩在信中说父亲对他的教诲，是要尽忠图报，要忠于国家，要秉公而为。在这里，国家并不等同于皇权，但是国家治理得好坏，却在很大程度上依赖于皇权。身为人臣，曾国藩当然知道直言相谏是在拿政治生涯做赌注，但如果不能坚持公道，那么，同样是在以另一种方式摧毁自己的政治生涯。曾麟书的教诲，是要儿子忘私忘家，说到底，就是要让儿子培养出一种大无畏的为公精神。曾国藩也正是在父亲的教诲之下，秉承这一原则，才向咸丰帝上书的。

传统社会中的官员，常常因为皇权而被捆绑手脚；但是，在可能的限度内究竟是以皇帝为准，还是以百姓为准，依然是分判一名官员是否有儒家救世济民理想的标准。官场即便风云莫测，但是做臣子，就是要有忠义之心、秉公之根。这样的臣子，才可能成为治世之人，才是真正懂得了"在明明德，在新民，在止于至善"的大学之道。

第十篇 乡村之治

咸丰元年辛亥岁
八月十九日（1850）

原文

澄侯、温甫、子植、季洪四位老弟足下：

八月十四日发第九号信，至十七日接到家信第七、第八二号，欣悉一切。

左光八为吾乡巨盗，能除其根株，扫其巢穴，则我境长享其利，自是莫大阴功。第湖南会匪所在勾结，往往牵一发而全神皆动。现在制军程公特至湖南，即是奉旨查办此事。盖恐粤西匪徒穷窜，一入湖南境内，则楚之会匪因而窃发也。左光八一起，想尚非巨伙入会者流。然我境办之，亦不可过激而生变。现闻其请正绅保举，改行为良，且可捉贼自效，此自一好机会。万一不然，亦须相机图之，不可用力太猛，易发难收也。

公议粮饷一事，果出通邑之愿，则造福无量。至于帮钱垫官之亏空，则我家万不可出力。盖亏空万六千两，须大钱三万余千，每都几须派千串。现在为此说者，不过数大绅士一时豪气，为此急公好义之言。将来各处分派，仍是巧者强者少出而讨好于官之前，拙者弱者多出而不免受人之勒。穷乡殷实小户，必有怨声载道者。且此风一开，则下次他官来此，既引师令之借钱办公为证，又引朱令之民帮垫亏为证，或亦分派民间出钱帮他，反觉无辞以谢。若相援为例，来一官帮一官，吾邑自此无安息之日。

凡行公事，须深谋远虑。此事若各绅有意，吾家不必拦阻；若吾家倡议，则万万不可。且官之补缺皆有保法，何缺出轮何班补，虽抚藩不能稍为变动。澄弟在外多年，岂此等亦未知耶？朱公若不轮到班，则虽帮垫亏空，通邑挽留，而格于成例，亦不可行。若已轮到班，则虽不垫亏空，亦自不能不补此缺也。间有特为变通者，督抚专折奏请，亦不敢大违成例。季弟来书，若以朱公之实授与否，全视乎亏空之能垫与否，恐亦不尽然也。曾仪斋若系革职，则不复能穿补子，若系大计休致，则尚可穿。

季弟有志于道义身心之学，余阅其书，不胜欣喜！凡人无不可为圣贤，绝不系乎读书之多寡。吾弟诚有志于此，须熟读《小学》及《五种遗规》二书。此外各书能读固佳，不读亦初无所损。可以为天地之完人，可以为父母之肖子，不必因读书而后有所加于毫末也。匪但四六古诗可以不看，即古文为吾弟所愿学者，而不看亦是无妨。但守《小学》《遗规》二书，行一句算一句，行十句算十句，贤于记诵、词章之学万万矣。季弟又言愿尽孝道，惟亲命是听。此尤足补我之缺憾。我在京十余年，定省有阙，色笑远违，寸心之疚，无刻或释。若诸弟在家能婉愉孝养，视无形，听无声，则余能尽忠，弟能尽孝，岂非一门之祥瑞哉！愿诸弟坚持此志，日日勿忘，则兄之疚可以稍释。幸甚幸甚。书不上一，余俟续具。

兄国藩手草

解读

  之前的书信中，我们已经提到过传统社会中的乡绅和乡村的治理。作为一个农业为主的国家，乡村的治理，始终是传统社会，乃至当今社会中最核心的问题之一。在这封信中，我们又一次感受了曾国藩的政治智慧，也体会到了传统社会中乡村治理中的乡绅与官府的微妙关系。

  故事要从湘地巨盗左光八说起。自道光年间，湖南地界就总有劫掠、烧杀之类的悍匪出现，当地的乡绅都会带领乡民组织团练，抗击劫匪。如李续宾、王鑫、罗泽南等，都是当时带领团练的领导。这其中，就有与曾国藩交好的罗泽南，而他更是被称为"湘军之父"。因为曾国藩与罗泽南的交往，曾国藩也曾在家书中表示过本地乡绅应尽力保全当地的安危。咸丰元年（1851），以左光八为首的巨盗被抓，县令朱孙诒特地请曾麟书去县城商讨粮饷和会匪事宜。于是，曾麟书携次子曾国潢协助知县缉拿左光八等巨盗共计五十三人，并交给制军亲自审理。制军是当时总督的称谓，能由总督亲自审理，可见在当地也是极大的案件。这就是信的一开始，曾国藩所提到的左光八之事。但是，比起父亲曾麟书的义无反顾，曾国藩对此事则多了几分保守。他说，如果左光八已经认罪，并由当地名绅担保，便应该考虑不要从严治罪。这其中的道理还是很微妙的：其一，左光八被俘，连带有五十三人，若一一定以重罪，那么人数之多，显然会在一定程度上造成新一轮盗贼的报复和反扑。有可能因为过激的处理而造成叛乱。其二，既然已有人出面担保左光八，并证明其行为有所更正，况且左光八还有帮忙捉贼的行为，如能从轻处罚，其实未尝不是一件好事。以较为缓和的方式去处理此事，其根据大约是来自儒家的"不教而杀谓之虐"。民间有人犯事，必有其缘由，其中之一定是没有受到什么教化。因为没有受到充分的教化而犯罪，大部分的责任应由施教的政府、社会和家庭来承担。更何况，儒家讲究"知错能改，善莫大焉"。如果这些盗匪有悔过自新的一面，给他们一次机会也是办了一件好事。如果要严加责罚，在一定程度上，是政府在推卸自身教化失当的责任，所以是"贼"。而还有一层原因，便是此人在本乡犯案，还召集了很多同党，那么其中必然有不少是同宗同族的人。如果一切均以严刑酷法来解决，很可能就会伤到"亲亲"的原则。一个社会，尤其是传统的中国农村社会，是一个"温情脉脉"的组织。乡绅的作用，就是要保护住这种天然的温情，如此才可以从长远上来解决危难的困境。

　　左光八等人被抓后，此事尚未完全解决。那就是曾国藩在信的中间部分所谈到的捐款的事情。时任县令的朱孙诒在当时是口碑很好的知县，同时也是一位积极剿匪的务实官员。但是，县府中粮草亏空，使他不得不另寻办法，于是就出现了曾国藩在信中说的"公议粮饷"一事，其实就是让当地的乡绅集资来填补县里公家的亏空。曾国藩虽然支持团练，主张剿匪，但是对于捐资以充公家亏空一事，则表示了极大的反对。上一篇中说过，曾国藩的政治生涯其根基还是在百姓。大家都同意向官家集资弥补亏空，很可能造成特别富庶的家庭也不过就是充数而已，却可能导致那些条件一般的家庭"被绑架"去捐款，很容易变成一项压榨平民百姓的勾当。更为严重的是，如果这种事情发生了一次，那么将来就会发生第二次、第三次……乡绅便成了公家的钱袋子，这实则是对当地百姓很不负责的做法。

所以，曾国藩对此事的态度异常坚决。

若是再随着信往下一读，便会发现这样一场"募捐"中，还掺杂了不少个人的目的。其中，大约是官府答应若是曾家捐款，则会给曾国潢保举。对此，曾国藩引本朝制度，给予了辨析，戳穿了这一说法的泡沫。其实，是在说明捐官一事，无须着急，凡事还是需要等到自身条件成熟了，方可去寻个一官半职。

从上面我们可以看到，左光八从嚣张到被抓的背后，乡绅都在与地方官员一同对一个地方进行治理。乡绅，是地方官很好的合作伙伴，但同时又是与地方官员相抗衡的势力。他们在解决地方治理的危机时，往往能互相扶持，但是若是解决危机的办法威胁到当地人的利益，乡绅又会与地方官员之间产生分歧。在这种既合作又对抗的关系中，乡绅的治乡之道，便显得极具中庸的智慧。既不能与权力过分靠近，又不可彻底与权力分开。更重要的是，乡绅在一系列与官府的合作中，还会获取自身的部分利益，这又使得乡绅的角色多了几分复杂性。

在这种难题面前，曾国藩的立场是清晰的。一来，凡行公事，必须要深谋远虑，思考周全。二来，做事的基础还是做人。所以，在信的最后，他对于季弟曾国葆立志修身、孝亲的决心，大加赞赏，认为这才是为人之本。可见，若行公事，尚需己身端正严明。这不仅是曾国藩对自己的要求，也是古代社会乡绅治世的根本原则。若失去了德性傍身，则乡绅只能成为劣绅、豪强，成为官府的走狗与帮凶。同时，也就失去了治理乡村的依据。

第十一篇　官吏之争

咸丰元年辛亥岁
九月初五日（1850）

原文

澄侯、温甫、子植、季洪四弟足下：

　　日来京寓大小平安。癣疾又已微发，幸不为害，听之而已。湖南榜发，吾邑竟不中一人。沅弟书中，言温弟之文典丽矞皇，亦尔被抑。不知我诸弟中将来科名究竟何如？以祖宗之积累及父亲、叔父之居心立行，则诸弟应可多食厥报。以诸弟之年华正盛，即稍迟一科，亦未遽为过时。特见自近年以来，事务日多，精神日耗，常常望诸弟有继起者，长住京城，为我助一臂之力。且望诸弟分此重任，余亦欲稍稍息肩。乃不得一售，使我中心无倚！

　　盖植弟今年一病，百事荒废；场中之患眼疾，自难见长。温弟天分，本甲于诸弟，惟牢骚太多，性情太懒。前在京华不好看书，又不作文，余心即甚忧之。近闻还家以后，亦复牢骚如常，如数月不搦管为文。吾家之无人继起，诸弟犹可稍宽其责，温弟则实自弃，不得尽诿其咎于命运。吾尝见友朋中牢骚太甚者，其后必多抑塞，如吴檀台、凌荻舟之流，指不胜屈。盖无故而怨天，则天必不许；无故而尤人，则人必不服。感应之理，自然随之。温弟所处，乃读书人中最顺之境，乃动则怨尤满腹，百不如意，实我之所不解。以后务宜力除此病，以吴檀台、凌荻舟为眼前之大戒。凡遇牢骚欲发之时，则反躬自思：吾果有何不足，而蓄此不平之气？猛然内省，决然去之。不惟平心谦抑，可以早得科名，亦宜养此和气，可以稍减病患。万望温弟再三细想，勿以吾言为老生常谈，不直一哂也。

王晓林先生（稙）在江西为钦差，昨有旨命其署江西巡抚。余署刑部，恐须至明年乃能交卸。袁漱六昨又生一女。凡四女，已殇其二，又丧其兄，又丧其弟，又一差不得，甚矣！穷翰林之难当也！黄麓西由江苏引见入京，迥非昔日初中进士时气象，居然有经济才。王衡臣于闰月初九引见，以知县用。后于月底搬寓下洼一庙中，竟于九月初二夜无故遽卒。先夕与同寓文任吾谈至二更，次早饭时，讶其不起，开门视之，则已死矣。死生之理，善人之报，竟不可解。

邑中劝捐弥补亏空之事，余前已有信言之，万不可勉强勒派。我县之亏，亏于官者半，亏于书吏者半，而民则无辜也。向来书吏之中饱，上则吃官，下则吃民。名为包征包解，其实当征之时，是以百姓为鱼肉而吞噬之；当解之时，则以官为雉媒而播弄之。官索钱粮于书吏之手，犹索食于虎狼之口。再四求之，而终不肯吐。所以积成巨亏，并非实欠在民，亦非官之侵蚀入己也。今年父亲大人议定粮饷之事，一破从前包征包解之陋风，实为官民两利，所不利者，仅书吏耳。即见制台留朱公，亦造福一邑不小。诸弟皆宜极力助父大人办成此事。惟损银弥亏则不宜操之太急，须人人愿捐乃可。若稍有勒派，则好义之事反为厉民之举。将来或翻为书吏所藉口，必且串通劣绅，仍还包征包解之故智，万不可不预防也。

梁侍御处银二百，月内必送去。凌宅之二百，亦已兑去。

公车来兑六七十金，为送亲族之用，亦必不可缓。但京寓近极艰窘，此外不可再兑也。邑令既与我家商办公事，自不能不往还，然诸弟苟可得已，即不宜常常入署。陶、李二处，容当为书。本邑亦难保无假名请托者，澄弟宜预告之。书不详尽，余俟续县。

兄国藩手草

解读

曾国藩的六弟国华，向来被曾国藩视为天资极高的孩子。曾国藩力主劝学，对国华更是照顾有加，怎奈曾国华自己不争气，不仅不常反思科举失利的原因，而且还特别喜欢抱怨。每日里牢骚满腹，却不踏实为学，连自称有点笨的大哥也对他有些看不下去了。所以，在这一年乡试的惨败之后，曾国藩写信给家中，特别批评了六弟这种怨天尤人的习性，认为这是为人之最大障碍。人做事情，若不拿出点踏实、勤奋的劲头，只想着天上掉馅饼，那便是最愚蠢的行为。可惜，曾国藩的一番劝诫，国华并未全部听进去。但是，因为曾国藩的严厉，两兄弟间也产生了一点间隙。后来国华因抗击太平军，殒命三河镇，曾国藩得知后悲恸不已，同时也对之前批评国华过于严苛，感到深深的自责。这便是本封信的第一部分所谈到的事情。

但是，在这封信中最重要的，并不是曾国藩批评六弟，而是就之前所提到的乡绅被拉去捐款填亏空之事，曾国藩一语道破玄机，指出政府的亏空不是因为百姓不交粮，也不是因为知县贪污腐败，而是因为"书吏"从中作梗，由此牵涉出了晚清政局中最为贪污、最为恶劣的书吏阶层。通过这封信，我们也能窥见晚清社会惩治腐败的困境，从而理解为何道光帝的腐败治理最终流于形式。

今人称官吏，往往并举，但实际上，"官"和"吏"分属于两个不同的治理体系之中。以清代为例，官员都是通过科举考试而获得职位的士大夫阶层，这个阶层的人，是国家所认可的权力掌控者和社会治理者，用今天的话说，便是属于公务员阶层。所以，官员要有官员的品性，有官员的操守，官员行为不端，会受到弹劾和查处。虽然官员中也有贪污、渎职之人，但是整个官僚阶层中，还是不乏深受儒家仁义观念浸染的儒臣。他们严于律己，恭谨而行，在地方上进行治理时，也尽量想以道义为先。但是，清代还有另一个庞大的社会治理体系的承担阶层，那就是"吏"。吏原本的意思是治人者，但是他没有品阶，主要进行实际的治理工作。处于下层的吏被称为"差役"，略能识字、读书的吏，可以协助地方官员进行治理，他们常常在官员面前垂手侍立，因此也被称为"书吏"。他们都是从民间招募的，并没有通过科举，也不会参加过严格的招考。吏的职位还可以继承，如果父亲曾当过书吏，那么儿子也可以继承这个职位。清朝的官员是由中央选派的，所以各个地方的地方官，大多来自于其他的地方。他们对一个地方的具体情况并不熟悉，所以每到一地，首先要与书吏结成联盟。书吏就相当于地方官在当地的探路石。但是，由于书吏是土生土长的"地头蛇"，他们已经在当地有了多年的经营经验，因此形成了错综复杂的关系网络，官员们不了解实情，往往被书吏们"忽悠"得团团乱转。

曾国藩家乡县府亏空，实则就是书吏从中作梗的结果。他们一方面仗势欺人，压榨百姓；一方面瞒天过海，欺瞒官员。然后自己结成复杂的利益网络，从中榨取利润。县府亏空，则无力进行治理，如剿匪、赈灾，皆难以展开；百姓贫瘠，则对上多生怨恨，如饥荒、疾病，都可能导致激烈的社会矛盾。书吏犹如底层社会中的蛀虫，与劣绅们狼狈为奸，包征包解，中饱私囊，却伤害了一个社会结构的内在肌理。

　　清廷治理腐败，却无法在制度上加以改善。书吏之害，就坏在权力的滥用上。书吏本是低于官员一层的治理阶层，却在实际上比地方官还要威风。他们不受权力的限制和监督，任意妄为，最终导致了民间权力结构的底部被侵蚀殆尽。更为恶劣的是，书吏的行径造成了恶劣的文化氛围。百姓自此对官府不再有信任感，对制度不再有信任感，人人自危，在毫无安全感的社会中生活，便难免生出激进的想法。

　　曾国藩在家书中一再强调，征捐之事不可草率，怕的就是征捐最终导致对老百姓生活的剥削，从而激化官府与百姓之间的矛盾，造成更为严重的社会危机。

　　今日再读曾国藩的这封家书，不免醍醐灌顶。限制权力是杜绝腐败最好的办法，尤其是对于直接与百姓打交道的公职人员而言，他们代表着政府的形象与态度。每一次民间社会中小的公务争端，都有可能促成一次民众对公权力的质疑。当质疑多了，便成了失望，当失望多了，则可能会导向消极的一面。因此，实际的社会治理中，每一个拥有和实践公权力的人，哪怕只是小小的办事员，都要有强烈的责任感与使命感。这便是曾国藩在官吏之争中所带给我们的启示。

第十二篇　为官之道

咸丰七年丁巳岁
十二月二十一日（1858）

原文

沅浦九弟左右：

十九日亮一等归，接展来函，具悉一切。

临江克复，从此吉安当易为力，弟黾勉为之。大约明春可复吉郡，明夏可复抚、建。凡兄所未了之事，弟能为我了之，则余之愧憾可稍减矣。

余前在江西，所以郁郁不得意者：第一不能干预民事，有剥民之权，无泽民之位，满腹诚心无处施展；第二不能接见官员，凡省中文武官僚晋接有稽①，语言有察；第三不能联络绅士，凡绅士与我营款惬，则或因而获咎。坐是数者，方寸郁郁，无以自伸。然此只坐不宜驻扎省垣，故生出许多烦恼耳。弟今不驻省城，除接见官员一事，无庸议外，至爱民、联绅二端皆可实心求之。现在饷项颇充，凡抽厘劝损，决计停之。兵勇扰民，严行禁之，则吾夙昔爱民之诚心，弟可为我宣达一二。

吾在江西，各绅士为我劝捐八九十万，未能为江西除贼安

---

① 晋接：进见，接见。稽：考核。晋接有稽：指接见、考核官员。

民。今年丁忧，奔丧太快，若恝然①弃去，置绅士于不顾者，此余之所悔也（若少迟数日，与诸绅往复书问乃妥）。弟当为余弥缝此阙。每与绅士书札还，或接见畅谈，具言江绅待家兄甚厚，家兄抱愧甚深等语。就中如刘仰素、甘子大二人，余尤对之有愧。刘系余请之带水师，三年辛苦，战功日著，渠不负吾之知，而余不克始终与共患难。甘系余请之管粮台，委曲成全，劳怨兼任，而余以丁忧遽归，未能为渠料理前程。此二人皆余所惭对，弟为我救正而补苴之。

余在外数年，吃亏受气，实亦不少，他无所惭，独惭对江西绅士。此日内省躬责己之一端耳。弟此次在营，境遇颇好，不可再有牢骚之气，心平志和，以迓②天休③。至嘱至嘱。

承寄回银二百两收到。今冬收外间银数百，而家用犹不甚充裕，然后知往岁余之不寄银回家，不孝之罪，上通于天矣。

四宅大小平安。余日内心绪少佳，夜不成寐，盖由心血积亏，水不养肝之故，春来当好为调理。

解读

曾国藩在江西留下了人生中最多的遗憾，他率湘军以抗太平军，却始终不得江西地方官员的协助，处处掣肘，最终战事胜负参半，自身受尽凌辱。而另一方面，他在江西又得益于本地乡绅的诸多帮助，这些乡绅在帮助了他之后，却又遭到官方

---

① 恝然：漠不关心的样子。
② 迓：音 yà，迎接。
③ 天休：天赐的德泽。

的压力，而曾国藩因赶回家中奔丧，也未能与帮助过他的乡绅道别、致谢，因此自责不已，久久不可平复。这封信是曾国荃至江西后，曾国藩写给他的，其中最重要的一件事就是拜托九弟帮他答谢江西的乡绅，以弥补自己的过错。从这一点上来看，曾国藩这种知恩图报的精神，也成为他一生多得贵人相助、幕僚相扶的重要原因。

除此之外，在这封信中还有一点至关重要，那就是曾国藩通过对自己在江西遭遇的回忆，倾诉了自己所认为的儒臣的为官之道。自汉代以来，儒学成为传统社会的主流精神，汉人选拔官员，以察举制为主，就是要选拔德行兼备的人才。到了隋唐时期，科举制度逐渐兴起，儒家知识分子可以通过考试进入官僚体系之中，成为或大或小的官员，履行治理社会、管理国家的职责，实现自己内圣而外王的个人理想。这些都是儒者成为官员的重要途径。到了明清时代，科举制度越发严格，为了更公平地选拔人才，八股文应运而生，起初它只是为了评卷的客观性；但是到了后期，人人只学八股文来应试，却不再钻研儒家经义，儒学的精神渐渐失去其活泼的生命力，科举考试所选拔出来的人才，其中也不乏一些只知道考试，却不懂得儒学真精神的假儒生。于是，在那个年代，既能通过科举考试，熟练掌握八股文，又能够以原儒精神督促自身，以儒者理想践行天下的官员，就显得尤为可贵。而曾国藩恰是这样的一位官员。

所以，在这封信中，他提到了他对官员之道的三个理解。

第一，做官应以百姓为本。荀子曾将百姓比喻为水，将社稷比喻为舟，说"水则载舟，水则覆舟"，以百姓作为江山社稷之本。这一重要的民本思想就成了儒家王道政治的核心理念。

好的政治一定是天下为公的，是要以百姓的生存、幸福为首要的出发点的。然而，这种民本的精神，自明代以来开始被逐渐强化的君主专制所戕害。兼有"圣贤、豪杰、盗贼之性"的明太祖朱元璋，对《孟子》一书中所提倡的"民本思想""臣道观念"，感到十分不安，于是下令翰林学士刘三吾对其中不利于皇权的句子进行裁剪，最终删掉了八十余条《孟子》原文，最后名为《孟子节文》。虽然这一做法在当时遭到了士大夫阶层的强烈抗议，可是明太祖还是一意孤行，以删减过的《孟子节文》作为科举考试的"指定用书"，以期维系自己的统治。无怪乎到了明末清初，一代大儒黄宗羲在他的《明夷待访录》中，对愈发集中的皇权进行了猛烈的抨击。批评皇权乃是"以我之大私为天下之大公"，实际上则变成了"天下之大害"。好在尽管明太祖删了《孟子》一书中的若干语录，但是儒家以民为本的政治理想并未因此被消灭殆尽。曾国藩在书信中说，他在江西最不痛快的第一件事，就是不能够为民做事，因为他只有剥削百姓的权力，却没有福泽百姓的权力。这种尴尬的处境，说到底是因为曾国藩在江西时没有实权。他想做一些对百姓有利的事情，可是官员根本不允许，甚至还从中作梗。如此一来，他虽看到百姓生活之艰，却无能为力，实在是郁郁不得意的首要因素。

第二，关于选官。作过学政的曾国藩，对于官员的选拔是极为重视的。一个国家的治理，最重要的一件事就是选拔官员。官员的良莠，直接影响到一个国家的政治环境。但是，在江西的官场他根本没有机会去接见官员。当地巡抚将人才都笼络在自己身边，曾国藩想选拔一些优秀人才，去考察他们处理政事的能力，平时的言谈、德性，可是都没有丝毫的机会。这等于是将这位京官架空了。不能选拔官员，就不能组织起一支有效的管理团队，官员不仅要为民做事，还要为国选拔人才。此二事皆不能做，可想而知，曾国藩的心中有多么愤懑。

第三，关于联络士绅。正如前文所述，乡绅是传统社会治理结构中最为关键的一环。曾国藩去江西操练湘军，要有财力、物力和人力，然而凭他一己之力，是无论如何也不可能筹措起这些资源的。他唯有依靠当地的乡绅对他的帮助。但是，江西官场整体与他对抗，让乡绅们也无法接近这位朝廷大员。一方面，朝廷对于湘军的政策是"就地筹饷"，曾国藩必须完成这项不可能完成的使命；另一方面，江西官员百般刁难，甚至有主动帮助过曾国藩的乡绅，却因此遭到了官府的诬陷。如此种种，怎能不令一心忠君报国的曾国藩感到激愤不已？

但是，从以上三点中，我们也可以发现曾国藩为官的根本原则。其一，在以民为本的根本核心；其二，在选拔官员的人才储备；其三，在团结乡绅的治理之道。以此三者为一个整体，正是把握住了传统社会治理的最关键的三点。民是政治的主体，更是良好政治的目的所在，因此，以民为本就是掌握了正道的政治途径。而官员和乡绅，前者提供了社会治理的人才，后者提供了社会治理的资源。二者配合，相得益彰，自是社会治理的有效组合。

可惜的是，曾国藩的政治之道，在晚清只被几位有德性的官员所践行了，但对于整个清王朝而言，却未能发挥极大的作用。他在他的时代，可以拯救清廷不被太平天国所灭，却不能以他留下的遗产，挽救清王朝的命运。由此可见，每个时代，都会出现难能可贵的人才；但是每个时代的问题，最终并不能由一二人才所解决。晚清所处，乃三千年未有之大变局。曾国藩身后，是日益激荡的中西冲突、古今之争，是传统与现代的对抗，是皇权与民权的抗争，是传统君主国家与现代民族国家的抗争。曾国藩的政治智慧，便在这样的历史狂潮中，被吞没了。

治军卷

题解

儒家的气质，给人的第一印象是"温良恭俭让"的翩翩君子。这种柔弱的形象，总是令人忘记儒者的担当实乃是"三军可夺帅也，匹夫不可夺志也"的英勇。在孔门七十二贤中，就有子路以勇为典范，这说明儒者并不只是文弱的书生。但是，对于战争，对于杀戮，儒家始终保持着克制的冷静和隐忍。《左传》中曾说过："国之大事，在祀与戎。"一个国家的立国大事，就在于祭祀与战争。前者关系到国家内部的凝聚力；后者关乎国家存亡兴衰的实力。可见，军事之于国家的重要意义。也恰是因为军事力量如此重要，所以何时用兵、如何用兵是杀伐决断的难事。孔子以六艺教弟子，其中就包含军事的思想，而他本人对于战争的拒斥，很大程度上源于对战争所造成的杀伐伤害的批判。但是，儒者自孔子起，就绝非纸上谈兵之人。孔子讲"足兵"，是说国家的军备一定要充分，这是面对战争未雨绸缪的谋略。但孔子也说"慎战"，"子之所慎，齐、战、疾"，战争如果可以避免，是最好不过的事情。但如果实在无法避免，也应有"临事而惧，好谋而成"的谨慎与智慧。而孔子在列国的经历，更是说明了儒家不仅讲仁德，对于军事也有着自己独到的认识。

儒家对于战争、军事的这种认识，凝炼为孟子的大丈夫的"浩然之气"，成为历代儒者舍身沙场、精忠报国的精神追求。明代鸿儒王阳明，就是一位既具有极高军事才能，又开创了心学的儒学宗师。另一位可与之比肩的，便是曾国藩了。曾国藩未曾习武，亦未讲求过兵法。然而，他以文官身份，操练湘军，对抗太平天国，最终扑灭太平军的起义，为清廷立下汗马功劳，不得不令人对其军事才华感到佩服。然而，在战争中，曾国藩亦有冷静，甚至冷血的一面，他在对太平军的屠戮中，获得了"曾剃头"一名，令人闻之，也不免胆寒。为了维护清廷的统治,曾国藩并未从深层次上去追究太平军起义的原因,而将此动乱简单地归结为对政权的不满,也从一方面反映出曾国藩的时代局限性。虽然,作为一代湘军统帅,他表现出了令人惊叹的军事才华;而他之所以能最终战胜太平军,很大程度上得益于这位湘军统帅的个人德性。梁启超为此评价曾国藩:"要其何以成,何以败?曰:有毅力者成,反是者败。"更以曾国藩为典范,鼓励国人以百折不挠之精神,进行国家的改革。在这些曾国藩于军中写给家人的书信中,我们亦可以再次感受到这位晚清重臣的侠肝义胆。

第一篇　操练湘军

咸丰二年壬子岁
十二月二十五日（1853）

原文

牧云仁兄大人足下：

前信写就，正拟专人送至省城，请张抚台代为发折，十五夜接张抚台来信二件，知武昌失守，不胜骇叹。郭云仙于十五夜来我家，劝我到省帮办团练等事。弟以湖北失守，关系甚大，又恐长沙人心惶惧，理宜出而保护桑梓①，即于十七日由家起行，二十一日抵省。先以稽查城内土匪奸细为要务，其次则勤于操练。江岷樵所带之壮勇二千，甚为可恃，即留于长沙防守。弟又招湘乡壮勇千名，亦颇有纪律，若日日操练，可期得力。现在大股业已顺长江而下，只怕分股回窜，不得不严为防备。幸张抚台至明决，勇于任事，乡绅亦多信吾之言，或可办理得宜，京中全家，不必挂心。

湖北既失守，则道途必多盗贼，家眷不宜出京。望兄辛苦照料一切，不胜感激。若冯树堂来京，一切与之商议，必甚妥叶。书不能详，诸惟心照。

---

① 桑梓：比喻父母之邦，即家乡。

解读

　　湘军的源头，其实是民间自发组织的团练。根据清代人彭洋中的《湘勇源流记》记载，最早的团练起于道光年间。到了咸丰二年（1852），各地盗贼猖獗，曾国藩的父亲曾麟书和他的大弟弟曾国潢也开始操练团练，招募当地百姓组成武装力量，协助官府剿匪。

　　但是，令湘军没有想到的是，1850年，在偏远的广西金田村，一场由洪秀全、杨秀清、石达开等人组织和发起的太平天国起义正在步步逼近。咸丰二年，即1852年，太平军一路北上，并在当年五月开始攻打湖南。而正是在这一年，曾国藩正经历着丧母之痛。他获得朝廷应允，匆忙赶回家乡处理母亲的丧礼，未过半年遭遇太平天国入湘侵扰。本着保护家乡的初衷，曾国藩于悲痛中答应操练湘军，由此拉开了他个人行军作战的序幕，同时也拉开了湘军与太平军长达十余年的对抗。

　　这场湘军与太平军的战事，改变了整个清王朝的运势与走向，同时亦改变了中国的历史脉络。太平天国从政治、经济、文化、宗教等诸多方面，都对传统中国的主流价值发起了挑战，而战火所及之处，更是民不聊生、哀鸿遍野。无论是太平天国还是清王朝，都为这场战争付出了惨重的代价；而更悲惨的是，在战争中所殒命的百姓、被烧毁的村庄不计其数。但是，另一方面，曾国藩、李鸿章等人对于太平天国的打击，令汉族官员在清廷的统治阶层中，地位愈发显赫；而由太平军所带来的冲击，也使清廷开始重视西方的学说与技术，生发出了洋务运动的端绪。

　　此封信，是曾国藩操练湘军的初始，也是曾国藩军旅生涯的开启。

第二篇　用兵谨慎

咸丰三年癸丑岁
十月初四日（1853）

原文

男国藩跪禀父亲大人万福金安：

屡次接到二十三日、二十八日、二十九日、初二日手谕，敬悉一切。

男前所以招勇往江南杀贼者，以江岷樵麾下人少，必须万人一气诸将一心，而后渠可以指挥如意所向无前。故八月三十日寄书与岷樵，言陆续训练，交渠统带。此男练勇往江南之说也。王璞山因闻七月二十四日江西之役谢易四人殉难、乡勇八十人阵亡，因大发义愤，欲招湘勇二千前往两江杀贼，为易谢诸人报仇。此璞山之意也。男系为大局起见，璞山系为复仇起见；男兼招宝庆、湘乡及各州县之勇，璞山则专招湘乡一县之勇；男系添派六千人合在江西之宝勇、湘勇足成万人，概归岷樵统带；璞山则招二千人由渠统带。男与璞山大指虽同，中间亦有参差不合之处。恐家书及传言，但云招勇往江南，而其中细微分合之故，未能尽陈于大人之前也。

自九月以来，闻岷樵本县之勇皆溃散回楚，而男之初计为之一变。闻贼匪退出江西，回窜上游，攻破田镇，逼近湖北，而男之计又一变。而璞山则自前次招勇报仇之说通禀抚藩各宪，上宪皆嘉其志而壮其才。昨璞山往省,抚藩命其急招勇三千赴省救援。闻近日在涟滨开局,大招壮勇,即日晋省。器械未齐,训练未精,此则不特非男之意,亦并非璞山之初志也。事势之推移有不自知而出于此,若非人力所能自主耳。

季弟之归,乃弟之意,男不敢强留。昨奉大人手示:严切责以大义,不特弟不敢言归,男亦何敢稍存私见,使胞弟迹近规避,导诸勇以退缩之路?现今季弟仍认之不可为,且见专用本地人之有时而不可恃也。男现在专思办水战之法,拟簰与船①并用。湘潭驻扎,男与树堂亦尝熟思之。办船等事,宜离贼踪略远,恐未曾办成之际,遽尔蜂拥而来,则前功尽弃。

朱石翁已至湖北,刻难遽回。余湘勇留江西吴城者,男已专人去调矣。江岷樵闻亦已到湖北省城。谨此奉闻。男办理一切,自知谨慎,求大人不必挂心。

男谨禀

解读

为官者,有许多种类,有办事的官员,判案的官员,亦有决策的官员。但于官员中,军官最为难当。军官要行军打仗,既是拿着自己的性命征战,更身负着将士们的性命。军令如山,军令如艰。一道正确的军令,可能会扭转战争的局势;而一道错误的命令,则可能令很多人为之丧命。正因如此,指挥军队时,切忌感情用事,尤重谨慎二字。在这封信中,我们就可以

① 簰:音 pái,同"箄"字,指筏子。船:指较大的舟,比筏子大。

从曾国藩与王璞山二人的对比中，感受到曾国藩用兵的谨慎。

曾国藩在信中回复父亲，写了自己集结湘军前往江南"剿匪"的具体计划，而在这个被误解的计划中，他一一陈述了自己与王璞山之间的差异。1853年初，太平军攻克武昌，两个多月后又攻破南京，随后正式建立了与清王朝相对立的政权。而此时的清军则在江南集结，意图围攻南京。此时，曾国藩广招湘勇，奔赴江南。但是王璞山则不一样。他虽然也召集湘勇去江南，但全然出于个人私愤之因。另一个对比，出现在招兵的区域上。因为王璞山的出发点，全为复仇，所以他所招兵，皆是同一地区的勇士。这样对于复仇或是好事，因同一地区往往出自同一血脉，更易同仇敌忾，但对于战局却未必。同乡之人，往往气味相投、一呼而百应；但一人临阵脱逃，可能造成全体军心涣散。所以相比之下，曾国藩于多地招募湘勇，则显得军中力量更为均衡，既有利于团结，又有利于管理。而他召集部队奔赴江南，同样是从大局出发。

另一方面，曾国葆意图回乡，虽然遭到了父亲的劝阻（以国家大义责之），但是作为长兄的曾国藩也未免为弟弟感到忧虑。一边存着私心，想让他避祸；一边又担心他一走，影响军中士气。可见，在曾国藩看来，只用同籍同乡的人来打仗，其实并不是长久之计。而至于最后所言的练水军之事，他更是谨慎裁夺，避过了太平军，以防偷袭。

由此观之，虽是初入军营，操练湘军，但曾国藩谨慎的个性已经帮助他对战势有了全面深入的分析，对练兵有了全局的规划。孙子曰："兵者，国之大事，死生之地，存亡之道，不可不察也。"而曾国藩正是通过谨慎的观察，全局布控，才最终获得了战争的胜利。此信于谋略之道，尤为重要。

第三篇　练兵之法

咸丰四年甲寅岁
三月二十五日（1854）

原文

男国藩跪禀父亲大人万福金安：

二十二日接到十九日慈谕，训诫军中要务数条，谨一一禀复：

一、营中吃饭宜早，此一定不易之理。本朝圣圣相承，神明寿考，即系早起能振刷精神之故。即现在粤匪暴乱，为神人所共怒，而其行军，亦是四更吃饭，五更起行。男营中起太晏①、吃饭太晏，是一大坏事。营规振刷不起，即是此咎。自接慈谕后，男每日于放明炮时起来，黎明看各营操演。而吃饭仍晏，实难骤改。当徐徐改作天明吃饭，未知能做得到否。

二、扎营一事，男每苦口教各营官，又下札教之，言筑墙须八尺高，三尺厚；濠沟须八尺宽，六尺深；墙内有内濠一道，墙外有外濠二道或三道；濠内须密钉竹签云云，各营官总不能遵行。季弟于此等事尤不肯认真。男亦太宽，故各营不甚听话。岳州之溃败，即系因未能扎营之故，嗣后当严戒各营也。

---

①　晏：迟，晚。

三、调军出战,不可太散,慈谕所诫,极为详明。昨在岳州,胡林翼已先至平江,通城屡禀来岳请兵救援,是以于初五日遣塔、周继往。其岳州城内王璞山有勇二千四百,朱石樵有六百,男三营有一千七百,以为可保无虞矣,不谓璞山至羊楼司一败,而初十开仗,仅男三营与朱石樵之六百人,合共不满二千人,而贼至三万之多,是以致败。此后不敢分散。然即合为一气,而我军仅五千人,贼尚多至六七倍,拟添募陆勇万人,乃足以供分布耳。

四、破贼阵法,平日男训诫极多,兼画图训诸营官。二月十三日,男亲画贼之莲花抄尾阵,寄交璞山,璞山并不回信;寄交季弟,季弟回信言贼了无伎俩,并无所谓抄尾阵;寄交杨名声、邹寿璋等,回信言当留心。慈训言当用常山蛇阵法,必须极熟极精之兵勇乃能如此。昨日岳州之败,贼并未用抄尾法,交手不过一个时辰,即纷纷奔退,若使贼用抄尾法,则我兵更胆怯矣。若兵勇无胆无艺,任凭好阵法,他也不管,临阵总是奔回,实可痛恨。

五、拿获形迹可疑之人,以后必严办之,断不姑息。

以上各条,谨一一禀复,再求慈训。

男谨禀

解读

初入军营,曾国藩已没有熟悉、学习的机会,而是要迅速地投入战斗。但是,太平军来势凶猛,曾国藩部队一再被克,曾麟书去信给长子,教导练兵要法。这封信就是曾国藩在受到父亲教导后的回信,从中我们可以看到曾国藩早期的军事思想。

第一，军纪严明。军纪严明关乎整个部队的士气。所以曾国藩以严格的要求，来规定起床、早餐的时间。军队的早起，意义在于振刷精神。以严格的军纪来规定起床时间，才有可能使兵勇们形成自觉，以奋勇的姿态，上阵杀敌。另外，他还对太平军的起居时间进行了考察。

第二，后勤齐备。行军打仗，自然少不了安营扎寨。曾国藩对于营地有严格的规定，筑墙、壕沟均要达到一定的高度和深度，而在外围要有外壕，内围有内壕，更重要的是在壕内要安装密密麻麻的竹签作为机关。曾国藩为推广此举，亲自写札记教导营官，但是，却未能扭转后勤上的疏漏。后来岳州战败，也让曾国藩悟到后勤扎营之重要。因此，也将此条定为军事必备。

第三，集团作战。湘军因为是首创，所以在人员数量上大大不敌太平军。曾国藩、朱石樵、王璞山各有自己的一支湘军，虽然各队人数均不多，但合并起来总还可以抵抗一阵子太平军的进犯。可惜，三支部队未能集结，最终均在寡不敌众的情况下失败。这件事给了曾国藩很大教训，令其知道部队应集团作战，尤其是在人数差距很大的情况下，更不能以寡应敌众。这也算得上是曾国藩在战争过程中新产生的军事思想。

第四，应敌有方。曾国藩为破敌，绘出了太平军所采用的"莲花抄尾阵"。可是这个想法却不被其他将领接受，曾国葆更是回信称，太平军哪有什么阵法，不必担心。可是，岳州之败，让曾国藩痛感军队散漫，交手还没有两个小时，自己的部队就被打得四散溃逃，即使敌军当时尚未用任何阵法。这令曾国藩更为担忧：自己的部队既没有胆识，也没有能力，就算有再好的阵法，这种临阵脱逃也实在让人恼火。这让他感到平时操练与真正的开战,差距很大,还需要很多训练,才能令兵勇们应敌有方,才不至于敌军压近,便四散逃跑。

第五,对于形迹可疑的人,一定要严办,绝不姑息。

以上五点,都是曾国藩在湘军的实践中体会和总结出来的。作为一名将领,要做到用兵如神,只能是从一次又一次的对垒中,汲取经验。曾国藩善于反思、总结的修身功夫,在这里帮助他迅速成长为一名优秀的军事将领。

第四篇　宦途之艰

咸丰四年甲寅岁
十一月二十七日（1854）

原文

诸位贤弟足下：

前信已封,而春二、维五于二十五日到营,接奉父大人手谕及诸弟信件,敬悉一切。

曾祖生以本境练团派费之事,而必求救于百里之外,以图免出费资,其居心不甚良善。刘东屏先生接得父大人手书,此等小事,何难一笑释之,而必展转辨论,拂大人之意？在寻常人尚不能无介介于中,况大人兼三达尊而又重以世交？言不见信,焉能不介怀耶？望诸弟曲慰父大人之意,大度含容,以颐天和,庶使游子在外得以安心治事。所有来往信件,谨遵父大人谕,即行寄还。

吾自服官及近年办理军务，中心常多郁屈不平之端，每效母亲大人指腹示儿女曰"此中蓄积多少闲气，无处发泄"。其往年诸事不及尽知，今年二月在省城河下，凡我所带之兵勇仆从人等，每次上城，必遭毒骂痛打，此四弟、季弟所亲见者。谤怨沸腾、万口嘲讥，此四弟、季弟所亲闻者。自四月以后两弟不在此，景况更有令人难堪者。吾惟忍辱包羞，屈心抑志，以求军事之万有一济。现虽屡获大胜，而愈办愈难，动辄招尤。倘赖圣主如天之福，歼灭此贼，吾实不愿久居官场，自取烦恼。四弟自去冬以来，亦屡遭求全之毁、訾来之谤，几于身无完肤。想宦途风味，亦深知之而深畏之矣。而温弟、季弟来书，常以保举一事疑我之有吝于四弟者，是亦不谅兄之苦衷也。

甲三从师一事，吾接九弟信，辞气甚坚，即请研生兄，以书聘之。今尚未接回信，然业令其世兄两次以家信催之，断不可更有变局。学堂以古老坪为妥。研兄居马圫铺乡中，亦山林寒苦之士，决无官场习气，尽可放心。至甲三读书，天分本低，若再以全力学八股、试帖，则他项学业必全荒废。吾决计不令其学作八股也。

曾兆安、欧阳钰皆已保举教官，日内想可奉旨。

解读

1853年初，曾国藩开始操练湘军；至1854年，湘军人数倍增，胜利的战役也越来越多，但曾国藩对留在军营中的生活却感到无比沮丧。这封信便是他对几位弟弟大吐宦场弥艰的苦水之信。

事情还要从曾国藩率部驻扎江西说起，亦有说这是曾国藩一生中所受屈辱最重的一段时间。曾国藩回乡奔丧，临危受命，操练湘军，其实得到的不过是咸丰皇帝的虚职而已。换言之，这个虚职，虽然官阶与当地地方官平级，但却没有实权，军政大事不只打仗那么简单，还需要粮草、军备、人员等等。但是，曾国藩并无实权，这些事情均只能靠个人去筹措。以至于他不得不为"饷项已空，无从设法。艰难之状，不知所终！人心之坏，又处处使人寒心"而肝火郁结。可见，初到江西的曾国藩不仅要应付日益吃紧的战事，身后还有一大堆的烦恼。

要说曾国藩在江西的遭遇，正如在信中所言，他带的人连登城门，都会遭到辱骂和殴打，而周围的诽谤、埋怨、讥讽更是层出不穷。这除了他得到的只是一个名头，而没有实权外，更重要的还是曾国藩想做好自己的事，认真抗击太平军。而这种一心为君、勤恳做事的态度，在晚清早已腐败的官场，显得格格不入。首先是江西巡抚陈启迈毫无军事智慧，不懂用兵。曾国藩只得抗命。然而这一举动却惹恼了整个江西官场。于是，做事情处处受到掣肘，举步维艰。

在如此艰难的情况之下，曾国藩并未拂袖而去。要说在官场数年，他并非不明白为何沦落到如此境地。他能向皇帝请命，获得实权吗？当然不能！尽管咸丰帝刚刚登基时，他曾直言相谏，然而皇帝毕竟是皇帝，何况他还是清朝的皇帝。作为汉族官员的他，如今手中持有军队、粮草，皇帝怎可能再放权给他，皇帝的狐疑是不会让他真正获得实权的。他能向地方官员低头认错吗？当然可以。向地方官员讨好，迎合不知用兵的巡抚，或许就不至于遭受如此对待。但是，曾国藩忠诚、耿直的个性不会允许自己这样做。他所能做的，就只有"忍"。然而，这忍，并非毫无目标的隐忍。他在心中忍辱包羞、屈心抑志，但在行动上积极主动、运筹帷幄。虽然事情愈发艰难，但心中仍秉持着要打败太平军的信念。

尽管委屈、尽管艰难，但曾国藩仍旧不失其志。虽然他向弟弟们大吐苦水，但是在信的最后，他依然表示要在完成使命后，才退出官场。同时还劝曾国荃也要在面对质疑时，保持心态的平和。如此气度，方显出一代名臣的风骨。而在逆境中韬光养晦，亦是这封信所透露出的智慧。

第五篇　内湖养兵

咸丰五年乙卯岁
三月二十日（1855）　江西省河七里港舟中书

原文

澄侯、温甫、子植、季洪四弟足下：

久未接家信，想堂上大人安康，家中老幼清吉为慰。

自北省再陷，兄处一军，反在下游进退两难。在内湖之水师，兄在江西驻扎两月，造船添勇，已有头绪。现在船近二百号，勇逾三千人，认真操练，可成劲旅。兄于十三日出省登舟。郭云仙于十六日到营，曾莘田、易敬臣兄弟于十五日到营，罗芸皋于初旬到营。事机不顺而来者偏众，可见乡间穷苦也。阳凌云初间归去，余送途费八两。魏荫亭尚未归。塔军门尚扎九江。罗山于初十日进剿广信、饶州之贼。李次青忽然高兴带勇，于十一日起行赴南康府，实非所长也。

余办内湖水师，即以鄱阳湖为巢穴。间或出江剿贼，亦不过三分之一与贼鏖战。剿上游，则在九江、武穴、田镇等处游绎（不出湖口二百里之内）。利则久战，不利则退回鄱湖巢穴之内。剿下游，则在彭泽、望江、安庆等处游绎，亦不出湖口二百里之内。利则久战，不利则亦退鄱湖巢穴之内。如此办理，则上游武汉之贼与下游金陵之贼，中间江路被我兵梗阻一段，其势不能常通，亦足以制贼之命。特上游金口等处，我军战船无人统领，常不放心耳。

　　近日吾乡人心慌乱否？去年迁避，终非善策。如贼窜上游岳、常等处，谣言四起，总以安居不迁为是。季洪弟尽可不必教书，宜在家中读书。沅弟要方望溪、姚姬传文集，霞仙已代为买得，可用心细看。能阅过一遍，通加圈点，自不患不长进也。

　　纪泽儿记性极平常，不必力求背诵，但宜常看生书。讲解数遍，自然有益。八股文、试帖诗皆非今日之急务，尽可不看不作。史鉴略熟，宜因而加功，看朱子《纲目》一遍为要。纪鸿儿亦不必读八股文，徒费时日，实无益也。修身齐家之道，无过陈文恭公《五种遗规》一书，诸弟与儿侄辈皆宜常常阅看。

　　吾夏季衣服有在家者，可交来人即日送营，特袍褂不宜带来，余皆可送也。诸不一一，惟祈心照。

解读

　　曾国藩指挥湘军，对太平天国的军队进行抗击，初期战况并不顺利。咸丰四年（1854）冬，太平军石达开临危受命，一举夺回了之前由湘军攻下的湖口、九江，使湘军遭遇重创，损失船只七八十艘。这对于曾国藩无疑是沉重的一击。

咸丰五年（1855），曾国藩守住江西其余地方，重新开始筹措资金、建造船只、召集湘勇。这封写于三月船中的信，真实地反映了曾国藩率领湘军严守鄱阳湖的策略，从中也可窥见曾国藩的军事才能。鄱阳湖处江西北部，松门山西北的北湖被称为西鄱阳，实则是一道地势狭窄的长江运河。松门山东的南湖被称为南鄱阳，是宽阔的鄱阳湖主体。江西因为与六省交界，地理位置十分特殊，成为太平军与湘军争执不下之地。因之前的战事失利，曾国藩已无法大举进攻，只能盘踞鄱阳湖，等待时机再次出击。所以，他在家信中说道，他以内湖为主。据守鄱阳湖内湖，对太平军展开游击战，且每次都不用全部兵力，而只是派出三分之一的力量。其实，经历了前一年的困境，此时的湘军元气大伤，尽管曾国藩有一系列举措，但是就军队内部的力量来看，还是处于兵力涣散、军纪紊乱、战斗力薄弱的阶段。他这样的做法，也只能是应势而为。在攻击的策略上，他选择的是"利则久战，不利则退"的办法，因为鄱阳湖是天然的避风港，因此进退较为自由。形势利于湘军时，就多打一会，能剿灭多少敌方力量是多少；形势不利时，就以守为攻，退回来养精蓄锐。这种游击做法，不失为曾国藩的军事智慧。

毛泽东曾以曾国藩为榜样，在红军四渡赤水的战役中，他也是在己方力量很薄弱的情况下，以赤水河为有利地形，迂回辗转，摆脱了国民党军队的追击。这一战役毛泽东曾评价为平生最得意之作。而曾国藩内湖养兵，也算得上是湘军蓄积力量的得意之作了。

第六篇　非战之论

咸丰五年乙卯岁
七月初八日（1855）

原文

澄侯、温甫、子植、季洪四位老弟左右：

刘朝相来营，得植弟手书，具悉一切。

内湖水师自六月十五日开仗后，至今平安。本拟令李次青带平江勇渡鄱湖之东，与水师会攻湖口，奈自六月底至今，十日大风，不克东渡。初四日风力稍息，平勇登舟。甫经解缆，狂飙大作，旋即折回。弁勇衣被帐棚，寸缕皆湿。天意茫茫，正未可知。不知湖口之贼运数不宜遽灭乎？抑此勇渡湖宜致败挫，故持阻其行以保全此军乎？现拟俟月半后请塔军渡湖会剿。

罗山进攻义宁，闻初四日可至界上，初五六日当可开仗。湖南三面用兵，骆中丞请罗山带兵回湘，业经上奏。如义宁能攻破，恐罗山须回湖南保全桑梓，则此间又少一劲旅矣。内湖水师船炮俱精，特少得力营官，现调彭雪琴来江，当有起色。

盐务充饷，是一大好事，惟浙中官商，多思专利。邵位西来江会议，已有头绪，不知渠回浙后，彼中在事人能允行否？舍此一筹，则饷源已竭，实有坐困之势。

东安土匪，不知近日如何？若不犯邵阳界，则吾邑尚可不至震惊。带兵之事，千难万难。澄弟带勇至衡阳，温弟带勇至新桥，幸托平安，嗣后总以不带勇为妙。吾阅历二年，知此中构怨之事、造孽之端不一而足，恨不得与诸弟当面一一述之也。诸弟在家，侍奉父亲，和睦族党，尽其力之所能为，至于练团带勇，却不宜。澄弟在外已久，谅知吾言之具有苦衷也。

宽二弟去年下世，未寄奠分，至今歉然于心。兹付回银贰拾两，为宽二弟奠金，望送交任尊叔夫妇手收。

植弟前信言身体不健。吾谓读书不求强记，此亦养身之道。凡求强记者，尚有好名之心横亘于方寸，故愈不能记；若全无名心，记亦可，不记亦可，此心宽然无累，反觉安舒，或反能记一二处，亦未可知。此余阅历语也，植弟试一体验行之。余不一一，即问近安。

解读

孟子曾经说过："《春秋》无义战。"批评了春秋以来，各国为逐利而相互征伐的战争局面，表达了儒家对于战争的基本立场——是否基于"义"的原则。若是以此原则观之，不难发现湘军与太平军之间的对抗，也绝非义战，不论其间多少私利、多少杀伐，都注定了战争带给老百姓的，只有更为艰苦的生活和受到严重威胁的生命安全。

也恰是因为如此，儒家对战争的态度是审慎而严谨的。曾国藩在这封信中，也流露出了这样一种对战争的态度。他在论述了内湖水师的近况后，向弟弟们询问东安地区"土匪"的情况。在他看来，如果这些"匪患"并没有影响到邵阳地区的百姓，那么对于家乡的人而言，自然也就不必惊恐。这倒不是对此毫无戒备，而是因为带兵"剿匪"的事情，实在是千难万难。家中已有国荃、国华领军打仗，理当知道领军打仗是一件极为造孽之事。

即便是军人，心中仍应有仁义之心。儒家的文化是讲求和而不同、天下大同的中庸文化，它绝不会认可以杀戮、戕害仁义为准的战争行为。然而，当战争是不得已而为之时，也不应忘记仁的本性，不能将杀伐、征讨视为平常之事。在《中庸》中，子路曾向孔子询问什么是真正的强，孔子以南方之强、北方之强分别予以回答，最终说：君子和而不流，中立而不倚。国有道时，不改变自己的志向；国无道时，能在黑暗中坚守。这才是君子的"强"。这种强大，就是要坚持道德原则，之后才可以谈战争。

　　曾国藩对战争的反对态度，使他对留在家中的两位弟弟，感谢不已。他明确地劝阻两位弟弟参加团练，其实这是对他们身心的一种保护。没有战争，就没有牺牲，没有流血，没有残杀。人们只有在没有战争的环境中，才可能和谐相处。所以他要求两位弟弟在家中做好孝顺父亲、和睦族党的事情。只有这样，才可能从根本上避免战争，也避免进入官场之后的人，非要做一些不得已而为之的差事。

第七篇　治军如家

咸丰六年丙辰岁
九月初十日（1856）　瑞州营次

原文

澄侯、沅浦、季洪三弟左右：

　　九月初二日刘一来江西，奉父亲大人、叔父大人手谕，敬悉家中平安。而澄弟在永丰，沅弟在省，季弟居稍远，均无安信，纪泽儿亦未写信，殊不可解。自瑞、临道梗，不通音问者已八阅月。此次刘一等回家，纪泽应惊喜异常，写详禀以告家中之琐事，以安余之心，即今年新婚一节，亦应将喜事之首尾、新妇之贤否缕晰禀告，何竟无一字上陈耶？嗣后每次长夫来营，纪泽必写详禀一封，细述家中及亲邻之琐事，并陈己身及诸弟之学业，每次以一千字为率，即以此当问视之子职可也。温甫病已痊愈，眠食均皆复旧，惟脚力略软，是以尚留省城再为调养。

余于初三日自省起程，初五日到瑞州。见刘峙衡营务整肃，治全军如治一家，每日皆饭毕始近黎明，深堪佩服。普承尧宝勇营亦队伍整齐。吴竹庄彪勇现已分出进省，另剿东路广信之贼。省兵五营在瑞者，亦尚有规矩。余驻瑞数日，即行回省，令温弟来瑞也。

沅弟在长沙招勇，不知系代南坡兄办就后即交他人管带？抑系亲自统辖与周凤山并为一军乎？抑各树一帜乎？此间有凤新虎三营千七百人，周凤山之旧部也，益以渠在长沙所招之千五百人、王吉昌投效之八百人，已足自成一军，皆永州道、新宁、江西属之人，即不收王吉昌之勇，亦尚有伍化蛟等营可以合并，沅弟所招之湘勇似不必与周合。如来瑞州，则与峙衡合可也，与宝勇合亦可也；如来吉安，则须另觅一军合之。沅弟与黄南兄、夏憩兄熟商后，望专人飞速寄信来江。余俟续布。

解读

因为在军营之中，战事繁忙，曾国藩能够去信给家中的时间越来越少。但无论多么繁忙，他依旧坚持寄家信。这种生活方式，已成为曾国藩严肃、规律的生活中的规范。所以，在他的儿子曾纪泽新婚燕尔之际，竟无一信写给父亲，这还是多少有些令曾国藩失望的，所以他给儿子定下规矩，必要每次写千字的书信，陈述近况。

如果说，曾国藩对于家中弟侄、子女的要求过严，那么看到这封信便会对此有所理解。在这封信中，曾国藩主要介绍了营中的一些事情，同时提到了自己到瑞州检查营务的事情。在这其中，他特别提到"治全军如治一家"的原则。而这一原则倒过来，亦说得通，即是"治一家如治全军"。为何这么讲？第一，家庭和军队一样，都需要有强大的凝聚力和向心力，借此培养团结友爱的精神，彼此照顾、彼此关爱。这样才能形成和谐无间的氛围，才会使军营和家庭都日益强大。第二，家庭和军队一样，都需要立下规矩。所谓无规矩，不方圆。规矩，是一种大家都普遍认可的行为准则，一旦确立下来，会形成一种影响和规劝的作用。于是，该做什么，不该做什么，一目了然。这一点对家庭很重要，对军队更加重要。一支军队，若是没了规矩，则很容易陷入溃败之势。第三，家庭和军队一样，治家、治军都要用心去治。要体贴他人的心情，既要有温柔慈爱的一面，亦要有说一不二的气场。既有情，又有理，情理兼备，才可能使家族和军队形成一股强大的凝聚力。可见，这短短一句评价，透露出了曾国藩的治军之道，不可不察。

第八篇　军事多变

咸丰六年丙辰岁
十一月初七日（1856）

原文

沅浦九弟左右：

初六日俊四等至，接二十八夜来缄，具悉二十五日业经拔营，军容整肃，至以为慰。

吉安殷富，甲于江西，又得诸绅倾诚输助，军饷自可充裕。周梧冈一军同行，如有银钱，宜分多润寡，无令己肥而人独瘠。梧冈暗于大局，不能受风浪，若扎营放哨、巡更发探、打仗分枝，究系宿将，不可多得。主事匡汝谐在吉安招勇起团，冀图袭攻郡城，闻湖南援吉之师将别出一枝，起而相应。若与弟军会合，宜善待之。

袁州既克，刘、萧等军当可进攻临江，六弟与普、刘在瑞声威亦可日振。弟与夏、黄诸兄到吉安时，或宜速行抽动，或宜久顿不移，亦当相机办理。若周军与桂、茶诸军足以自立，弟率湘人助剿来江，兄弟年内相见，则余之所欣慰者也。军事变幻无常，每当危疑震撼之际，愈当澄心定虑，不可发之太骤。至要至嘱。

解读

　　领军布阵，最大的挑战就来自于战事的多变。在《孙子兵法》中记载有"九变"，所谓九变说到底就是对天时、地利、人和的准确把握。战事的三大要素，均被涵盖其中。

　　在这封信中，曾国藩与弟弟们分享了他所了解的战事的局面，看起来，他已经从最为窘迫的困境中自救了出来。但是，之前的困境也令曾国藩进行了更为深刻的反思。所以，他对弟弟们说，在军事变化无常的时期，一旦遇到了困难，必须要清净自己的本心，安定自己的思虑，之后才可能对自己的决定做出冷静的判断。这种遇变不惊的态度，实在是值得佩服，而这沉着应对的气度，仍然是需要以修身为基础才可能拥有的。

第九篇　攻守战略

咸丰六年丙辰岁
十二月二十七日（1857）

原文

沅浦九弟左右：

　　二十三日在九江接弟初八日一缄，二十六日在临口途次又接弟十三日一缄，具悉一切。

　　改民船为战船，是贼匪向来惯技。自前年水师舢板出，遂远胜贼改之船。弟营若距水次太远，似不必兼习炮船，恐用之不熟，或反资敌也。

十一日击太和援贼，尚为得手。与此贼战有两难御者：一则以多人张虚声，红衣黄旗漫山弥谷，动辄二万三四万不等，季洪岳州之败，梧冈樟树之挫，皆为人多所震眩也；一则以久战伺暇隙，我进则彼退，我退则彼又进，顽钝诡诈，揉来揉去，若生手遇之，或有破绽可伺，则彼必乘隙而入，次青在抚州诸战是也。二者皆难于拒御。所幸多则不悍，悍则不多。盖贼多则中有裹胁之人，彼亦有生手，彼亦有破绽，吾转得乘隙而入矣。

告示及实收，新岁再当继寄。季高信甚明晰，以后得渠信，弟即遵而行之，自鲜疏失。余于十九日抵九江，二十五、六日自九江回吴城，二十八九可抵省城。迪庵之陆师更胜于甲寅塔、罗合军之时，厚庵水军亦超出昔年远甚，而皆能不矜不伐，可敬爱也。

袁州往返千余里，吾即不请父大人远出。若江西军事得手，明年或可奏明归觐乎？余不一一，顺贺岁喜。

再，梧冈于军中小事，尚能办理妥叶，遇有大事则无识无胆。设有探报称东路有贼数千，西路来贼数千，南北两路各数万，风声鹤唳，大波特起，则梧冈摇惑无主，必须吾弟作主也。到吉安后，专为自守之计，不为攻城之计，打数大仗后则军心民心大定，此军乃可特立也。

弟若久驻吉安，余于正月初旬即至吉安犒师，并拟请父亲大人来袁州一行。父子相离四年，或得借此一见，则弟军在吉安不遽掣动，亦一好事也。于公则吉安有一枝劲旅，筹饷较易；于私则兄可借此以谒父亲。不知弟意以为然否？如以为然，则请在彼深沟高垒，为坚不可拔之计。先为不可胜，然后伺间抵隙,以待敌之可胜。无好小利,无求速效。至要至嘱。

解读

咸丰六年(1856),太平天国攻破了清军的江南大营,解天京之围。一时间,军心大振,而各王之间也开始了夺权之争。太平天国内部的动荡,为湘军的奇袭提供了可乘之机。这封信写在是年年尾,曾国藩对太平军的作战策略有着极为精准的把握,以"知己知彼"的准确估计,向九弟陈述了如何应敌的攻守策略。

在"再"之后,是当日所发的第二封信,这两封信都是写给九弟的,且均在论述攻守策略,所以合二为一。两封信统而论之,曾国藩的制敌之道可以说以"破攻、稳守、不求速"为要。

所谓破攻,就是要瞅准敌军战斗力衰退之时,以快、准、狠的方式进行有效打击。他说,对于敌军的动向需要进行长久观察,然后抓住其缝隙,在这样的时刻,以游击的方式灵活地进攻和退守,就如同太极推手一般,相互揉来揉去,一旦遇到生手,便可以进攻。虽然这是从太平军的袭击中所获得的经验,但也恰好为湘军提供了进攻之道。

所谓稳守,就是要稳住军心,不要为敌军所派出的众多人数所迷惑。曾国藩总结出太平军习惯把民船改装成战船,一来达到迷惑敌人的目的,二来又显得参战的人数更多。有时候还会将其红衣黄旗打得满山遍野都是,看起来兵勇众多,令守军不寒而栗。面对这种敌众我寡的局面,曾国藩说一定要冷静,且不被"震眩"。太平军虽顽钝诡诈,但总会有生手、有破绽，只要能够自守，就会有机会反攻。

所谓不求速，实际上是要稳定军心。曾国藩对九弟抵达吉安后的建议是，要自守，而不为攻城。此时，九弟所带领的湘军历数次战役，已经赢得了一定的民心和军心，此时应当以休养的方式加倍稳定军心，以静制动，方能最终获得胜利。所以，这个时候筑高垒深沟，有坚不可破的营地，方是长久之计。

从曾国藩的攻守策略中，我们完全可以发现他本身的智慧在军事上的应用。儒家强调"中庸"，因为"过犹不及"。生活中的日用常行如此，军事中的进退攻守亦如此。曾国藩善游击战，就在于能够在不利于自己的时候持敬以退；在战事有变局时，伺机而动。这都是在最恰当时以最恰当的方式用兵的智慧。他不会急功近利，亦不会怯懦不前，其实就是将中庸之理运用在了行军打仗之中。可见，一些道理一旦成为生命的智慧，便会于时时刻刻的行事中显现出来。曾国藩以文臣身份，主政湘军，也就不足为奇了。

第十篇　将才四端

咸丰七年丁巳岁
十月二十七日（1857）

原文

沅浦九弟左右：

二十三夜彭一归，接弟十五书，具悉一切。

吉安此时兵势颇盛。军营虽以人多为贵，而有时亦以人多为累。凡军气宜聚不宜散，宜忧危不宜悦豫。人多则悦豫，而气渐散矣。营虽多，而可恃者惟在一二营，人虽多而可恃者惟在一二人。如木然，根好株好而后枝叶有所托；如屋然，柱好梁好而后椽瓦有所丽。今吉安各营，以余意揆之，自应以吉中营及老湘胡、朱等营为根株，为柱梁。此外，如长和，如湘后，如三宝，虽素称劲旅，不能不侪之于枝叶椽瓦之列。遇小敌时，则枝叶之茂、椽瓦之美尽可了事；遇大敌时，全靠根株培得稳，柱梁立得固，断不可徒靠人数之多气势之盛。倘使根株不稳，柱梁不固，则一枝折而众叶随之，一瓦落而众椽随之，败如山崩，清如河决，人多而反以为累矣。史册所载故事，以人多而为害者不可胜数。近日如抚州万余人卒致败溃，次青本营不足以为根株为梁柱也；瑞州万余人卒收成功，峙衡一营足以为根株为梁柱也。弟对众营立论虽不必过于轩轾①，而心中不可无一定之权衡。

来书言弁目太少，此系极要关键。凡将才有四大端：一曰知人善任，二曰善觇②敌情，三曰临阵胆识（峙有胆，迪厚有胆有识），四曰营务整齐。吾所见诸将，于三者略得梗概，至于善觇敌情，则绝无其人。古之觇敌者，不特知贼首之性情伎俩，而共知某贼与某贼不和，某贼与伪主不协。今则不见此等好手矣。贤弟当于此四大端下工夫，而即以此四大端察同僚及麾下之人才。第一、第二端不可求之于弁目散勇中，第三、第四端则弁中亦未始无材也。

---

① 轩轾：音 xuān zhì，比喻高低轻重。
② 觇：音 chān，看，尤指偷偷地观察。

家中大小平安。胡润之中丞奏请余率水师东下，二十七日送寄谕来家。兹抄寄弟营一阅。余俟续布。

解读

曾氏家族成员中除曾国藩外，便是曾国荃领兵打仗最得要领。二人在湘军的发展过程中，亦相互扶持，使各自的军事才能都得到了极大的发挥。这封信便是曾国藩写给曾国荃讨论治军的将领所应具备的才能的。而这些才能于今日企业、政府之管理人才，亦是需要具备和培养的。

在信的开始，曾国藩对于国荃麾下人数众多、兵营职权混淆的情况提出了自己的看法。在他看来，制敌获胜，不患多而患不精。人数众多，营队众多，在一个军队中并非肯定一件好事情。曾国藩以树木和房屋作为比喻。军队中的人，就好像是一棵大树，至关重要的几位人才，是树的根基，而其他的人才不过是树的枝叶。若没有关键人才，那么人数再多，也不过是飘零的叶子，无以为用。军中营队，就好比是房屋。具有战斗经验、忠心不贰的营队，是屋子的梁柱，而年轻的营队则是屋子的椽瓦。如果没有梁柱，再好的椽瓦也不能盖成一间屋子。用人，应该注意分配。昔日田忌赛马，以马匹的恰当分配，最终获胜。今日用人打仗，同样需要合理的分配。优秀的人才要用在刀刃上；核心的营队要用在重要的战役上。这样，人才一旦拥有了自己恰当的位置，就可以充分发挥其自身的作用。一个军队的领袖，其职责就在于排兵布阵的精妙。如果用好了人，则会在战斗中获得胜利；如果用不好人，即便人数再多，也可能遭遇败如山崩、溃如河决的悲剧。

故而，作为统帅的将才，必须具备四大能力。其一，是用人的能力。知人善用，就是将最合适的人才放在最合适的位置，使其人尽其才。其二，是观察敌情的能力。这个观察不是简单地观察，而是侦查、刺探和分析的综合。曾国藩说善于观察敌情的人，其实并没有几人。以前的所谓善察之人，不仅知道敌军内部的情况，如某些将帅的个性、手段，而且还了解将帅之间的关系、矛盾。但是，这样通察敌情的将帅在今天则少之又少。所谓"知己知彼，百战不殆"。知，应是全方位的知。不仅要知道对方排兵布阵的方法，甚至要知道其战斗思维、内部格局，如能做到这一点，便已是一等一的好将领了。其三，是要有临阵的胆识。胆，乃勇气；识，乃谋略。胆识必须要相配，才可在阵前发挥作用。其四，是营务的管理。营务整齐，军容庄重，一看就是风气良好的部队。这样的军队，才有打胜仗的可能。曾国藩说，第一、第二种能力，绝非一般人所能有，所以不用在散兵游勇中寻找；第三、第四种能力，即便是末将之中，或许也会有所发现。他希望国荃不仅要培养自己这四种能力，也应积极发现营中等领谁具有这四种能力，以便加以扶植、栽培，成为能协助自己的得力帮手。

将才四端，是曾国藩知人善用、运筹帷幄的管理才华的体现。发现人才的能力并将其培养到极致，是作为领导人所必须具备的能力。这种能力只能通过日积月累的锻炼与观察才能形成。而曾国藩之所以能提出这样的要点，一方面和他每日的自我省察有密切的关系，另一方面也与他时刻在前线指导作战有关。他了解战事的发展，了解军队的整备，因而才能对将才的能力提出如此精准的总结。领导者，绝非眼高手低之人，他们需要经历最艰苦的磨砺，才有可能成为一代将才。

第十一篇 用兵之道

咸丰十一年辛酉岁
四月十二日（1861）

原文

沅弟左右：

有数事应商嘱者，条列于后：

一、去年诸公议中空一段，又弟未多请炮船，此时皆不必悔。向使此二事当日筹谋周密，而他处或又有隙可乘。凡事后而悔己之隙，与事后而议人之隙，皆阅历浅耳。

二、约期打仗，最易误事，余所见甚多。即以近事证之：去年正月十九，余际昌约与多、鲍同出队，以三排枪为记号。是日春霆黎明放三排炮，厥后因雾雨，多、鲍未出队，余军大挫。今年正月十六，凯章与霆营约攻上溪口，同在渔亭出队。厥后凯章到而霆营自中途折回，几至误事。二月初九，凯章与朱、唐约攻上溪，以冲天火箭为记号，厥后朱、唐先到，彼此均未见火箭。三月初五，凯章与唐约攻徽州（以排枪为记）。厥后唐冒雨先到，而凯不至，遂至大挫。弟十一日攻中空九垒，并无错处，因多公约出队牵制，而弟允之，却是错处。想以余前日之信不足据耳。

三、攻城攻垒，总以敌人出来接仗，击败之后，乃可乘势攻之。若敌人静守不出，无隙可乘，则攻坚徒损精锐。菱湖贼垒不破，尚不要紧，若关外贼垒十分坚固难破，却须另行熟筹。

四、用兵人人料必胜者，中即伏败机；人人料必挫者，中即伏生机。庄子云：两军相对，哀者胜矣。此次多、鲍、成、朱援皖，人人皆操必胜之权，余虑其隐伏败机，故前寄弟信，言不必代天主张。本日巳刻小雨，午、未大雨，未知有损于弟军及多、鲍否？如其有损，亦惟兢兢自守，尽人谋以听天而已。

解读

咸丰十一年（1861），曾国荃率军攻克安庆，取得大捷，他在湘军中的地位也与日俱增。此时的曾国藩已年过五十，到了"知天命"的年纪。多年的戎马生涯，已令其对战事的反复、损耗、成败有了更多平和的看法。他在给曾国荃的信中，也不再像多年前那般严苛责备了，而是换成了商量的口吻。在这封信中，我们可以看到曾国藩的用兵之道，只是其言辞已甚为谦和。

在信的开始，曾国藩说有事情要与国荃商量，语言已平缓和蔼许多。而这些事情，恰是曾国藩多年的治军经验。

第一，战事中难免有悔，亦如人生不会完全没有后悔的事情。但是，面对追悔之事，也不必事后再去追究、商议。无论是后悔本身，还是后悔了之后再去商议，其实都是阅历尚浅的表现。凡事预则立，不预则废。事情应于发生之前商量周密。即便如此，事后可能还是会在某处发现有瑕疵，此时也不必太过在意。曾国藩对悔与不悔的体悟，已经趋向于平和与坦然，这与他在修身中所提到的君子宁缺，实则有着相似的内涵。

第二，联合作战，并非好事。虽然限于兵力的问题，各营之间喜欢联合作战，但是，条件所致，或者因为信号没有收到，或者因为天气的恶劣，又或者是因为一方打了退堂鼓，联合作战总是不能够配合好。虽然曾国藩日前已告诉过国荃这一大忌，但曾国荃还是坚持在攻击中空九垒时，联系他部，这就造成了一定的损失。而曾国藩之所以得出此结论，也是在一次次的教训中总结出来的。不过这也在一定程度上，说明了湘军自身的问题。湘军以将领为主，兵为将有，也就是谁招募的士兵，归谁管理。这样一来，湘军实际上是由不同的营所组成的，从大的组织架构上并未形成统一体。这样的建制，对于逐个行军制敌来说，灵活性强、有效性高。但是，对于合作而言，则显得困难重重。

第三，攻城攻垒的时候应注意时机，若对方死守不出，则不必盲目耗费自己的力量。因为，对方只有出击时，才会露出破绽，有了破绽才好进行攻击。如果敌军一直在守卫之中，就不能以强攻为法子，而应另寻他法。这就是战争中的因时制宜、因地制宜。这也是曾国藩对国荃攻垒一役的建议。

第四，用兵一事，往往未能如意。为什么这么说呢？曾国藩引庄子的话说，两军相对，哀者胜矣。实则此话出自于《道德经》，老子曾说过"抗兵相加，哀者胜矣"。就是说，两支军队正面对垒时，往往是满怀着悲悯的一方获胜。为何如此呢？当人人都认为此仗必胜时，则不免沾沾自喜、掉以轻心，此时若中了敌军的伏击，那就是失败之机；但如果人人对此仗都深怀悲悯、哀伤的情绪，这种沉重的心理就会带来谨慎的行动，如有对垒，很可能转危为安，获得胜利。因此多支军队支援皖地，反倒令曾国藩想到这一道理，为国荃的部队感到担忧。也就是说，在战争中，越是有把握的战役，越要小心谨慎地去安排。如若骄傲，则很容易导致失败的下场。

以上四条，皆是曾国藩在十余年与太平天国的对抗中，所总结出的抗敌要领。简而言之，就是灵活、谨慎、持中，以此为关键，才使得湘军名扬天下，成为晚清最重要的军事力量。湘军不仅挽救了清廷的岌岌可危的政权，更是改变了晚清的军制，在中国军事史上的地位举足轻重。

第十二篇　劝降有道

同治元年壬戌岁
四月十一日（1862）

原文

沅弟左右：

李世忠穷困如此，既呼吁于弟处，当有以应之。三千石米，五千斤火药，余即日设法分两次解弟处，由弟转交李世忠手。

此辈暴戾险诈，最难驯驭。投诚六年，官至一品，而其党众尚不脱盗贼行径。吾辈待之之法，有应宽者二，有应严者二。应宽者：一则银钱慷慨大方，绝不计较。当充裕时，则数十百万掷如粪土，当穷窘时，则解囊分润，自甘困苦；一则不与争功，遇有胜仗，以全功归之，遇有保案，以优奖笼之。应严者：一则礼文疏淡，往还宜稀，书牍宜简，话不可多，情不可密；一则剖明是非，凡渠部弁勇有与官姓争讼，而适在吾辈辖境，及来诉告者，必当剖决曲直，毫不假借，请其严加惩治。应宽者，利也，名也；应严者，礼也，义也。四者兼全，而手下又有强兵，则无不可相处之悍将矣。

水师独攻金柱关，恐难得手，不如不泄此机，待陆兵渡江，再行下手为妙。

少荃于三月二十七日谕旨饬署苏抚。广东督办厘金，放晏端书，以其为戊戌同年而派。朝廷之用心，良可感矣。

解读

行军打仗，有自己的军队，就必然会遇到敌军。遇敌军可战、可退，亦可和。和的办法又有两种，可以是以强力俘虏对方，亦可是对方主动来投诚。俘虏了对方，虽然自己为主，但如何将这一力量进行转化，也是用兵的智慧。如果是对方主动来投诚，则不得不明辨一二，因为如果是诈降，可能还会后患无穷。

在这封信中，曾国藩就谈到了如何劝服降军的办法，而这件事的开端，还要从李世忠说起。对李世忠的形容，大约以混世魔王最为恰当，曾国藩在信中说他暴戾险诈，诚不我欺。同治元年（1861），湘军已与太平军交战多年，双方阵营中的将领也都多有了解。而这位李世忠，已经从清廷的军队叛逃至太平军中，又从太平军投诚清廷，转了一个圈。他早年出身草莽，少时便打家劫舍。当太平军与湘军刚刚展开厮杀时，他与薛之元联手起义（是年1853年）。一年后，李世忠羽翼渐丰，于是投靠了清廷道员何桂珍，为表诚意，还带去了自己的若干人马。可是，仅仅两年后，他便刺杀何桂珍，投太平军，任七十二检点。又过三年，眼见太平天国内部危机重重，他便率部四万人再度降清，并献天长、来安和滁州三城。李世忠这个名字，就是此次降清之后，清廷所赐。他还被不断提拔，最终升为江南提督，官至一品。可以说，是个不折不扣的投机分子。

正因为李世忠的投机性格，曾国藩对其德性毫无信任。所以在名和利上来拉拢他，从礼与义上来控制他。如此，来借其势力打击太平军。在信中，曾国藩告诉曾国荃，对待李世忠这样的人，名利上一定要宽，例如金钱、功名，皆可归他。作为一个投机分子，他对于眼前的利益再重视不过。将名利拱手献上，也就用利益的诱惑将其留在了清军之中。但是，这种小人在德性上万万不可信任。因此，与他的交往一定要点到为止，不可深交，不可多谈，要秉持公事公办的准则。而对于他的部下在所辖境内与百姓的争端，一定要"剖决曲直"，严肃处理，以此来打压其毫无德性的嚣张气焰。

然而，李世忠最终还是因行迹顽劣，而被诛杀。反观曾国藩的劝降之道，便可知曾国藩治军，是以人为根基的。面对什么样的人，他便采取什么样的方法。如是降军中的忠肝义胆之士，必以礼义相交；而对于这类偷奸耍滑的小人，则只能以名利诱之。如此劝降之道，才可成为为己添翼的利器。

图书在版编目（CIP）数据

《曾国藩家书》读本/袁晓晶编著．—北京：中国人民大学出版社，2016.9
（大众儒学经典）
ISBN 978-7-300-23059-7

Ⅰ.①曾… Ⅱ.①袁… Ⅲ.①曾国藩（1811—1872）-书信集 Ⅳ.①K827=52

中国版本图书馆CIP数据核字（2016）第145731号

大众儒学经典
《曾国藩家书》读本
袁晓晶　编著
《Zeng Guofan Jiashu》Duben

出版发行	中国人民大学出版社		
社　　址	北京中关村大街31号	邮政编码	100080
电　　话	010-62511242（总编室）	010-62511770（质管部）	
	010-82501766（邮购部）	010-62514148（门市部）	
	010-62515195（发行公司）	010-62515275（盗版举报）	
网　　址	http://www.crup.com.cn		
	http://www.ttrnet.com（人大教研网）		
经　　销	新华书店		
印　　刷	涿州市星河印刷有限公司		
规　　格	148 mm×210 mm　32开本	版　次	2016年9月第1版
印　　张	12.625	印　次	2016年11月第2次印刷
字　　数	273 000	定　价	35.00元

版权所有　侵权必究　印装差错　负责调换